2020

国家统一法律职业资格考试系列用书

命题人讲义系列

命题人讲民事诉讼法与仲裁制度

桑　磊◎主编

吴志伟◎编著

U1015517

中国经济出版社
CHINA ECONOMIC PUBLISHING HOUSE
中国石化出版社
HTTP://WWW.SINOPEC-PRESS.COM

图书在版编目（CIP）数据

命题人讲．民事诉讼法与仲裁制度 / 桑磊主编．
—北京：中国经济出版社，2019.12
2020 国家统一法律职业资格考试系列用书
ISBN 978-7-5136-5049-6

Ⅰ．①命… Ⅱ．①桑… Ⅲ．①民事诉讼法—中国—资格考试—自学参考资料
②仲裁法—中国—资格考试—自学参考资料 Ⅳ．①D92

中国版本图书馆 CIP 数据核字（2019）第 253364 号

策划编辑　崔姜薇
责任编辑　王建昌
责任印制　马小宾
封面设计　任燕飞装帧设计工作室

出版发行　中国经济出版社
印 刷 者　北京富泰印刷有限责任公司
经 销 者　各地新华书店
开　　本　787mm×1092mm　1/16
印　　张　15.75
字　　数　375 千字
版　　次　2020 年 1 月第 1 版
印　　次　2020 年 1 月第 1 次
定　　价　49.00 元
广告经营许可证　京西工商广字第 8179 号

中国经济出版社　**网址** www.economyph.com　**社址** 北京市东城区安定门外大街 58 号　**邮编** 100011
本版图书如存在印装质量问题，请与本社销售中心联系调换（联系电话：010-57512564）

版权所有　盗版必究（举报电话：010-57512600）
国家版权局反盗版举报中心（举报电话：12390）　　服务热线：010-57512564

PREFACE 丛书前言

一

著名作家柳青在《创业史》中说过一段话："人生的道路虽然漫长，但紧要处常常只有几步，特别是当人年轻的时候。"

在我的人生里，这样的紧要处有两步：一次是22岁，一次是44岁。

这两步决定了我前半生乃至一生的命运。

22岁那年，我还在鲁西南的一个小县城工作，报名参加中国政法大学的进修学习。之后，经过五年的拼搏（两年进修，三年北漂自学），最终考取法大研究生，主编了《中国名校硕士谈考研》（后分为《风雨考研路》和《考研战略战术》两本），毕业后进入司法部考试中心工作。这是命运的一次大转折。

44岁这年，在工作十三年、经历了四个岗位，从主任科员、副处长到命题处长之后，我毅然辞职，致力于法考和法律教育工作，主编《法学第一课》，开通微信公众号"桑磊在线"，直到现在主编"桑磊法考"系列图书，开展法考网络培训。这又是一个大转折。

每个人终其一生，都有自己关键的几步，有命运的转折点。

也许你是一位法律专业学生，未来的理想是做一位法官、检察官或律师，也许你和曾经的我一样，正在自学的路上苦苦跋涉，希望能有改变命运的机会。也许你正在做一份自己并不喜欢的工作，而内心其实想成为法律人。也许你正在小地方挣扎，渴盼去大城市发展。

法考就是你通向未来、实现梦想的关键一步。

尽管，这个考试号称"天下第一考"，每年有数十万人在这个战场上拼杀，只有少数人成功地走出来。

尽管，你也许和我一样，智商并不超群，容貌并不出众，家世并不显赫，只是人群中普普通通的一员。

但是，不平凡的，是你的年轻，是你的梦想，是你那颗热血沸腾的心，是你的不甘于平凡。

在我主编的《风雨考研路》中有一篇文章，题目叫作"真正的失败是不去拼搏"。作者当年从一所二本院校以高分考上了厦大研究生，两年后又提前攻博，目前已是国家海洋局第三研究所研究员、硕士生导师、学科带头人，曾五次参加南北极科学考察。他在文章中写道：这一切的一切，都是由于"真正的失败是不去拼搏"这句话带给我的神奇力量。

其实那只是一个很短的小故事，但我至今清楚地记着里面那句非常感人的话："你努力过了吗？如果是的，那你就一定不会失败，因为真正的失败是不去拼搏。"这句精彩而鼓舞人的话从此永远地留在了我的生命中，并且开始改变我的一生。

在此，我也将这句话转送给亲爱的读者们，希望能够有益于你的人生。

二

自2018年首届法考开始，司法部至今已组织两年考试，尽管法考不再公布真题，但从网络上考生的各种回忆版本，仍能粗略窥见法考试题的特点。

我们认为，客观题考试具有以下四大特点：

一是考查范围扩大，覆盖面广，基础性考点增多，考查内容较为琐碎。

二是出现跨学科融合的客观题，如2019年有多道民商事融合试题。

三是紧密联系法律热点事件，取材贴近生活。

四是"重者恒重、新法必考"，但两者均在一定程度上有所削弱。

相对而言，主观题考试是法考改革的重点，其特点更加鲜明：

一是融合性突出，两次考试均出现多学科的交叉融合试题。

二是限缩性趋势明显，即主观题数量减少。

三是理论性显著增强。主观题考试考查考生运用法律知识解决实际问题的能力，在一定程度上，可以说就是考查理论深度。

四是开放性进一步得到体现。法考时期的开放性试题增多，允许有多个答案，只要言之有理、有理有据即可得分。

根据上述特点，2018年至2019年，我们组织了以资深命题人周光权老师为代表的前命题人团队，编写了"桑磊法考"系列图书，具体包括客观题的"命题人讲义系列"丛书（全八册）、"命题人讲真题"丛书（全八册）、"命题人400题"丛书（全三册），主观题的"命题人讲主观题"丛书（全七册）和《主观题十年真题精讲》《命题人30题》，分别对应客观题考试和主观题考试复习的各个阶段。目前，我们又陆续开始对上述图书进行精心修订，以供2020年考生复习备考。

（一）客观题考试

——基础阶段。对应本套"命题人讲义系列"丛书。我们通过严谨的历年各科试题数据分析，遵循"重点多写，一般少写，不考不写"的原则，确定讲义各部分的字数，做到详略得当。攻克了这些知识点，意味着你已经接近了法考要求的知识水平，进入了法考的核心地带。我们专门邀请各科作者做直播带读，他们深入浅出的讲解，会让有你有更透彻的理解，也许有时会有醍醐灌顶之感。读者可扫取本书封面二维码登录"桑磊法考"网站和"桑磊法考"公众号，免费观看视频。

——真题阶段。对应"命题人讲真题"丛书。我们的各科作者对近些年的真题以考点归类，进行了全面解析，其体例上的独特之处有三点：一是"命题和解题思路"，还原命题人的思路，深度分析解题思路，最大限度地让考生"知其所以然"。二是"难点解析"或"易混淆点解析"，对于部分试题的难点或易混淆点作出深入分析。三是"重点干扰项"，部分试题指明了重点干扰项，并作出详细分析。通过真题的反复训练，你会对各科的所有考点、命题规律了然于胸，实现由知识水平向应试水平的转变。“命题人讲真题”丛书将于2020年2月出版。

——模拟阶段。对应“命题人400题”丛书。我们的大部分作者深谙命题规律，他们命制出的模拟题，实际上达到了真题的水平，是最接近真题的模拟题。通过模拟训练，一方面查漏补缺，一方面迅速适应应试状态。“命题人400题”丛书将于2020年6月出版。

（二）主观题考试

——基础阶段。对应“命题人讲主观题”丛书。我们的作者凭借本身的经验，通过深入研究历年主观题，在书中为大家分析了本学科的命题规律和趋势，提炼了解题思路，详细阐述了主观题考点，并对近十年的典型主观题进行了深入剖析。最后，每科为大家提供了多道高质量的模拟试题，其中有两科甚至多科的融合试题。“命题人讲主观题”丛书将于2020年4月出版。

——真题阶段。对应《主观题十年真题精讲》。该书选取近十二年来的主观题真题，由前命题人团队各科作者全新解读。其中，依据网上的考生回忆版，对2018年和2019年的主观题真题进行了精心复原。各科作者深度还原了命题人思路，或点明命题素材，或挖掘命题特点，力争为考生打造独具特色的主观题“得分宝典”。《主观题十年真题精讲》将于2020年4月出版。

——模拟阶段。对应《命题人30题》。该书选材渠道权威、命题规范严谨。在三十多道模拟题中，有刑法和刑事诉讼法的融合，有商法和民法的碰撞，还有三大实体法的交织。这些多学科交叉的题目，可以更好地培养考生的主观题思维，为拿下主观题考试做好充足准备。《命题人30题》将于2020年5月出版。

三

2018年，是我们与广大考生携手前行的第一年。我们首次开办“客观题冲刺内参班”“主观题冲刺保过班”等网络课程，准确把握了命题趋势，尤其是成功预测了“枫桥经验”（法治理论）、“房屋强拆案例”（行政法）、“非法证据排除规则”（刑诉）等考点。

2019年，我们开办了客观题和主观题的全系列课程，涵盖了特训班、冲刺班、全程班、主客一体班等，帮助考生抓住重难点，直击命题点。特别是在主观题班，形成了自己独有的特色，包括“三支团队”“四个阶段”“两大法宝”。

——“三支团队”，即前命题人团队、前阅卷人团队、高分研究生阅卷团队相配合的师资队伍。

——“四个阶段”，即系统精讲阶段、专题突破阶段、应试训练阶段、冲刺阶段，构建了2019年所有机构中唯一完整的主观题培训体系。

——“两大法宝”，即前命题人团队命制的高质量模拟题、在前阅卷人团队指导下的作业批改。我们的模拟题接近真题的标准，其中一部分为多学科融合的试题。我们开发了机考模拟系统，每科均布置习题作业，按照考试标准进行模拟。作业批改由主要来自北大、人大、法大的高分研究生团队负责，对每道题不仅给出得分，而且有详细而中肯的评语，包括问题和建议两部分，受到了学员们的一致好评。

在2019年主观题冲刺保过班上，我们的绝大多数学科均命中了考点。对命题趋势和考点的准确把握，彰显出前命题人团队的高权威性和专业能力。

在2019年考试结束后，我们开展了大规模的问卷调查，广泛征求意见和建议，得到了学员们的热情反馈。在此基础上，2020年，我们将对软硬件、客服系统、教务安排等各方面进行较大的优化，以更好地服务于学员。

新的一年，我们与你携手同行！

桑　磊

（桑磊：丛书主编，“桑磊法考”创始人）

◎特别说明◎

鉴于本书出版时间紧迫以及2020年度民法、刑事诉讼法等科目内容可能会出现部分立法及司法解释最新调整的态势，桑磊法考特开通“命题人讲义系列图书全程服务通道”，即时动态发布本书各科目勘误信息、考试政策最新调整变化解读等重要资料，考生在使用本书过程中可以扫取下方二维码进行获取。

桑磊法考，为您提供“有责任、有效率”的法考教材！

命题人讲义系列图书

全程服务通道二维码

>> 民事诉讼法与仲裁制度 导 | 言

转眼间，法考已走过两年历程，虽然司法部不再公布真题，但这并不妨碍我们通过考生回忆版试题洞察法考命题的新规律。司考变法考，改变的不只是名字，命题指导思想也在悄然发生变化。法考中新的命题动态值得考生高度关注，它可以为备考提供明确的方向指引，要想高效复习必须顺势而为。

一、法考时代的主要命题规律

（一）全部案例化命题

依命题形式不同，选择题分为表述式选择题和案例式选择题。其中，案例式选择题需要考生首先对考点作出准确判断，命题隐蔽性强，难度较高，尤以“一拖四”式案例题（即四个选项均为独立的小案例）难度最大。民事诉讼法在司考末期已全部实现案例化命题，该趋势在法考时代完全得以延续。法考强调命题实务化，这就要求考题必须以案例题形式呈现。

（二）实体与程序融合化命题

在司考时代，本学科考查内容曾涉及《最高人民法院关于适用〈中华人民共和国公司法〉若干问题的规定（二）》《侵权责任法》《最高人民法院关于适用〈中华人民共和国婚姻法〉若干问题的解释（一）》等实体法律规范中的程序规则。在法考时代，实体法与程序法融合命题的趋势进一步得以强化。在个别选择题中，选项内容对实体法和程序法知识综合考查。融合化命题是法考的一大鲜明特色，也是命题实务化的必然要求。

（三）考查内容更偏更细

2015 年最高人民法院出台号称“史上最长司法解释”的《最高人民法院关于适用〈中华人民共和国民事诉讼法〉的解释》，本学科近几年基本围绕该司法解释命题，主要考查对其新增规定的熟悉程度。为避免与以往试题简单重复且增加试题难度，法考时代命题更细更偏。因为就命题技巧而言，知识点考查越细致，考查角度越偏，试题难度越大，答题出错率越高。

（四）命题素材多样化

民诉法属于法条型学科，以往主要命题方式是根据《民事诉讼法》及司法解释规定编制案例，再运用“偷梁换柱”“无中生有”等命题技巧增加试题难度。概言之，除了少量的理论型考点试题，本学科试题均可找到明确的解题法律依据。为引导考生关注司法实务，部分试题直接以最高法院指导性案例作为命题素材和解题依据，此类试题依靠简单翻阅法条无从获得答案。

（五）试题考点单一化

从命题规律来看，试题涉及的考点越多，难度越高。在司考时代，命题人经常采用多考点综合命题方式来增加试题难度。法考试题则不同，除了少部分多选题和不定项选择题仍采用多考点综合命题外，绝大多数试题只考查一个考点。客观而言，这在整体上降低了试题难度。

（六）考查角度灵活化

以往司考试题，大多考查对法条规定的识记准确度，难度主要体现在解题的法条数量。概言之，试题设计的案情往往在相关法律和司法解释中均有明确规定。而在法考时代，命题更为灵活，有的题干设计的案情在相关法律和司法解释中并无明文规定，需要运用民事诉讼法基本原理进行推导适用。此类试题主要考查法律适用能力，即运用法律规定和法学理论解决司法实际问题的能力。

（七）"逢新必考"规律

在司考时代命题，奉行"重者恒重"和"逢新必考"两大铁律。在法考中，知识点考查范围更宽，特别是在客观题两批次考查的背景下，"重者恒重"规律并不明显。而"逢新必考"规律在法考中仍在发挥作用，如2018年法考对撤销仲裁裁决的报核程序命题考查，其解题依据是2017年底发布的《关于仲裁司法审查案件报核问题的有关规定》。

二、2020年法考的备考策略

民事诉讼法和仲裁制度绝对是法考中"性价比"最高的学科，其特征为分值较高、得分较为容易。因此，本学科绝对是助你法考通关的"好帮手"。针对上述总结的法考命题新特点，在备考中应遵循以下策略。

（一）高度重视新增考点和命题素材

考生应认真研究2020年法考大纲，它能够为复习提供正确的方向指引。首先，应重点关注2020年考纲中新增考点和新增法律法规要重点复习，这些大概率会成为命题人笔下的命题素材。其次，"逢新必考"规律并非仅指当年新增规定，近三年的新增考点和法律规定均应纳入重点复习范围，特别是尚未命题考查的部分。当然，对于新增考点和命题素材的复习，一定要结合"可考性"因素进行筛选。

（二）"点面结合"的复习方式

自2019年起法考客观题分两批次考试，这客观上拓宽了考查范围，也加重了考生备考负担。仅针对传统的重点内容进行复习，显然无法完全应对法考之需。在复习中，首先要确保复习面足够宽，要把基础夯实好；在此基础上，再对重点考点进行深入复习。法考复习不能以"点"代"面"，不能"挑肥拣瘦"。

（三）围绕法条展开复习

本学科除了少量基础理论型考点外，绝大多数属于法条型考点。考生在复习某个考点时，应当专门拿出时间对该章节有关的法律和司法解释进行研读，注重对法律规定的可考查点进行勾画和梳理总结。特别要重点关注以往从未命题考查的法律和司法解释规定，这是应对法考命题“又偏又细”的有效方法。近两年法考题对《民诉法解释》和《民事调解规定》中以往从未命题的规定有所涉及。

（四）关注指导性案例的“裁判要旨”

在法考复习中，应重点关注指导性案例。指导性案例对于法考客观题和主观题的复习均具有重要价值，就客观题而言，应重点把握指导性案例的“裁判要旨”，即了解指导性案例的适用情形以及具体处理方式。

（五）合理利用历年真题

很多考生认为，既然法考的命题形式和能力要求有所改变，那以往的真题将失去意义。其实，本学科考点每年都存在重复命题现象，例如 2018 年和 2019 年均对督促程序予以考查。因此，在法考复习中高度重视历年真题，绝对是一种高效、可行的备考方法。考生首先要对真题涉及的考点进行全方位复习。其次，还应当探究命题人的命题招数和设陷阱技巧，训练“躲坑”能力。本学科常用的设陷阱招数有“无中生有”“偷梁换柱”“声东击西”“移花接木”“浑水摸鱼”等。考生谙熟命题技巧，才能做到心中有数，“以不变应万变”。

（六）精选模拟题

为检验复习效果，在认真研习真题的基础上，可精选少量模拟题进行测验。模拟题的质量应当与真题大体相当，判断依据是试题内容覆盖本学科的全部重点考点，且考点选择、命题形式和设陷阱技巧也与真题存在异曲同工之处。“桑磊法考”图书的《命题人 400 题》即接近真题标准，可供大家练习。

三、本书的使用方法

本书囊括民事诉讼法和仲裁制度的全部核心考点，将法律规定和民诉法理论融入知识点解析中，侧重对易混淆内容和理论型知识点的点拨。在体例结构方面，每一章均由“相关法条及司法解释（理论型考点除外）”“命题分析”“考点内容讲解”“精选例题”等内容构成。其中“相关法条及司法解释”主要为考生提供法条指引，可以在复习相关知识点时翻阅对应的法律和司法解释予以巩固；“命题分析”是对该章内容以往考查情况的梳理总结，可为考生复习提供正确的方向引导；“考点内容讲解”是主体内容，对该章的主要知识点予以详细阐述，结合可考性因素，设立“特别提醒（主要揭示易混淆内容）”“知识拓展（深入阐明理论性知识）”“解题技巧（分步骤介绍解题方法）”等内容，利用好上述内容可有效帮助考生提高复习效率；“精选例题”并非独立的板块，分散在具体知识点讲解之后，可对考生知识复习效果进行检测，其来源是往年司考真题。

四、一点题外话

人称法考为“天下第一考”，备考时间动辄上千小时，复习资料文字以百万计数。法考复习注定像一场人生孤独的苦行，是对考生智力、体力、毅力甚至是财力的综合考验。我们应做到“战略上藐视法考、战术上重视法考”，很多考生未战先怯，在复习时抱着试试看的心态，这很容易产生畏难情绪，半途而废。考生应根据自身的知识储备和学习能力合理安排复习计划，要选择合理的、适合自己的复习方法，在解题中学会享受与命题人“斗智斗勇”的乐趣。要相信，越过法考的“高山”，你就会看到广袤的星辰大海。法考之路多艰，让我们携手同行。

最后，祝大家在法考中取得理想成绩！

吴志伟

（吴志伟：本书编著者，前命题人）

>> CONTENTS
目录

民事诉讼法与仲裁制度知识点思维导图

- 民事诉讼法学知识体系
  - 基本原则（我国立法特色）
  - 诉讼主体
    - 法院
      - 主管与管辖
      - 民事审判基本制度
    - 诉讼参与人
      - 诉讼参加人
        - 当事人
        - 诉讼代理人
      - 其他诉讼参与人
  - 诉讼客体（诉讼标的、诉的合并、反诉等）
  - 诉讼程序
    - 审判程序
    - 执行程序
    - 诉讼保障制度
  - 诉讼证据
    - 证据（法定类型、学理分类、证据保全）
    - 证明（证明对象、证明责任、证明标准、证明程序）
  - 法院调解（我国特殊制度）
  - 涉外特别规定

第一章　民事诉讼与民事诉讼法

重要法条及司法解释

《民事诉讼法》第3、4、50、194、195、230条。

《最高人民法院关于适用〈中华人民共和国民事诉讼法〉的解释》第145、148、338、339、406、410、530条。

《最高人民法院执行和解若干问题的规定》第2、9条。

《仲裁法》第2~6条。

《劳动争议调解仲裁法》第5条。

命题分析

本章中“民事纠纷的解决方式”经常获得命题人的眷顾，属于本学科的高频考点。常见的命题形式是给定案例后让考生选择可以采取的纠纷解决方式，其中尤以劳动争议案件考查最为频繁，要注意劳动争议仲裁前置的规定。因和解、调解和诉讼的适用较少受到限制，常见的干扰项是仲裁的适用，要多从仲裁机构的设置、适用条件、案件类型等角度予以排除。复习本章，应重点掌握每一类民事纠纷解决方式的适用条件、案件类型、法律效力等内容。

知识点精讲

一、民事纠纷解决方式

（一）和解

和解强调民事纠纷主体之间自行协商化解纠纷，没有第三方介入。其适用并无严格的程序限制，只要双方当事人同意，任何类型的民事纠纷都可以选择和解。在选择民事纠纷解决方式时，绝不可忘记和解方式。但注意和解并非民事纠纷的必经程序。

原则上，当事人达成的和解协议不具有法律约束力，一方拒不履行和解协议，对方不能主张违约责任，也不能申请强制执行。此时，对方可以就其纠纷向法院提起民事诉讼。

和解可以分为诉讼和解以及诉讼外和解，其法律效果不同，具体参见下表：

和解类型		处理方式	法律效果
诉讼外和解			无法律约束力。不履行和解协议，只能就该纠纷再行起诉
诉讼和解	一审中和解。	撤回起诉。	无法律约束力。不履行和解协议，只能就该纠纷再行起诉。
		法院审查后制作调解书。	申请法院执行具有给付内容的生效调解书。
	二审中和解。	撤回上诉。	一审判决发生法律效力；不履行和解协议，可申请执行一审判决。
		法院审查后制作调解书。	原审判决视为撤销；可申请法院执行生效调解书。
		撤回起诉。	法院准许后应一并撤销一审裁判；后重复起诉，法院则不予受理。
	再审中和解。	撤回再审申请。	再审程序终结，恢复原裁判文书的执行；申请人再次申请再审，法院原则上不予受理。
		法院审查后制作调解书。	原判决、裁定视为被撤销；申请法院执行生效调解书。
		撤回起诉。	法院准许后应一并撤销原判决、裁定、调解书；后重复起诉，法院不予受理。
	执行和解。	提交法院后中止执行。	不履行和解协议，可申请恢复执行原生效法律文书，也可就履行执行和解协议起诉。

补充说明：当事人主张依据和解协议制作判决书，法院不予准许，但无民事行为能力人的离婚案件除外。

（二）调解

与和解相比，调解最显著的特征是出现了居间斡旋的第三方。我国调解形式多样，包括人民调解、行政调解、行业调解、律师调解、仲裁调解和法院调解等。需要强调的是，此处所言作为社会救济的调解不包括法院调解，因为法院调解是法院行使审判权的特殊形式。

虽然双方当事人同意，调解即可适用，但是调解并不是民事纠纷解决的必经程序。

人民调解、行政调解和律师调解等具有法律约束力，但没有强制执行效力。具体而言，一方当事人不履行人民调解协议，对方可以向法院起诉，请求法院判令对方履行调解协议，但不能起诉要求法院重新解决该民事纠纷，因为人民调解达成的协议具有合同效力。人民调解协议可通过特别程序中“确认调解协议程序”，由双方当事人共同向法院申请，通过裁定书使其获得强制执行效力。

法院调解和仲裁调解不但具有法律约束力，具有给付内容的调解书还是法定的执行根据。即一方当事人拒不履行调解书确定的给付义务，对方可据此直接申请法院强制执行。

例1[①]　张某与李某产生邻里纠纷，张某将李某打伤。为解决赔偿问题，双方同意由人民调解委员会进行调解。经调解员黄某调解，双方达成赔偿协议。关于该纠纷的处理，下列哪一说法是正确的？

A. 张某如反悔不履行协议，李某可就协议向法院提起诉讼

B. 张某如反悔不履行协议，李某可向法院提起人身损害赔偿诉讼

C. 张某如反悔不履行协议，李某可向法院申请强制执行调解协议

D. 张某可以调解委员会未组成合议庭调解为由，向法院申请撤销调解协议

提示：人民调解委员会的调解协议有法律约束力，一方反悔，对方可就协议向法院起诉。选项A为正确答案。

（三）仲裁

1. 国内民商事仲裁

民商事仲裁仅适用于解决合同及其他财产权益纠纷，婚姻、收养、监护、抚养、继承等人身性质民事纠纷以及行政纠纷不可以仲裁。对于财产性质的纠纷，仲裁和诉讼是“或裁或诉”的关系。具言之，就财产纠纷，双方达成合法有效的书面仲裁协议，该案应当通过仲裁解决，提起诉讼法院不予受理。仲裁裁决作出后，当事人再就该纠纷向法院起诉，法院亦不予受理。当事人在仲裁裁决被法院依法撤销或裁定不予执行又未重新达成仲裁协议的，向法院提起民事诉讼，法院应当受理。

仲裁机构属于民间组织，可在省、自治区、直辖市人民政府所在地的市设立，也可根据需要在其他设区的市设立，但不按行政区划层层设立。

> **注意：**区、县及以下不能设立仲裁机构。

仲裁适用必须由双方当事人书面合意选择。仲裁条款具有独立性，如合同被撤销并不当然导致仲裁条款无效。

> **注意：**仲裁协议必须是双方当事人自由意志、真实意愿的产物，冒用名义、欺诈、胁迫等方式达成的仲裁协议无效。

2. 劳动争议仲裁

劳动争议案件采用“一裁两审”处理模式。劳动争议仲裁是提起诉讼的前置程序，未经劳动仲裁直接向法院起诉，法院不予受理。

（四）民事诉讼

民事诉讼是指法院在所有诉讼参与人的参加下，按照法律规定的程序，审理和解决民事案件的诉讼活动以及在活动中产生的各种法律关系的总和。

---

① 本书所有例题均来源于历年真题，本例以下不再逐一标注。

相较于其他纠纷解决方式，民事诉讼的特征如下：

1. 民事诉讼具有公权性

不同于其他非讼纠纷解决方式，诉讼是由法院代表国家通过行使审判权来解决民事纠纷。

2. 民事诉讼具有强制性

这可从案件的受理和裁判的执行两个层面来理解：①和解、调解和仲裁的适用，要依赖于双方当事人的意愿，一方不同意均难以适用；而诉讼无须双方合意，原告起诉符合法定条件即可启动。②当事人不履行法院生效裁判确定的给付义务，可能会遭致强制执行。

3. 民事诉讼具有程序性

民事诉讼中法院、当事人、其他诉讼参与人等主体，均需按照民事诉讼法规定的程序从事诉讼行为。违反民事诉讼法规定的程序，会有相应的法律后果。

知识拓展：民事审判程序分为诉讼程序与非讼程序两类。两者在功能定位、程序内容等方面均存在明显差异。诉讼程序的功能是解决当事人之间民事权利义务纠纷，包括一审程序（含普通程序和简易程序）、二审程序和审判监督程序；而非讼程序只确认某种事实或者权利状态，不解决民事纠纷，包括特别程序（选民资格案件除外）、督促程序、公示催告程序。选民资格案件根本不是民事案件，因此其处理程序既非民事诉讼程序，亦非民事非讼程序。

非讼程序适用中，如果发现存在民事纠纷，应当终结非讼程序，告知当事人用诉讼程序解决纠纷（督促程序可直接转入诉讼程序）。

- 民事审判程序
  - 民事诉讼程序
    - 第一审程序
      - 普通程序
      - 简易程序（小额诉讼程序）
    - 第二审程序
    - 审判监督程序
  - 民事非讼程序
    - 特别程序（选民资格案件除外）
    - 督促程序
    - 公示催告程序

例 2 下列哪些是1991年颁布实行的《民事诉讼法》（2007年修正）规定的诉讼案件的审判程序？

A. 普通程序　　B. 二审程序

C. 认定财产无主案件审理程序　　D. 小额诉讼程序

提示：解题的关键信息是“1991年颁布实行”和“诉讼案件”。1991年民事诉讼法规定的诉讼案件审判程序包括普通程序和二审程序，选项A、B正确；认定财产无主案件是特别程序的一种，属于非讼案件，不符合题干诉讼案件的要求，选项C错误；小额诉讼程序是2012年民事诉讼法修正新增的程序，选项D错误。

二、民事诉讼法的属性

1. 从其在法律体系中的地位看：民事诉讼法是基本法。
2. 从其调整的社会关系看：民事诉讼法是部门法。
3. 从其内容看：民事诉讼法是程序法。
4. 从其适用的主体看：民事诉讼法是公法。

例3 关于民事诉讼法的性质，下列哪一说法是正确的？

A. 根据其调整的社会关系，民事诉讼法是程序法

B. 根据其在法律体系中的地位，民事诉讼法是程序法

C. 根据其规定的内容，民事诉讼法是程序法

D. 根据公法与私法的划分标准，民事诉讼法是程序法

提示：根据调整的社会关系，民事诉讼法是部门法，选项A错误；根据在法律体系中的地位，民事诉讼法是基本法，选项B错误；根据内容，民事诉讼法是程序法，选项C正确；选项D根据常识也可排除。

三、民事诉讼法的效力

民事诉讼法的效力是指民事诉讼法对什么人、什么事、在什么时间和空间发生效力。民事诉讼法的效力，也被称为“民事诉讼法的适用范围”。

（一）对人效力

适用对象包括中国的公民、法人或其他组织以及外国人、无国籍人、外国的企业和组织。

（二）对事效力

具体包括民事诉讼案件和民事非讼案件两大类。

（三）空间上效力

在中华人民共和国领域内进行民事诉讼，必须适用我国的民事诉讼法。但香港、澳门、台湾地区除外。

（四）时间上效力

原则上，实体法从旧，程序法从新。即现行《民事诉讼法》生效后，法院无论是审理生效前受理的案件，还是审理生效后受理的案件，均适用新法。但新法生效前对已受理案件适用旧法进行的程序活动依然有效。

第二章　诉

重要法条及司法解释

《民事诉讼法》第 140 条。

《最高人民法院关于适用〈中华人民共和国民事诉讼法〉的解释》第 221、222、232、233 条。

命题分析

本章属于民事诉讼的基本理论，是本学科最为抽象、理论性最强、难度颇高的考点。考查频率较为均衡，基本上每年考查一题。

从考查内容来看，本章主要围绕“诉的分类”“反诉”等考点命题。有关“诉的分类”试题主要采用“一拖四”式小案例形式命制，选项往往是三类诉的“大杂烩”，有时还会辅以非讼案件作为干扰项，使其更具杀伤力。相较而言，变更之诉考查频率更高。考生解答此类试题，除准确把握每一类诉的主要特征，还应掌握识别个案诉的类型的基本方法。“反诉”考点命题形式多样，既有表述题，也有案例题。主要围绕反诉的条件、反诉与反驳的区别进行命题。

本章内容原来倾向于单独命题考查，后来为提高试题难度，命题人往往在考查其他诉讼制度时附带对本章内容予以考查，如考查第三人撤销之诉的诉的类型等。这一命题趋势在法考中仍然得以延续。

知识点精讲

一、诉的要素

诉的要素可以使诉特定化，是区分此诉与彼诉、判断是否构成重复起诉的重要依据。

（一）当事人

当事人是诉的主体要素，任何一个诉都有提起诉讼的一方当事人和被诉的另一方当事人。此处的当事人应当是适格当事人，否则诉将失去意义。因此，法院审理民事案件，都要首先明确当事人是否适格。

（二）诉讼标的

诉讼标的是指当事人之间发生争议并要求法院作出裁判的民事法律关系。诉讼标的是诉的客体要素，是法院裁判的对象。

特别提醒：（1）诉讼标的不同于诉讼标的物。诉讼标的物是指民事法律关系所指向的对象。任何一个案件都具有一个特定的诉讼标的，但并不是所有的案件都存在诉讼标的物。

（2）诉讼标的不同于诉讼请求。诉讼请求是基于民事法律关系向法院提出的请求。一般而言，诉讼过程中不允许变更诉讼标的，但在不变更诉讼标的的前提下可以变更诉讼请求。

例1　甲因乙久拖房租不付，向法院起诉，要求乙支付半年房租6000元。在案件开庭审理前，甲提出书面材料，表示时间已过去1个月，乙应将房租增至7000元。关于法院对甲增加房租的要求的处理，下列哪一选项是正确的？

A. 作为新的诉讼受理，合并审理

B. 作为诉讼标的变更，另案审理

C. 作为诉讼请求增加，继续审理

D. 不予受理，告知甲可以另行起诉

提示：本案的诉讼标的是房屋租赁合同关系。甲诉请乙支付房租无论是6000元还是7000元，依据的都是双方之间的房屋租赁合同关系。因此，本案中诉讼标的并未变更，仅为诉讼请求的增加，选项C正确。

例2　刘某习惯每晚将垃圾袋放在家门口，邻居王某认为会招引苍蝇并影响自己出入家门。王某为此与刘某多次交涉未果，遂向法院提起诉讼，要求刘某不得将垃圾袋放在家门口，以保证自家的正常通行和维护环境卫生。关于本案的诉讼标的，下列哪一选项是正确的？

A. 王某要求刘某不得将垃圾袋放在家门口的请求

B. 王某要求法院保障自家正常通行权的请求

C. 王某要求刘某维护环境卫生的请求

D. 王某和刘某之间的相邻关系

提示：诉讼标的是民事法律关系，本案的诉讼标的是相邻关系，选项D正确。

（三）诉的理由

诉的理由一般包括事实依据和法律依据。事实依据包括两类：一是引起民事法律关系发生、变更或消灭的事实；二是权利受到侵害或法律关系发生争议的事实。

二、诉的分类

按照当事人诉讼请求的目的和内容不同，可以将诉分为给付之诉、确认之诉、变更之诉。

（一）给付之诉

给付之诉是指原告请求法院判令被告向其履行特定给付义务的诉。给付之诉是最古老、司法实务中最常见的类型。因此，如果考试时用掌握的知识无法判断诉的类型，一般而言，猜测给付之诉的正确率较高。

根据给付内容的不同，给付之诉分为财产给付之诉和行为给付之诉。行为给付之诉，包括积极的行为给付（作为），如赔礼道歉；也包括消极的行为给付（不作为），如停止侵害。

根据给付时间的不同，给付之诉分为现在给付之诉和将来给付之诉。现在给付之诉是指判决生效后，被告即应向原告履行给付义务。将来给付之诉是指判决生效后，被告无须立即给付，等到履行期届满时才履行给付义务。

给付之诉的特点是，法院给付判决具有执行效力，被告不履行给付义务，原告可以申请法院强制执行。

（二）确认之诉

确认之诉是指原告请求法院确认与被告之间是否存在某种民事法律关系的诉。

确认之诉可分为积极确认之诉和消极确认之诉。积极确认之诉是指原告起诉要求法院确认其主张的法律关系存在的诉讼，如确认婚姻关系有效。消极确认之诉是指原告起诉要求法院确认其主张的法律关系不存在的诉讼，如确认婚姻关系无效。

确认之诉的特点是，原告只是要求法院审判确认其与被告之间是否存在特定的民事法律关系，并无其他诉讼目的。

（三）变更之诉（形成之诉）

变更之诉又称为“形成之诉”，是指原告请求法院以判决改变或消灭既存的某种民事法律关系的诉。例如离婚、解除合同、解除收养关系等。

根据大陆法系的经典理论，形成之诉包括两个类型：实体法上的形成之诉和诉讼法上的形成之诉。实体法上的形成之诉所产生的法律效果属于实体法上的内容。例如解除婚姻关系、撤销股东大会决议等。诉讼法上的形成之诉所产生的法律效果属于诉讼法上的内容。例如再审之诉、撤销仲裁裁决、案外人异议之诉、第三人撤销之诉等。在我国，形成之诉通常都是指实体法上的形成之诉。以往司考试题基本考查的是实体法上的形成之诉，但个别年份也会涉及诉讼法上的形成之诉，如2014年考题涉及对第三人撤销之诉的类型判断。

民事法律关系由主体、客体和内容三个要素构成，原告起诉请求对任何一个要素的变更均构成变更之诉。

变更之诉的特点是，原告借助法院的判决改变原被告之间既存的民事法律关系。

特别提醒：（1）三种诉的类型在审理过程中均存在确认环节，不能以是否有确认内容作为判断诉的类型依据。确认之诉自不必说。给付之诉中法院首先要确认当事人之间是否存在特定民事法律关系，再据此判定被告是否应履行特定的给付义务。变更之诉中法院也要首先对原被告之间是否存在特定民事法律关系作出确认，再决定是否通过判决改变或消灭该民事法律关系。

（2）诉的类型必须根据原告的诉讼请求作出判断。因此，若一个案件原告提出数项诉请，应根据各类诉的概念对每一项诉讼请求逐一予以判断。

（3）诉是原告向法院提出的请求。因此，诉的类型应依据原告的诉讼目的作判断，无须考虑被告的答辩意见。

（4）给付之诉存在特定的给付内容，可以申请强制执行，但允许强制执行的诉并非只有给付之诉。如判决变更民事法律关系的内容，被告拒绝履行变更后民事义务，也可能会被强制执行。

解题秘籍： 两步判断诉的类型

第一步，排除非讼案件。诉的类型仅针对诉讼案件而言，如案例涉及特别程序、督促程序和公示催告程序均可直接排除。诉的分类的依据是原告的诉讼请求，与被告的答辩无关。

第二步，结合当事人诉讼目的作出判断。意在要求对方履行特定给付义务的诉是给付之诉；意在请求法院判断原被告之间是否存在某种民事法律关系的诉属于确认之诉；意在通过判决改变或消灭既有民事法律关系的诉则为变更之诉。

例3 关于诉的种类的表述，下列哪些选项是正确的？

A. 甲公司以乙公司违约为由，诉至法院要求解除合同，属于变更之诉

B. 甲公司以乙公司的履行不符合约定为由，诉至法院要求乙公司继续履行，属于给付之诉

C. 甲向法院起诉乙，要求返还借款1000元，乙称自己根本没有向甲借过钱，该诉讼属于确认之诉

D. 甲公司起诉乙公司，要求乙公司立即停止施工或采取有效措施降低噪声，属于变更之诉

提示： 甲公司向法院提出要求解除与乙公司之间的合同法律关系，即原告请求法院以判决形式消灭其与被告之间既存的合同法律关系，这属于变更之诉，选项A正确。甲公司诉至法院要求乙公司继续履行，本案甲公司意在要求乙公司承担继续履行的给付内容，属于给付之诉，选项B正确。甲起诉意在要求乙履行还款1000元的给付义务，乙的主张无须考虑，本案属于给付之诉，选项C错误。甲公司起诉乙公司的给付内容是停止施工或降低噪声，本案属于给付之诉，选项D错误。

三、反诉

（一）反诉与反驳的识别

反诉是指在诉讼过程中，本诉被告针对本诉原告向法院提出的独立的反请求。

反驳是指被告针对原告提出的诉讼请求和理由，从实体上和程序上、从事实上和法律上予以否定或部分的否定。

反诉与反驳都是被告依法享有的诉讼权利，其目的均在于使原告的诉讼目的无法实现，两者也存在明显的区别，具体如下：

不同点	反诉	反驳
性质。	被告向原告提出的独立的反请求，是一个独立的诉。	不提出独立的诉讼请求，没有诉的性质。
独立性。	不因本诉的消灭而消灭。	因原告撤诉而失去意义。
能否另行起诉。	可以。	不可以。

例4 甲公司起诉要求乙公司交付货物。被告乙公司向法院主张合同无效，应由原告甲公司承担合同无效的法律责任。关于本案被告乙公司主张的性质，下列哪一说法是正确的？

A. 该主张构成了反诉

B. 该主张是一种反驳

C. 该主张仅仅是一种事实主张

D. 该主张是一种证据

提示： 甲公司起诉要求乙公司交付货物，而被告乙公司则向法院主张合同无效，乙公司提出的诉讼请求如果得到法院支持，便能起到抵销甲公司要求乙公司支付货物请求的效果，这明显属于反诉，选项A正确。

（二）反诉的条件

1. 须由本诉的被告向本诉的原告提出。

反诉和本诉中当事人具有同一性，只不过原被告双方位置互换。

> **特别提醒：** 反诉、本诉的当事人具有同一性，但在诉讼中的地位并不相同。

2. 须在本诉进行中提出。

具体而言，反诉提出的期间是法院已经受理了本诉，但要在法庭辩论终结前提出。

3. 须向受理本诉的法院提出，且受诉法院对反诉有管辖权。

4. 须与本诉适用同一诉讼程序。

5. 须反诉与本诉之间存在牵连关系。

牵连性包括法律上或事实上的联系，具言之，反诉与本诉的诉讼请求基于相同法律关系、诉讼请求之间具有因果关系，或者反诉与本诉的诉讼请求基于相同事实。例如，王某与李某签订家具买卖合同，王某诉请法院判令李某交付家具，李某诉请法院认定双方之间的买卖合同无效。本案中本诉和反诉的法律关系相同，均为买卖合同法律关系。甲乙两车相撞，甲诉请乙赔偿因车辆相撞造成其车上货物损失，乙则诉请甲赔偿因两车相撞给其造成人身损害的损失。本案中本诉与反诉即基于车辆相撞这一相同法律事实。

> **特别提醒：** 反诉与本诉是两个独立的诉，要分别判断。比如，反诉的成立并不当然导致本诉的诉讼请求被驳回；本诉撤诉或撤销，反诉继续进行。因反诉具有独立性，反诉既可与本诉合并审理，也可以另行起诉。

> **解题秘籍：** 反诉的主要判断点
>
> 首先，判断两个诉的当事人是否相同。反诉和本诉当事人具有同一性，如果反诉的原告不是本诉的被告，针对的对象亦非本诉的原告，那肯定不是反诉。在本诉为共同诉讼的场合，作为共同被告的一人向本诉的原告提起的诉讼，以及本诉被告向共同原告中的一人提起的诉讼也属于反诉。
>
> 其次，判断本诉审理法院对该诉是否享有管辖权。主要判断有无违反专属管辖等强制性规定的情形。如果反诉属于其他法院专属管辖的，审理本诉的法院因为无权管辖，而不得将反诉与本诉合并审理。
>
> 最后，判断两个诉是否存在牵连关系。主要根据两个诉的诉请是否基于相同法律关系或相同事实，或者具有因果关系作出判断。

例 5 关于反诉，下列哪些表述是正确的？

A. 反诉应当向受理本诉的法院提出，且该法院对反诉所涉及的案件也享有管辖权

B. 反诉中的诉讼请求是独立的，它不会因为本诉的撤销而撤销

C. 反诉如果成立，将产生本诉的诉讼请求被依法驳回的法律后果

D. 本诉与反诉的当事人具有同一性，因此，当事人在本诉与反诉中诉讼地位是相同的

提示：反诉须向受理本诉的法院提出，且受诉法院必须对反诉有管辖权，选项 A 正确；反诉具有独立性，它不因本诉的消灭而消灭，选项 B 正确。被告提出反诉目的在于抵销或吞并原告提起的诉，但反诉与本诉在实质上是相互独立的两个诉，反诉的成立并不必然意味着法院要驳回本诉的诉讼请求，选项 C 错误。反诉和本诉的当事人具有同一性，但位置互换，诉讼地位不同。即本诉的被告是本诉的原告，本诉的原告是反诉的被告，选项 D 错误。

例 6 2009 年 2 月，家住甲市 A 区的赵刚向家住甲市 B 区的李强借了 5000 元，言明 2010 年 2 月之前偿还。到期后赵刚一直没有还钱。李强起诉要求赵刚返还欠款 5000 元。诉讼中赵刚称，其向李强借款是事实，但在 2010 年 1 月卖给李强一块玉石，价值 5000 元，说好用玉石货款清偿借款。当时李强表示同意，并称之后会把借条还给赵刚，但其一直未还该借条。关于赵刚“用玉石货款清偿借款”的辩称，下列选项正确的是：

A. 将该辩称作为赵刚偿还借款的反驳意见来审查，审查的结果可以作为判决的根据

B. 赵刚应当以反诉的形式提出请求，法院可以与本诉合并进行审理

C. 赵刚必须另行起诉，否则法院不予处理

D. 赵刚既可以反诉的形式提出，也可另行起诉

提示：本题作答的关键在于准确判断赵刚提出“用玉石货款清偿借款”的性质，这在法律上属于主张债权因抵销而消灭，这属于提出独立的反请求，应以反诉形式提出。选项 A 错误，选项 B 正确。基于反诉的独立性，反诉既可与本诉合并审理，也可以另行起诉。选项 C 错误，选项 D 正确。

四、诉的合并与分离

（一）诉的合并

诉的合并是指法院将两个或两个以上彼此之间有牵连的诉合并到一个诉讼程序中审理和裁判。

诉的客体合并是指将同一原告对同一被告提起的两个以上的诉或者反诉与本诉合并到同一诉讼程序中审理。

诉的主体合并是指将数个当事人合并到同一个诉讼程序中审理和裁判。常见原因：①共同诉讼；②当事人在诉讼中死亡，数个继承人承担诉讼。

（二）诉的分离

诉的分离是指法院将原先合并审理的几个诉，分开进行审理。

例 7 2009 年 2 月，家住甲市 A 区的赵刚向家住甲市 B 区的李强借了 5000 元，言明

2010年2月之前偿还。到期后赵刚一直没有还钱。2010年3月，李强找到赵刚家追讨该债务，发生争吵。赵刚因所牵宠物狗易受惊，遂对李强说："你不要大声喊，狗会咬你。"李强不理，仍然叫骂，并指着狗叫喊。该狗受惊，扑向李强并将其咬伤。李强治伤花费6000元。李强起诉要求赵刚返还欠款5000元、支付医药费6000元。关于法院对李强提出的返还欠款5000元和支付医药费6000元的诉讼审理，下列选项正确的是：

A. 可以分别审理，分别作出判决

B. 可以合并审理，一起作出判决

C. 可以合并审理，分别作出判决

D. 必须分别审理，分别作出判决

提示：李强向赵刚提起返还借款之诉和损害赔偿侵权之诉，虽然诉讼标的不同，但当事人相同，符合诉的客体合并。法院可以分别审理，也可以合并审理。但借款纠纷与侵权纠纷的诉讼标的并无牵连性，因此法院审理后应当分别作出判决。选项A、C正确。

第三章　民事诉讼法的基本原则

重要法条及司法解释

《民事诉讼法》第5、8、12~14条。

命题分析

鉴于民事诉讼法基本原则的基础性地位，本章颇受命题人的垂爱，可谓高频考点。其中，尤以平等原则、同等和对等原则、辩论原则以及处分原则考查更为频繁。

从考查内容来看，以往试题主要围绕平等原则的含义、同等原则与平等原则的识别、辩论原则的内涵、辩论原则与处分原则的区别等进行考查。这无疑也是考生复习法考客观题时需要重点掌握的知识。从考查形式看，基本原则的试题多采用“组团”考查模式，既有表述题又有案例题形式。有的题目会涉及对约束性辩论原则的理解，具有相当的理论性，难度较高。

从命题趋势分析，绝大多数原则主要以民事诉讼法基本原则综合类选择题的形式考查，仅有辩论原则和处分原则因其重要地位，偶尔单独命题考查。考生只要准确把握每项基本原则的内涵、能够将其与其他相似原则准确区分，即便本知识点内容再次命题也可轻松应对。

知识点精讲

一、当事人诉讼权利平等原则（简称“平等原则”）

（一）含义

平等原则是指在民事诉讼中各方当事人平等地享有诉讼权利，平等地承担诉讼义务。

（二）主要内容

1. 双方当事人具有平等的诉讼地位

> **特别提醒：**平等≠相同。当事人的诉讼权利平等包括两种情况：①双方当事人享有相同的诉讼权利。如双方当事人均享有申请回避、提供证据、进行辩论、委托代理人进行诉讼、提起上诉等诉讼权利。②双方当事人享有对等的诉讼权利。如原告享有起诉的权利，被告则享有应诉权和反诉权。

2. 法院应当平等地保障双方当事人行使诉讼权利

法院为当事人创造平等行使诉讼权利的机会，并且平等地要求当事人履行诉讼义务，不偏袒或者不歧视任何一方当事人。法院应尽力维持理想中的“等腰三角形”诉讼结构。

3. 对当事人在适用法律上一律平等

对诉讼当事人，不分民族、种族、性别、职业、宗教信仰、财产状况等，在适用法律上一律平等。

二、同等原则和对等原则

（一）含义

同等原则是指外国当事人在中国法院起诉、应诉，与中国当事人享有同等的诉讼权利义务。

对等原则是指外国法院对我国当事人的民事诉讼权利进行限制，我国法院对该国当事人的民事诉讼权利也予以同样的限制。形象来讲是“以彼之道还施彼身”。

同等原则与对等原则是一般和特殊的关系。即同等原则是处理外国当事人诉讼权利义务的通行规则，但遇有外国法院限制我国当事人诉讼权利义务的特殊情况时，则应当适用对等原则。

（二）同等原则与平等原则的辨识

同等原则强调“对待中外当事人一视同仁”，如果提到外国当事人和本国当事人享有同等的诉讼权利义务，属于同等原则。

平等原则强调对双方当事人平等相待，如果选项提到诉讼双方当事人享有相同或者对等的诉讼权利或诉讼义务，那就是平等原则。

> **解题技巧：**选项表述如果出现外国人，大概率考查的是同等原则或对等原则；如果未提到当事人的国籍，则往往考查平等原则。

三、辩论原则

（一）含义

辩论原则是指在法院主持下，当事人有权就案件事实和争议问题，各自陈述自己的主张和根据，互相进行反驳和答辩，以维护自己的合法权益。

（二）主要内容

1. 行使辩论权的主体是当事人。

> **特别提醒：**证人、鉴定人、勘验人等其他诉讼参与人虽然也会出庭陈述，但不享有辩论权。但当事人可以授权诉讼代理人行使辩论权，法定代理人当然也享有辩论权。

2. 辩论权之行使贯穿于诉讼的整个过程。

在第一审程序、第二审程序和审判监督程序中，均应贯彻辩论原则，而非仅限于法庭辩论。

特别提醒： 特别程序、督促程序、公示催告程序不适用辩论原则。因为对实体或程序问题存有争议方才需要辩论，而上述非讼程序都以不存在争议作为制度设置的前提，自无辩论原则适用之可能。执行程序也不适用辩论原则。执行程序是实现生效执行根据确定的给付内容的程序，并不解决纠纷。如果在执行过程中发现存在民事纠纷，应转入诉讼程序解决，如许可执行之诉、案外人异议之诉、分配表异议之诉等。

3. 辩论的内容广泛，既包括实体问题，也包括程序问题。

4. 辩论的表现形式及方法多种多样。

辩论既可通过口头形式进行，也可以采用书面形式表达，如提交答辩状也是行使辩论权的有效形式。

5. 法院应当为当事人行使辩论权提供有效保障。

知识拓展： 辩论主义（约束性辩论原则）

根据大陆法系学者的经典表述，辩论主义有以下三个内容：第一，只有当事人提出并加以主张的事实，法院才能予以认定；第二，对当事人双方都没有争议的事实，法院必须照此予以认定；第三，法院原则上只能就当事人提出的证据进行调查。

从上述表述不难看出，辩论主义旨在通过对法院裁判行为进行约束保证当事人辩论权利的落实，因此也称为“约束性辩论原则”；而我国的辩论原则只是强调对当事人辩论权利的保障，但当事人辩论的内容对法院裁判是否有影响则并无规定，因此被称为“非约束性辩论原则”。

需要指出，辩论主义在我国只是学理概念，立法上并未完全贯彻。遇到相关试题，我们应首先在辩论原则语境下展开思考，如无答案，再结合辩论主义进行判断。以往的司考真题，仅有个别年份涉及辩论主义，主要考查的仍为辩论原则。

例 1 关于辩论原则的表述，下列哪些选项是正确的？

A. 当事人辩论权的行使仅局限于一审程序中开庭审理的法庭调查和法庭辩论阶段

B. 当事人向法院提出起诉状和答辩状是其行使辩论权的一种表现

C. 证人出庭陈述证言是证人行使辩论权的一种表现

D. 督促程序不适用辩论原则

提示： 一审、二审、再审程序均应贯彻辩论原则，选项 A 错误；辩论权可以通过书面形式行使，选项 B 正确；证人不是辩论权的行使主体，选项 C 错误；督促程序是非讼程序，以不存在争议为适用前提，不适用解决争议的辩论原则；选项 D 正确。

四、处分原则

（一）含义

处分原则是指民事诉讼当事人有权在法律规定的范围内，处分自己的民事权利和诉讼权利。

（二）主要内容

1. 行使处分权的主体是当事人或者类似于当事人的人（法定代理人、特别授权的委托代理人）。

2. 可处分的权利包括实体权利和程序权利。

处分实体权利表现为：原告有权决定诉讼请求的范围、有权变更、放弃诉讼请求；被告有权承认原告的诉讼请求；双方当事人有权接受或者拒绝调解、有权自行和解。

特别提醒：法院调解不同于诉讼，调解协议可以超出当事人诉讼请求的范围。

处分程序权利表现为：①当事人有权决定是否通过诉讼程序解决纠纷；②当事人有权决定是否行使法律赋予的诉讼权利。撤诉也是当事人行使处分权的表现形式，但要受到法院的制约，是否准许由法院审查后决定。

3. 行使处分权不得违反法律规定，不得损害国家利益、社会公共利益和他人合法权益。

（三）处分原则与辩论原则的区别

以往考题往往将各类基本原则搭配考查，其中处分原则和辩论原则的识别尤为关键。两者是最能反映民事诉讼法本质属性的基本原则，其适用主体均为当事人和类似于当事人的人，内容既涉及实体权利也涉及程序权利。但也存在以下区别：

区别点	处分原则	辩论原则
适用范围。	贯穿民事诉讼程序全过程。	非讼程序和执行程序不适用。
适用对象。	当事人的实体、程序权利。	案件事实、法律适用、程序规则等。
常见的违反情形。	法院裁判遗漏或超出诉讼请求范围。	将未经质证的证据直接作为定案依据。

例2 关于民事诉讼法基本原则在民事诉讼中的具体体现，下列哪一说法是正确的？

A. 当事人有权决定是否委托代理人代为进行诉讼，是诉讼权利平等原则的体现

B. 当事人均有权委托代理人代为进行诉讼，是处分原则的体现

C. 原告与被告在诉讼中有一些不同但相对等的权利，是同等原则的体现

提示：当事人有权决定是否委托代理人代为进行诉讼，这是当事人对程序权利处分的表现，体现的是处分原则，选项A错误；双方当事人均有权委托代理人代为进行诉讼，这是平等原则的体现，选项B错误；当事人在诉讼中享有不同但对等的权利，这是平等原则的体现，选项C错误。

例3 丙承租了甲、乙共有的房屋，因未付租金被甲、乙起诉。一审法院判决丙支付甲、乙租金及利息共计10000元，分五个月履行，每月给付2000元。甲、乙和丙均不服该判决，提出上诉：乙请求改判丙一次性支付所欠的租金10000元。甲请求法院判决解除与丙之间租赁关系。丙认为租赁合同中没有约定利息，甲、乙也没有要求给付利息，一审法院不应当判决自己给付利息，请求判决变更一审判决的相关内容。关于一审法院判决丙给付甲、乙利息的做法，下列说法正确的是：

A. 违背了民事诉讼的处分原则

B. 违背了民事诉讼的辩论原则

C. 违背了民事诉讼的当事人诉讼权利平等原则

D. 违背了民事诉讼的同等原则

提示：处分原则要求法院根据当事人的诉讼请求对案件进行裁判。甲、乙的诉讼请求仅是要求法院判决丙给付租金，而法院判决丙不仅要返还租金，还需支付利息，这侵犯了当事人的处分权，违背了民事诉讼的处分原则，选项A正确。辩论原则强调民事诉讼当事人有权在法院的主持下，对案件的事实以及争议的焦点互相进行反驳和答辩。本题并未直接看出违反辩论原则，选项B错误。平等原则强调法院审理民事案件，应当保障和便利当事人行使诉讼权利，对当事人在适用法律上一律平等。本题法院并未违背平等原则，选项C错误。同等原则强调“对待中外当事人一视同仁”，本题并未交代有涉外因素，选项D错误。

例4 王某与钱某系夫妻，因感情不和王某提起离婚诉讼，一审法院经审理判决不准予离婚。王某不服提出上诉，二审法院经审理认为应当判决离婚，并对财产分割与子女抚养一并作出判决。关于二审法院的判决，下列哪些选项违反了《民事诉讼法》的原则或制度？

A. 处分原则　　　　B. 辩论原则

提示：王某在上诉时并未涉及财产分割与子女抚养问题，二审法院超越王某的上诉请求范围对财产分割与子女抚养问题作出判决，这违反了当事人的处分权，选项A正确。二审法院对财产与子女抚养问题一并作出了判决，该行为直接剥夺了王某与钱某对财产分割与子女抚养问题的辩论权，违反了辩论原则，选项B正确。

例5 甲向法院起诉，要求判决乙返还借款本金2万元。在案件审理中，借款事实得以认定，同时，法院还查明乙逾期履行还款义务近一年，法院遂根据银行同期定期存款利息，判决乙还甲借款本金2万元，利息520元。关于法院对该案判决的评论，下列哪一选项是正确的？

A. 该判决符合法律规定，实事求是，全面保护了权利人的合法权益

B. 该判决不符合法律规定，违反了民事诉讼的处分原则

C. 该判决不符合法律规定，违反了民事诉讼的辩论原则

D. 该判决不符合法律规定，违反了民事诉讼的平等原则

提示：法院超越了原告甲的诉讼请求作判决，本判决违反了处分原则，选项B为正确答案。

例6 王某以借款纠纷为由起诉吴某。经审理，法院认为该借款关系不存在，王某交付吴某的款项为应支付的货款，王某与吴某之间存在买卖关系而非借用关系。法院向王某作出说明，但王某坚持己见，不予变更诉讼请求和理由。法院遂作出裁定，驳回王某的诉讼请求。关于本案，下列哪一说法是正确的？

C. 法院违反了辩论原则　　　　D. 法院违反了处分原则

提示：法院已向王某说明其交付给吴某的款项为应支付的货款，两者之间存在买卖关系而非借用关系。王某就案件事实和争议坚持认为其与吴某之间存在借用关系，这说明王某依法行使了辩论权，法院并未违反辩论原则，选项C错误。尽管法院已向王某说明其交付给吴某的款项为应支付的货款，但王某坚持己见，不予变更诉讼请求和理由。这恰恰说明王某依法行使了处分权，法院并未违反处分原则，选项D错误。

五、诚实信用原则

（一）含义

诚实信用原则是指当事人或其他诉讼参与人在民事诉讼中行使诉讼权利或履行诉讼义务，以及法官在民事诉讼中行使国家审判权进行审判行为时，应当公正、诚实、守信。

特别提醒：当事人、其他诉讼参与人、法官等均为诚实信用原则的适用对象。

（二）基本要求

1. 当事人的真实陈述义务；
2. 促进诉讼义务；
3. 禁止以欺骗方法形成不正当诉讼状态；
4. 禁反言（《最高人民法院关于适用〈中华人民共和国民事诉讼法〉的解释》第229、342条）；
5. 禁止滥用诉讼权利。

六、检察监督原则

1. 监督范围：审判活动+执行活动。
2. 监督对象：法院及其工作人员行使审判权、执行权行为。

特别提醒：检察机关不能对仲裁机构、公证机关、人民调解委员会等进行检察监督；当事人、代理人和其他诉讼参与人的行为也不属于检察监督范围。

3. 监督内容：监督审判人员贪赃枉法、徇私舞弊等违法行为；对法院作出的生效判决、裁定、调解书是否正确合法进行监督。

特别提醒：对调解书进行检察监督的情形是调解书损害国家利益、社会公共利益。

4. 监督方式：抗诉或者检察建议。

特别提醒：（1）检察机关对审判监督程序以外的其他审判程序中审判人员的违法行为，可以发出检察建议，但不能抗诉。

（2）检察建议是向同级法院行使；抗诉则是上级检察机关对下级法院的生效裁判行使。

第四章　民事审判的基本制度

重要法条及司法解释

《民事诉讼法》第134、39～42、44～47、154、155、162、178条。

《最高人民法院关于适用〈中华人民共和国民事诉讼法〉的解释》第43～49、220、278、279条。

《最高人民法院关于适用〈中华人民共和国婚姻法〉若干问题的解释（一）》第9条。

命题分析

本章包括合议、回避、两审终审和公开审判四项制度。其中，尤以合议制度和回避制度考查更为频繁。从考查内容看，以往试题基本围绕“合议制在不同审判程序中的运用”“回避的决定主体”“不公开审理的情形”等知识点进行考查。这无疑也是考生复习法考客观题时需要重点掌握的知识。

从命题形式分析，本章知识点以往多以表述题形式单独命题，偶尔散见于综合类选择题的某个选项之中予以考查。今后本章知识点的命题形式和考查内容不会发生大的变动。本章内容理论性不强，多属于记忆性内容，只要准确掌握相关知识不难准确作答。

知识点精讲

一、合议制度

合议制度是指由若干名审判人员组成合议庭对民事案件进行审理的制度。与其相对应的是独任制，是指由一名审判员对民事案件进行审理的制度。

（一）合议制的适用范围及合议庭组成形式

根据是否有人民陪审员参与，合议庭分为“审判员＋陪审员”和“审判员”两种组成形式。民事诉讼不同的程序类型，合议庭的组成形式也有所差异。

<table>
<tr><th colspan="2">适用范围</th><th>合议庭组成形式</th></tr>
<tr><td colspan="2">一审普通程序。</td><td>审判员/审判员＋陪审员。</td></tr>
<tr><td colspan="2">二审程序。</td><td>审判员。</td></tr>
<tr><td colspan="2">二审法院发回重审案件。</td><td>审判员/审判员＋陪审员。</td></tr>
<tr><td rowspan="2">再审程序。</td><td>原审是一审程序。</td><td>审判员/审判员＋陪审员。</td></tr>
<tr><td>原审是二审程序或者提审。</td><td>审判员。</td></tr>
</table>

续表

适用范围	合议庭组成形式
特别程序（选民资格案件、重大疑难案件、实现担保物权案件中担保财产标的额超过基层人民法院管辖范围）。	审判员。
公示催告程序的除权判决。	审判员。

特别提醒：人民陪审员能否参与案件的审理，与审级有关，但与法院级别无关。具言之，无论哪一级法院，只要适用第一审诉讼程序审理民事案件陪审员都可以参与。

例 1 中级人民法院审理案件组成合议庭时，均不可邀请陪审员参加。该说法是否正确？

提示：中级人民法院审理第一审案件组成合议庭，可以允许陪审员参加；中级人民法院审理第二审民事案件组成合议庭，只能由审判员组成。本说法错误。

例 2 根据我国《民事诉讼法》和相关司法解释的规定，下列关于审判组织的哪些表述是正确的？

A. 再审程序中只能由审判员组成合议庭

B. 二审法院裁定发回重审的案件，原审法院应当组成合议庭进行审理

C. 法院适用特别程序审理案件，陪审员不参加案件的合议庭

D. 中级人民法院作为一审法院时，合议庭可以由审判员与陪审员共同组成，作为二审法院时，合议庭则一律由审判员组成

提示：再审程序只能由合议庭审理，如果原审是一审程序，应按照第一审程序另行组成合议庭，此时可以由陪审员参与组成合议庭，选项 A 错误。无论原审适用普通程序还是简易程序，二审法院裁定发回重审的案件，原审法院应当组成合议庭进行审理，选项 B 正确。如果适用合议庭审理特别程序案件，只能由审判员组成合议庭，选项 C 正确。合议庭的组成形式与审级相关，与法院级别无关。中级人民法院作为一审法院时，合议庭可以由审判员与陪审员共同组成，作为二审法院时，合议庭则一律由审判员组成，选项 D 正确。

（二）独任制的适用范围

独任制适用于简易程序、特别程序（但选民资格案件、重大疑难的特别程序案件、实现担保物权案件中担保财产标的额超过基层人民法院管辖范围的除外）、督促程序、公示催告程序的公示催告阶段。

独任制原则上仅适用于基层人民法院及其派出法庭。例外：海事法院在级别上属于中级人民法院，可以适用简易程序，也可由审判员独任审理。

举一反三：简易程序适用独任制，但独任制并不仅适用于简易程序。

（三）合议庭的运行规则

1. 审判长的确定

合议庭的审判长由院长或者庭长指定审判员一人担任；院长或者庭长参加审判的，由院长或者庭长担任。

> **特别提醒：**陪审员不能担任审判长。

2. 合议庭的组成

合议庭的成员人数，必须是单数。

> **特别提醒：**合议庭的组成人员由法院决定，当事人无权选择。

3. 合议庭评议

实行少数服从多数原则，依照多数人的意见作出决定，但评议中各种意见须如实记入笔录。

合议庭的评议过程不公开，但判决结果必须公开。

例 3　关于合议庭评议案件，下列哪一表述是正确的？

A. 审判长意见与多数意见不同的，以其意见为准判决

B. 陪审员意见得到支持、形成多数的，可按该意见判决

C. 合议庭意见存在分歧的，也可提交院长审查决定

D. 审判人员的不同意见均须写入笔录

提示：合议庭实行少数服从多数原则，依照多数人的意见作出决定，选项 A 错误。陪审员意见得到支持、形成多数意见时，应按多数意见判决，而不是按陪审员的意见判决，选项 B 错误。合议庭意见存在分歧，应按照多数意见为准作出判决，无须提交院长审查决定，选项 C 错误。审判人员的不同意见均须写入笔录是正确表述，选项 D 正确。

二、回避制度

（一）适用对象

回避适用于审判员、人民陪审员、书记员、鉴定人、翻译人员、勘验人、执行员等。

> **特别提醒：**证人、专家辅助人不适用回避制度。

（二）适用情形

1. 是本案当事人或者当事人近亲属的；
2. 本人或者其近亲属与本案有利害关系的；
3. 担任过本案的证人、鉴定人、辩护人、诉讼代理人、翻译人员的；

4. 是本案诉讼代理人近亲属的；

5. 本人或者其近亲属持有本案非上市公司当事人的股份或者股权的；

6. 与本案当事人或者诉讼代理人有其他利害关系，可能影响公正审理的；

7. 接受本案当事人及其受托人宴请，或者参加由其支付费用的活动的；

8. 索取、接受本案当事人及其受托人财物或者其他利益的；

9. 违反规定会见本案当事人、诉讼代理人的；

10. 为本案当事人推荐、介绍诉讼代理人，或者为律师、其他人员介绍代理本案的；

11. 向本案当事人及其受托人借用款物的；

12. 有其他不正当行为，可能影响公正审理的；

13. 在一个审判程序中参与过本案审判工作的审判人员，不得再参与该案其他程序的审判（发回重审后再上诉除外）。

（三）适用程序

1. 回避方式：申请回避和自行回避。

2. 回避提出时间：在案件开始审理时提出；回避事由在案件开始审理后知道的，也可以在法庭辩论终结前提出。

3. 决定主体

回避对象	决定主体
院长。	审判委员会。
审判员、人民陪审员、书记员、执行员。	院长。
鉴定人、翻译人员、勘验人。	审判长。

4. 处理形式：申请提出3日内，以口头或书面形式作出决定。

5. 救济方式：向决定作出法院申请复议一次。

（四）法律后果

被申请回避的人员在法院作出是否回避的决定前，应当暂停参与本案的工作，但案件需要采取紧急措施的除外；复议期间，被申请回避的人员，不停止参与本案的工作。

例4 关于回避，下列哪一说法是正确的？

A. 当事人申请担任审判长的审判人员回避的，应由审委会决定

B. 当事人申请陪审员回避的，应由审判长决定

C. 法院驳回当事人的回避申请，当事人不服而申请复议，复议期间被申请回避人不停止参与本案的审理工作

D. 如当事人申请法院翻译人员回避，可由合议庭决定

提示：只有院长担任审判长，回避才由审委会决定，选项A错误；陪审员属于审判人员，应由院长决定是否回避，选项B错误；回避申请的复议期间，不停止审理工作，选项C正确；申请翻译人员回避，应由审判长决定，选项D错误。

三、公开审判制度

法院审理民事案件，除法律另有规定外，审判过程及结果应当向群众、社会公开。案件审理的不同阶段，是否公开的要求并不相同。

审理阶段	评议阶段	宣判阶段
可能公开、可能不公开。	一律不公开。	一律公开。

不公开审理的法定情形：

法定不公开	涉及国家秘密的案件。
	涉及个人隐私的案件。
	法律另有规定的案件。
申请不公开	离婚案件。
	涉及商业秘密的案件。

特别提醒：（1）申请不公开的适用前提是当事人向法院提出不公开审理申请。当事人提出申请，法院可以不同意；而当事人未提出申请，法院应公开审理。

（2）申请不公开审理不必双方当事人共同申请。

（3）商业秘密是指生产工艺、配方、贸易联系、购销渠道等当事人不愿公开的技术秘密、商业情报及信息。

例5 唐某作为技术人员参与了甲公司一项新产品研发，并与该公司签订了为期2年的服务与保密合同。合同履行1年后，唐某被甲公司的竞争对手乙公司高薪挖走，负责开发类似的产品。甲公司起诉至法院，要求唐某承担违约责任并保守其原知晓的产品。关于该案的审判，下列哪一说法是正确的？

A. 只有在唐某与甲公司共同提出申请不公开审理此案的情况下，法院才可以不公开审理

B. 根据法律的规定，该案不应当公开审理，但应当公开宣判

C. 法院可以根据当事人的申请不公开审理此案，但应当公开宣判

D. 法院应当公开审理此案并公开宣判

提示：本案涉及商业秘密案件，属于申请不公开审理。只要一方申请不公开即可，无须双方当事人共同提出申请，选项A错误；商业秘密案件不属于法定不公开审理，选项B错误；无论是否公开审理，但必须公开宣判，选项C正确；此案能否公开审理依赖于当事人是否提出申请，“应当公开审理”说法绝对，选项D错误。

例6 离婚案件原则上不公开审理，因其属于法定不公开审理案件范围。该说法是否正确？

提示：离婚案件属于申请不公开情形，而非法定不公开审理案件范围，本说法错误。

四、两审终审制度

两审终审制是指一个民事案件经过两级法院审判后即告终结的制度。

一审终审的适用情形：

（1）最高人民法院审理的案件。

（2）适用特别程序、督促程序、公示催告程序的案件。

（3）确认婚姻效力的判决。

> **特别提醒：**确认婚姻效力案件与离婚案件完全不同，不可混淆。离婚纠纷适用两审终审制。

（4）法院制作的调解书。

（5）法院制作的不予受理、驳回起诉、管辖权异议之外的裁定（但小额诉讼中作出的驳回起诉、管辖权异议裁定，不得上诉）。

（6）法院制作的决定书（一般采用复议形式救济）。

（7）小额诉讼程序。

例 7 王某与钱某系夫妻，因感情不和王某提起离婚诉讼，一审法院经审理判决不准予离婚。王某不服提出上诉，二审法院经审理认为应当判决离婚，并对财产分割与子女抚养一并作出判决。关于二审法院的判决，下列哪些选项违反了《民事诉讼法》的原则或制度？

C. 两审终审制度　　　　D. 回避制度

提示：本案一审法院判决不准离婚，并未对财产分割和子女抚养问题作出判决。二审法院直接对财产分割与子女抚养问题作出判决，既剥夺了当事人的上诉权，又损害当事人的审级利益，违反了两审终审制度，选项C正确；本题并没有涉及回避制度，选项D错误。需要指出，《最高人民法院关于适用〈中华人民共和国民事诉讼法〉的解释》第329条规定，双方当事人同意由第二审法院一并审理的，第二审法院可以一并裁判。本题命制时尚未出台《最高人民法院关于适用〈中华人民共和国民事诉讼法〉的解释》，且题干表述中也未说明双方当事人是否同意由二审法院一并审理，因此选项C也应入选。

第五章　民事管辖制度

第一节　管辖概述

重要法条及司法解释

《民事诉讼法》第3条。

《最高人民法院关于适用〈中华人民共和国民事诉讼法〉的解释》第37～39条。

命题分析

本节涉及内容较少，其中以“管辖权恒定”考查频率最高。从命题形式看，本节内容从未单独命题，主要通过案例式选择题形式与其他管辖制度搭配考查。考查内容主要涉及管辖权恒定制度的识别以及专门法院的管辖案件范围。

从命题趋势分析，本节知识点在法考中单独命题的可能性并不大，更可能结合移送管辖等其他管辖制度综合命题。复习时应主要掌握管辖权恒定的具体形式、各类专门法院的受案范围等知识点。

知识点精讲

一、管辖的概念

民事诉讼中的管辖，是指各级法院之间和同级法院之间受理第一审民事案件的分工和权限。管辖涉及诸多具体制度，较为散乱，应当体系性把握各类管辖制度。管辖制度体系结构图如下：

- 管辖
  - 法定管辖
    - 级别管辖
    - 地域管辖
      - 一般地域管辖
        - 原则规定
        - 例外规定
      - 特殊地域管辖
        - 合同类
        - 侵权类
        - 特殊类
      - 专属管辖
      - 协议管辖
      - 共同管辖
      - 选择管辖
      - 应诉管辖
  - 裁定管辖
    - 移送管辖
    - 指定管辖
    - 管辖权转移
  - 管辖权异议

二、管辖恒定

（一）含义

管辖恒定是指确定案件的管辖权，以起诉时为标准。起诉时对案件享有管辖权的法院，不因确定管辖的相关因素在诉讼过程中发生变化影响其管辖权。管辖恒定包括级别管辖恒定和地域管辖恒定。

（二）表现形式

1. 案件受理后，受诉法院的管辖权不受当事人住所地、经常居住地变更的影响；

2. 有管辖权的法院受理案件后，不得以行政区域变更为由，将案件移送给变更后有管辖权的法院；

3. 判决后的上诉案件和依审判监督程序提审的案件，由原审法院的上级法院进行审判；

4. 上级法院指令再审、发回重审的案件，由原审法院再审或者重审；

5. 法院对管辖异议审查后确定有管辖权的，不因当事人提起反诉、增加或者变更诉讼请求等改变管辖，但违反级别管辖、专属管辖规定的除外。

例 2008年7月，家住A省的陈大因赡养费纠纷，将家住B省甲县的儿子陈小诉至甲县法院，该法院受理了此案。2008年8月，经政府正式批准，陈小居住的甲县所属区域划归乙县管辖。甲县法院以管辖区域变化对该案不再具有管辖权为由，将该案移送至乙县法院。乙县法院则根据管辖恒定原则，将案件送还至甲县法院。下列哪些说法是正确的？

A. 乙县法院对该案没有管辖权

D. 甲县法院对该案没有管辖权

提示：本案是赡养费纠纷，应由被告住所地的甲县法院管辖。在诉讼过程中，被告所在区域已由甲县划归乙县，根据管辖恒定制度，确定案件的管辖权，应以起诉时为标准。因此，本案行政区划变更不影响甲县法院的管辖权，乙县法院对本案并无管辖权。因此，选项A正确，选项D错误。

三、专门法院的管辖

（一）军事法院

双方当事人均为军人或军队单位的民事案件由军事法院管辖。

（二）海事法院

海事法院管辖当事人因海事侵权纠纷、海商合同纠纷及法律规定的其他海事纠纷提起的诉讼。海事法院的级别是中级人民法院。

（三）铁路运输法院

铁路运输法院管辖与铁路运输、建设等有关的合同及侵权纠纷。

（四）知识产权法院

知识产权法院不按行政区划设置，而是根据需求，在知识产权案件较多的市设立。管辖有关专利、技术秘密、计算机软件、驰名商标认定等第一审知识产权民事和行政案件。知识产权法院的级别是中级人民法院。

（五）金融法院

我国在上海设立金融法院。管辖上海金融法院设立之前由上海市的中级人民法院管辖的金融民商事案件和涉金融行政案件。其级别属于中级人民法院。

（六）互联网法院

我国在北京、广州和杭州设立互联网法院，受理与互联网相关的民事、行政案件，其级别属于基层人民法院。

第二节 级别管辖

重要法条及司法解释

《民事诉讼法》第 17 ~ 20 条。

《最高人民法院关于适用〈中华人民共和国民事诉讼法〉的解释》第 1 ~ 2 条。

命题分析

本节涉及四级法院的管辖案件范围，其中以中级人民法院管辖案件类型最为复杂，相对而言考查频率也更高。从命题形式看，本节知识点全部采用表述题形式命制。考查内容主要涉及各级法院管辖案件的范围。

从命题趋势分析，鉴于法考强调实务化、案例化命题要求，级别管辖的命题形式将会发生变化，主要以案例式选择题考查。本节属于识记类内容，难度较低，复习时重点掌握中级人民法院管辖案件类型即可。

知识点精讲

一、级别管辖

（一）含义

级别管辖是指按照一定标准，划分上下级法院之间受理第一审民事案件的分工和权限。

> **特别提醒：**（1）当事人对级别管辖有异议的，可以提出管辖异议。
>
> （2）对于应当由上级法院审理的第一审民事案件，下级法院不得报请上级法院交其审理。

（二）确定级别管辖的依据

法定标准：案件的性质、繁简程度和案件影响范围。

审判实务操作：将案件争议标的额作为确定级别管辖的重要依据。

二、各级法院管辖的第一审民事案件

（一）基层人民法院

除法律规定的由中级人民法院、高级人民法院、最高人民法院管辖的第一审民事案件外，第一审民事案件由基层人民法院管辖。可以简化记忆为“别人不管的我都管”。

（二）中级人民法院

1. 重大的涉外案件（包括争议标的额大的案件、案情复杂的案件，或者一方当事人人数众多等具有重大影响的案件）。

2. 在本辖区有重大影响的案件。

3. 最高人民法院确定由中级人民法院管辖的案件：①海事、海商案件由海事法院管辖，海事法院等级相当于中级人民法院；②知识产权纠纷案件由知识产权法院、最高人民法院确定的中级人民法院和基层人民法院审理；③重大的涉港澳台民事案件；④诉讼标的金额较大的民事案件。

例1 根据《民事诉讼法》和相关司法解释，关于中级人民法院，下列哪一表述是正确的？

A. 既可受理一审涉外案件，也可受理一审非涉外案件

D. 对案件所作出的判决均为生效判决

提示：依据《民事诉讼法》第18条的规定，中级人民法院既可受理一审涉外案件，也可受理一审非涉外案件，选项A正确；中级人民法院既可以审理一审案件，也可以审理二审案件。中级人民法院所作出的第一审判决和准许上诉的裁定，在法定的上诉期内不发生法律效力，选项D错误。

（三）高级人民法院

在本辖区有重大影响的第一审民事案件。

（四）最高人民法院

1. 在全国有重大影响的案件；

2. 认为应当由其审理的案件。

> **特别提醒：**“我想管的案件都可以管”，如此“霸气侧漏”的权力，只可能是最高人民法院所独有。

例2 关于民事案件的级别管辖，下列哪一选项是正确的？

A. 第一审民事案件原则上由基层人民法院管辖

B. 涉外案件的管辖权全部属于中级人民法院

C. 高级人民法院管辖的一审民事案件包括在本辖区内有重大影响的民事案件和它认为

应当由自己审理的案件

D. 最高人民法院仅管辖在全国有重大影响的民事案件

提示：第一审案件原则上由基层人民法院管辖，选项A正确；重大涉外案件才由中级人民法院管辖，选项B错误；高级人民法院管辖本辖区有重大影响的案件，选项C错误；最高人民法院管辖全国有重大影响的案件和认为应由其审理的案件，选项D错误。

第三节　地域管辖

重要法条及司法解释

《民事诉讼法》第21～35条。

《最高人民法院关于适用〈中华人民共和国民事诉讼法〉的解释》第3～34条。

命题分析

地域管辖是最复杂的管辖制度，涉及内容多，法律规定繁杂，它无疑也是命题人最喜欢命题考查的知识点，甚至达到每年必考的程度。

从命题形式和内容看，本节涉及的选择题既有单独命题，又有各项地域管辖制度的综合命题。且大多采用案例形式，即要求考生判断给定案例的地域管辖法院。试题主要围绕一般地域管辖的例外规定、特殊地域管辖、协议管辖的适用条件、专属管辖的识别等知识点命制，这些无疑是法考复习时需要重点掌握的知识。

从命题趋势分析，本节将会继续在法考中大放异彩，复习时务必高度重视。总体而言，本节知识点理论性不强，多属于记忆性内容，只要系统掌握相关知识点不难准确作答。因涉及诸多管辖制度，建议根据管辖体系结构，从宏观到微观具体掌握各项管辖制度的适用条件、情形等内容。

知识点精讲

一、一般地域管辖

一般地域管辖是指根据法院辖区与当事人所在地之间的隶属关系来确定的诉讼管辖。

（一）原则规定

确定一般地域管辖的原则是“原告就被告”，即应由被告所在地法院管辖。

公民：对公民提起的民事诉讼，由被告住所地法院管辖；被告住所地与经常居住地不一致的，由经常居住地法院管辖。

公民的住所地是指公民的户籍所在地。公民的经常居住地是指公民离开住所地至起诉时已连续居住一年以上的地方，但公民住院就医的地方除外。

解题秘籍：三步锁定“公民所在地”

第一步，看起诉时该公民身在何方。如果住在户籍所在地，那就不存在经常居住地，案件自然应由该公民的户籍所在地（住所地）法院管辖。如果不住在户籍所在地，则进入下一步。

第二步，看该公民在该处留居多久。如果未满一年，则由住所地（户籍所在地）法院管辖。如果至起诉时已连续居住满一年（注意排除住院就医之地），则该地为经常居住地，案件应由该经常居住地法院管辖。如有户籍迁出情形，无论是否落户，有经常居住地的，同样由经常居住地法院管辖（因为落户地即为住所地，经常居住地管辖优于住所地）。没有经常居住地，则转入下一步。

第三步，看该公民是否重新落户。已落户的，由新的户籍所在地法院管辖；未落户的，由原户籍所在地法院管辖。

法人和其他组织：对法人或者其他组织提起的民事诉讼，由被告住所地法院管辖。

法人或者其他组织的住所地是指法人或者其他组织的主要办事机构所在地。法人或者其他组织的主要办事机构所在地不能确定的，法人或者其他组织的注册地或者登记地为住所地。

（二）例外规定

一般地域管辖的例外规定是“被告就原告”，即应由原告所在地法院管辖。

1. 对不在中华人民共和国领域内居住的人提起的有关身份关系的诉讼。
2. 对下落不明或者宣告失踪的人提起的有关身份关系的诉讼。

知识拓展：身份关系案件主要包括婚姻、继承、监护、收养、抚养等类型。

例1 离婚诉讼被告下落不明的，案件由原告住所地法院管辖。该说法是否正确？

提示：离婚纠纷属于身份关系案件，对下落不明或者宣告失踪的人提起的有关身份关系的诉讼由原告住所地法院管辖。本说法正确。

3. 对被采取强制性教育措施的人提起的诉讼。
4. 对被监禁的人提起的诉讼。
5. 追索赡养费、抚育费、扶养费案件的几个被告住所地不在同一辖区的，可以由原告住所地法院管辖（原告住所地和被告住所地法院均有管辖权）。

特别提醒：如果追索赡养费、抚育费、扶养费案件的几个被告住所地在同一辖区，案件应当由被告住所地法院管辖。

例2 常年居住在Y省A县的王某早年丧妻，独自一人将两个儿子和一个女儿养大成人。大儿子王甲居住在Y省B县，二儿子王乙居住在Y省C县，女儿王丙居住在W省D

县。2000年以来，王某的日常生活费用主要来自大儿子王甲每月给的800元生活费。2003年12月，由于物价上涨，王某要求二儿子王乙每月也给一些生活费，但王乙以自己没有固定的工作、收入不稳定为由拒绝。于是，王某将王乙告到法院，要求王乙每月支付给自己赡养费500元。关于对本案享有管辖权的法院，下列选项正确的是：

A. Y省A县法院　　B. Y省B县法院

C. Y省C县法院　　D. W省D县法院

提示：追索赡养费案件的几个被告住所地不在同一辖区的，可以由原告住所地法院管辖。此时，原告住所地和被告住所地法院对案件均有管辖权。选项A、B、C、D均正确。

6. 不服指定监护或者变更监护关系的案件，可以由被监护人住所地法院管辖（被监护人住所地法院不是唯一的管辖法院）。

7. 夫妻一方离开住所地超过1年，另一方起诉离婚的案件，可以由原告住所地法院管辖。

特别提醒：此时原告住所地和被告住所地法院均有管辖权。

理论点拨：只有被告一方存在特殊情形，才适用一般地域管辖的例外规定；如果原被告双方都存在该特殊情形，则应适用一般地域管辖的原则规定。具体如下：

原则规定（被告所在地法院管辖）	例外规定（原告所在地法院管辖）
原被告均被注销户籍。	被告被注销户籍。
双方当事人被监禁或者被采取强制教育措施。	被告被监禁或者被采取强制教育措施。
夫妻双方离开住所地超过1年，一方起诉离婚。	夫妻一方离开住所地超过1年，另一方起诉离婚（被告住所地法院也有管辖权）。

二、特殊地域管辖

（一）合同类纠纷的管辖

1. 合同纠纷管辖

因合同纠纷提起的诉讼，由被告住所地或者合同履行地法院管辖。被告住所地可按照一般地域管辖规则予以判断，难点在于合同履行地的确定。

解题秘籍：两步锁定“合同履行地”

第一步，看合同是否实际履行。如果没有实际履行，且当事人双方住所地都不在合同约定的履行地，则合同履行地法院没有管辖权。如果合同已履行，转入下一步。

第二步，看已履行的合同是否约定了履行地。如有明确约定，则以约定履行地为合同履行地。约定履行地与实际履行地不一致的，约定履行地为合同履行地。如果没有约定或者约定不明，则根据不同案件类型予以确定。具体如下：

<table>
<tr><th colspan="2">案件类型</th><th>合同履行地</th></tr>
<tr><td colspan="2">给付货币。</td><td>接收货币一方所在地。</td></tr>
<tr><td colspan="2">交付不动产。</td><td>不动产所在地。</td></tr>
<tr><td colspan="2">其他标的。</td><td>履行义务一方所在地。</td></tr>
<tr><td colspan="2">即时结清的合同。</td><td>交易行为地。</td></tr>
<tr><td colspan="2">财产租赁合同、融资租赁合同。</td><td>租赁物使用地。</td></tr>
<tr><td rowspan="2">以信息网络订立买卖合同。</td><td>通过信息网络交付标的。</td><td>买受人住所地。</td></tr>
<tr><td>通过其他方式交付标的。</td><td>收货地。</td></tr>
</table>

例3 2009年2月，家住甲市A区的赵刚向家住甲市B区的李强借了5000元，言明2010年2月之前偿还。到期后赵刚一直没有还钱，李强起诉要求赵刚返还欠款。关于李强与赵刚之间欠款的诉讼管辖，下列选项正确的是：

A. 甲市A区法院　　B. 甲市B区法院

C. 甲市中级人民法院　　D. 应当专属甲市A区法院

提示： 本案是合同纠纷，应由被告住所地和合同履行地法院管辖。材料中双方并未约定合同履行地，争议标的是货币。根据《最高人民法院关于适用〈中华人民共和国民事诉讼法〉的解释》第18条第2款规定，合同对履行地点没有约定或者约定不明确，争议标的为给付货币的，接收货币一方所在地为合同履行地。本案是因赵刚未履行还款义务而引发，李强是接受货币一方，应当以李强所在地为合同履行地。因此本案的管辖法院是合同履行地的甲市B区法院和被告住所地的甲市A区。选项A、B正确。

2. 特殊合同类纠纷管辖

（1）保险合同纠纷：由被告住所地或者保险标的物所在地法院管辖。

保险标的为运输工具或者运输中的货物，可以由运输工具登记注册地、运输目的地、保险事故发生地法院管辖。

人身保险合同纠纷提起的诉讼，可以由被保险人住所地法院管辖。

特别提醒： 保险人代位求偿纠纷，应当根据保险人所代位的被保险人与第三者之间的法律关系（即侵权纠纷），而不应当根据保险合同法律关系确定管辖法院。

（2）票据纠纷：由票据支付地或者被告住所地法院管辖。

（3）运输合同纠纷：由运输始发地、目的地或者被告住所地法院管辖。

（二）侵权类纠纷的管辖

1. 侵权纠纷管辖

因侵权纠纷提起的诉讼，由被告住所地或者侵权行为地法院管辖。侵权行为地包括侵权行为实施地和侵权结果发生地。

例4 2009年2月，家住甲市A区的赵刚向家住甲市B区的李强借了5000元，到期后赵刚一直未还钱。2010年3月，李强找到赵刚家追讨该债务，发生争吵。赵刚因所牵宠物狗易受惊，遂对李强说："你不要大声喊，狗会咬你。"李强不理，仍然叫骂，并指着狗叫喊。该狗受惊，扑向李强并将其咬伤，李强治伤花费6000元。李强起诉要求赵刚支付医药费6000元。关于本案的诉讼管辖，下列选项正确的是：

A. 甲市A区法院　　B. 甲市B区法院

C. 甲市中级人民法院　　D. 应当专属甲市A区法院

提示：本案属于侵权纠纷，应由侵权行为地或者被告住所地法院管辖，侵权行为地又包括侵权行为实施地和侵权结果发生地。本题中侵权行为实施地和侵权结果发生地均在甲市A区赵刚家，而被告住所地也是甲市A区，因此，选项A正确。

2. 特殊侵权类纠纷管辖

（1）运输事故损害赔偿纠纷：由事故发生地或者车辆、船舶最先到达地、航空器最先降落地或者被告住所地法院管辖。

（2）海事损害赔偿纠纷：由碰撞发生地、碰撞船舶最先到达地、加害船舶被扣留地或者被告住所地法院管辖。

（3）信息网络侵权纠纷：侵权行为实施地包括实施被诉侵权行为的计算机等信息设备所在地，侵权结果发生地包括被侵权人住所地。

（4）产品、服务质量不合格损害赔偿纠纷：产品制造地、产品销售地、服务提供地、侵权行为地和被告住所地法院都有管辖权。

（三）其他特殊地域管辖

1. 公司诉讼由公司住所地法院管辖。

公司诉讼包括：因公司设立、确认股东资格、分配利润、公司解散、股东名册记载、请求变更公司登记、股东知情权、公司决议、公司合并、公司分立、公司减资、公司增资等纠纷提起的诉讼。

> **特别提醒：**公司诉讼不排斥协议管辖和应诉管辖的适用，并非由公司住所地专属管辖。

2. 海难救助纠纷：由救助地或者被救助船舶最先到达地法院管辖。

3. 共同海损纠纷：由船舶最先到达地、共同海损理算地或者航程终止地的法院管辖。

> **总结：**上述三类特殊地域管辖，被告住所地法院不享有管辖权。

三、专属管辖

专属管辖是指法律规定某些特殊类型的案件专门由特定的法院管辖。

1. 不动产纠纷，由不动产所在地法院管辖。

不动产纠纷是指因不动产的权利确认、分割、相邻关系等引起的物权纠纷。

农村土地承包经营合同纠纷、房屋租赁合同纠纷、建设工程施工合同纠纷、政策性房屋买卖合同纠纷，按照不动产纠纷确定管辖。

> **特别提醒**：非政策性房屋买卖合同纠纷不适用专属管辖的规定，应按照合同纠纷确定管辖法院。

2. 港口作业纠纷，由港口所在地法院管辖。

3. 继承遗产纠纷，由被继承人死亡时住所地或者主要遗产所在地法院管辖。

四、协议管辖

（一）协议管辖的概念

协议管辖又称“合意管辖或约定管辖”，是指双方当事人在民事纠纷发生之前或之后，以书面方式约定特定案件的管辖法院。

书面方式，包括书面合同中的协议管辖条款或者诉讼前以书面形式达成的选择管辖的协议。

（二）协议管辖的适用条件

民事诉讼法修正后，国内协议管辖和涉外协议管辖的适用条件完全相同。具体如下：

1. 案件类型：合同或者其他财产权益纠纷。

> **解题秘籍**：三步判定“合同纠纷管辖法院”
>
> 合同纠纷涉及专属管辖、协议管辖、特殊地域管辖等诸多管辖制度，适用时应注意先后顺序。
>
> 第一步，判断合同纠纷是否属于专属管辖。需要特别注意的是，农村土地承包经营合同、房屋租赁合同、建设工程施工合同、政策性房屋买卖合同适用专属管辖的规定，由不动产所在地法院管辖。
>
> 第二步，排除专属管辖后，看当事人之间是否就合同纠纷达成管辖协议。协议管辖合法有效，则依当事人的约定确定管辖法院。
>
> 第三步，没有管辖协议或者管辖协议无效，再依照特殊地域管辖确定合同纠纷的管辖法院，由被告住所地和合同履行地法院管辖。合同履行地的确定方法，参见“特殊地域管辖”部分。

2. 约定形式：应采用书面形式。

3. 选择法院范围：被告住所地、合同履行地、合同签订地、原告住所地、标的物所在地等与争议有实际联系的地点的法院。

4. 适用程序：第一审案件。

5. 禁止条件：不违反级别管辖和专属管辖的规定。

例 5　当事人可以通过协议变更案件的级别管辖。该说法是否正确？

提示：协议管辖不得违反级别管辖，本说法错误。

（三）《最高人民法院关于适用〈中华人民共和国民事诉讼法〉的解释》对协议管辖的新规定

1. 协议管辖无须作出单一选择

管辖协议约定两个以上与争议有实际联系的地点的法院管辖，原告可以向其中一个法院起诉。

> **特别提醒：**双方当事人既约定仲裁，又约定管辖法院的，原则上仲裁协议无效，但管辖协议有效。

例6 甲公司与乙公司签订了一份钢材购销合同，约定因该合同发生纠纷双方可向A仲裁委员会申请仲裁，也可向合同履行地B法院起诉。关于本案，下列哪些选项是正确的？

B. 双方达成的管辖协议有效

D. 如甲公司向B法院起诉，乙公司在法院首次开庭时对法院管辖提出异议，法院应当驳回甲公司的起诉

提示：甲公司与乙公司在签订的钢材购销合同中约定因该合同发生纠纷双方可向A仲裁委员会申请仲裁，也可向合同履行地B法院起诉。尽管双方达成的仲裁协议由于不符合法律规定而无效，但其对管辖法院的约定是双方共同的意思表示，符合法律规定，因此是有效的，选项B正确。既然本案应由B法院管辖，对于乙公司提出的管辖异议，法院不应驳回甲公司的起诉，选项D错误。

2. 格式管辖协议效力

经营者使用格式条款与消费者订立管辖协议，未采取合理方式提请消费者注意，消费者主张管辖协议无效的，法院应予支持。

3. 管辖协议签订后当事人住所地变更

管辖协议约定由一方当事人住所地法院管辖，协议签订后当事人住所地变更的，由签订管辖协议时的住所地法院管辖，但当事人另有约定的除外。

4. 管辖协议对合同受让人原则上有效

管辖协议原则上仅约束签订合同的双方当事人。但合同转让的，合同的管辖协议对合同受让人有效，但转让时受让人不知道有管辖协议，或者转让协议另有约定且原合同相对人同意的除外。

5. 身份关系解除后财产争议可协议管辖

当事人因同居或者在解除婚姻、收养关系后发生财产争议，约定管辖的，可以适用协议管辖规定确定管辖。

五、共同管辖与选择管辖

共同管辖是指根据法律规定，两个以上法院对某一个诉讼案件均享有管辖权。

选择管辖是指两个以上法院均有管辖权时，原告有权选择其中一个法院提起诉讼。

共同管辖和选择管辖是一事的两面，即共同管辖是对法院而言，而选择管辖则针对当事人而言。

特别提醒：（1）选择管辖的权利由原告行使，这不同于双方合意行使的协议管辖。（2）原告向两个以上法院起诉，应由最先立案的法院管辖。

六、应诉管辖

应诉管辖又称“默示协议管辖”，是指原告起诉被法院受理后，被告未在答辩期内提出管辖权异议并作出应诉答辩的，视为受诉法院对案件享有管辖权，但不得违反级别管辖与专属管辖。

特别提醒：当事人在提交答辩状期间既提出管辖异议，又对起诉状的内容进行答辩，不适用应诉管辖制度。【只要提出管辖异议，就不适用应诉管辖】

第四节　裁定管辖

重要法条及司法解释

《民事诉讼法》第36～38条。

《最高人民法院关于适用〈中华人民共和国民事诉讼法〉的解释》第35、36、40～42条。

命题分析

本节包括移送管辖、指定管辖和管辖权转移三项制度。其中，移送管辖无疑更受命题人的垂青，考查频率更高。

从考查形式分析，本节内容从未单独命题，全部作为个别选项与其他管辖制度在选择题中“组团”考查。考查题目均属于法条识记和简单运用类试题，难度不高。在法考客观题复习中考生只要熟悉移送管辖的条件、不适用移送管辖的情形、指定管辖的适用情形、移送管辖和管辖权转移的区别等知识点，即可轻松搞定本节考题。

知识点精讲

一、移送管辖

（一）含义

移送管辖是指法院受理民事案件后，发现本院对案件并无管辖权，依法将案件移送到有管辖权的法院审理。

1. 性质：移送管辖是法院受理案件出错时的纠错方法。

2. 适用范围：通常发生在同级法院之间，有时也适用于上下级法院之间。

例 1　案件被移送管辖有可能是因为受诉法院违反了级别管辖的规定而发生的。该说法是否正确？

提示： 移送管辖通常发生在同级法院之间，有时也适用于上下级法院之间。本说法正确。

3. 时间：当事人在答辩期间届满后未应诉答辩，法院在一审开庭前，发现案件不属于本院管辖的，应当裁定移送有管辖权的法院。

理论点拨： 法院发现对案件无管辖权时，具体处理方式如下：

<table>
<tr><th>案件受理前</th><th colspan="6">案件受理后</th></tr>
<tr><td rowspan="3">告知当事人向有管辖权法院起诉，坚持起诉，裁定不予受理。</td><td colspan="2">当事人在提交答辩状期间提出管辖权异议。</td><td colspan="2">当事人未提出管辖权异议，并应诉答辩。</td><td colspan="2">当事人在答辩期间届满后未应诉答辩。</td></tr>
<tr><td>异议成立。</td><td>异议不成立。</td><td>不违反级别管辖和专属管辖。</td><td>违反级别管辖和专属管辖。</td><td>法院一审开庭前发现无管辖权。</td><td>法院一审开庭后发现无管辖权。</td></tr>
<tr><td>移送管辖。</td><td>裁定驳回。</td><td>应诉管辖。</td><td>移送管辖。</td><td>移送管辖。</td><td>应诉管辖。</td></tr>
</table>

（二）适用条件

1. 法院已受理案件；
2. 移送的法院对案件没有管辖权；
3. 受移送的法院对案件有管辖权。

（三）不适用移送管辖的情形

1. 受移送法院不得再移送案件（移送管辖只能移送一次）。受移送法院即便认为本院对移送来的案件并无管辖权，也不得自行将案件移送到其他法院，只能报请自己的上级法院指定管辖。

2. 有管辖权法院受理案件后，不得以确定管辖的因素变化为由移送案件（管辖恒定原则）。

例 2　2008 年 7 月，家住 A 省的陈大因赡养费纠纷，将家住 B 省甲县的儿子陈小诉至甲县法院，该法院受理了此案。2008 年 8 月，经政府正式批准，陈小居住的甲县所属区域划归乙县管辖。甲县法院以管辖区域变化对该案不再具有管辖权为由，将该案移送至乙县法院。乙县法院则根据管辖恒定原则，将案件送还至甲县法院。下列哪些说法是正确的？

B. 甲县法院的移送管辖是错误的　　C. 乙县法院不得将该案送还甲县法院

提示： 根据管辖恒定原则，有管辖权法院受理案件后，不得以确定管辖的因素变化为由移送案件。甲县法院移送管辖错误，选项 B 正确。受移送法院不得再移送案件，乙县法院不得将该案送还甲县法院，选项 C 正确。

3. 两个以上法院都有管辖权的诉讼，先立案的法院不得将案件移送给另一个有管辖权的法院。

例 3 李某在甲市A区新购一套住房，并请甲市B区的装修公司对其新房进行装修。在装修过程中，装修工人不慎将水管弄破，导致楼下住户的家具被淹毁。李某与该装修公司就赔偿问题交涉未果，遂向甲市B区法院起诉。B区法院认为该案应由A区法院审理，于是裁定将该案移送至A区法院，A区法院认为该案应由B区法院审理，不接受移送，又将案件退回B区法院。关于本案的管辖，下列哪些选项是正确的？

A. 甲市A、B区法院对该案都有管辖权

B. 李某有权向甲市B区法院起诉

C. 甲市B区法院的移送管辖是错误的

D. A区法院不接受移送，将案件退回B区法院是错误的

提示：本案属于侵权纠纷，侵权行为地与被告住所地法院享有管辖权。A区是侵权行为地，B区是被告住所地，A、B区法院均有管辖权，选项A正确；共同管辖时，原告可以选择起诉的管辖法院，选项B正确；有管辖权的B区法院不得将案件移送给A区法院，选项C正确。如果受移送的法院认为其对该案件也不享有管辖权，应当报请上级法院指定管辖，不得再自行移送，选项D正确。

二、指定管辖

指定管辖是指上级法院以裁定方式指定其下级法院对某一案件行使管辖权。

（一）适用情形

1. 受移送法院认为自己对移送来的案件无管辖权，报上级法院指定管辖。

2. 有管辖权的法院由于特殊原因不能行使管辖权，报上级法院指定管辖。

可能有两种原因：一是法院全体法官均须回避；二是有管辖权之法院所在地发生了严重自然灾害等不可抗力情形。

3. 对于管辖权发生争议，通过协商未能解决管辖争议，逐级报共同的上级法院指定管辖。

例 4 某省甲市A区法院受理一起保管合同纠纷案件，根据被告管辖权异议，A区法院将案件移送该省乙市B区法院审理。乙市B区法院经审查认为，A区法院移送错误，本案应归甲市A区法院管辖，发生争议。关于乙市B区法院的做法，下列哪一选项是正确的？

A. 将案件退回甲市A区法院

B. 将案件移送同级第三方法院管辖

C. 报请乙市中级人民法院指定管辖

D. 与甲市A区法院协商不成，报请该省高级人民法院指定管辖

提示：《民事诉讼法》第36条规定，受移送的法院认为受移送的案件依照规定不属于本院管辖的，应当报请上级法院指定管辖，不得再自行移送。据此，乙市B区法院认为受移送的案件应归甲市A区法院管辖时，应当报请上级法院指定管辖，不得再自行移送，选项A、B错误。《民事诉讼法》第37条第2款规定，法院之间因管辖权发生争议，由争议双方协商解决；协商解决不了的，报请它们的共同上级法院指定管辖。乙市B区与甲市A区法院应协商解决该管辖权争议。协商不成的，应报请该省高级人民法院指定管辖，选项C错误，选项D正确。

（二）法院处理

1. 上级法院指定管辖的应当作出裁定。对报请上级法院指定管辖的案件，下级法院应当中止审理。

2. 指定管辖裁定作出前，下级法院对案件作出判决、裁定的，上级法院应当在裁定指定管辖的同时，一并撤销下级法院的判决、裁定。

三、管辖权转移

（一）含义

管辖权转移是指依据上级法院的决定或同意，将案件的管辖权从原来有管辖权的法院转移至无管辖权的法院，使无管辖权的法院因此而取得管辖权。

性质：管辖权转移在上下级法院之间进行，是对级别管辖的变通和个别调整。

（二）适用情形

1. 向上转移

（1）上级法院认为下级法院管辖的一审案件由自己审理更为合适时，有权决定把案件调上来自己审理。上级法院作出决定后管辖权即发生转移。

（2）下级法院认为自己管辖的一审案件需要由上级法院审理时，报请上级法院审理。必须经过上级法院同意后管辖权才发生转移。

2. 向下转移

上级法院认为确有必要将本院管辖的第一审民事案件交下级法院审理的，应当报请其上级法院批准。上级法院批准后，法院应当裁定将案件交下级法院审理。

下列第一审民事案件，法院可以在开庭前交下级法院审理：

（1）破产程序中有关债务人的诉讼案件；

（2）当事人人数众多且不方便诉讼的案件；

（3）最高人民法院确定的其他类型案件。

知识拓展：管辖权转移和移送管辖的区别

不同点	管辖权转移	移送管辖
适用前提。	移送法院对案件享有管辖权。	移送法院对案件没有管辖权。
性质。	案件的管辖权发生移转。	移送的是案件而非管辖权。
作用。	对级别管辖的变通和微调。	主要用于纠正地域管辖错误，级别管辖错误也可移送。
适用程序。	上级法院单方决定移转（下移时需要报请其上级法院同意）、下级法院报请上级法院同意后移转。	单方行为，无须受移送法院同意。

例5　管辖权转移制度是对级别管辖制度的变通和个别的调整。该说法是否正确？

提示： 管辖权转移是指依据上级法院的决定或者同意，将案件的管辖权从原来有管辖权的法院转移至无管辖权的法院，管辖权转移在上下级法院之间进行，而且通常在直接的上下级法院间进行，管辖权转移是裁定管辖，是对级别管辖的变通和个别调整，该说法正确。

第五节 管辖权异议

重要法条及司法解释

《民事诉讼法》第127条。

《最高人民法院关于适用〈中华人民共和国民事诉讼法〉的解释》第39、223条。

《最高人民法院关于适用〈中华人民共和国合同法〉若干问题的解释（一）》第30条。

《最高人民法院关于审理民事级别管辖异议案件若干问题的规定》第2条。

命题分析

“管辖权异议”是颇受命题人青睐的高频考点。从考查形式来看，本节知识点以表述类或案例类选择题形式考查，三类选择题均有涉及。以往试题的考查内容主要围绕管辖权异议的主体、客体、时间等适用条件以及管辖权异议的救济方式等命题考查。

从命题趋势分析，本节知识点较少单独命题，主要散见于管辖类选择题的某个选项之中予以考查。本节知识点理论性不强，涉及内容较少，考题基本属于识记型试题，只要准确掌握相关知识点不难准确作答。

知识点精讲

一、管辖权异议的概念

管辖权异议是指当事人向受诉法院提出的该法院对案件无管辖权的主张。

二、管辖权异议的条件

（一）主体：通常为被告

特殊情况下，原告也可提出管辖权异议，但是有独立请求权第三人和无独立请求权第三人无权提出管辖权异议。

例1 无独立请求权第三人有权提出管辖权异议。该说法是否正确？

提示： 无独立请求权第三人无权提出管辖权异议，本说法错误。

例2 甲与乙对一古董所有权发生争议诉至法院。诉讼过程中，丙声称古董属自己所有，主张对古董的所有权。下列哪一说法是正确的？

B. 如丙起诉后认为受案法院无管辖权，可以提出管辖权异议

提示： 丙为有独立请求权第三人，其无权提出管辖权异议。本选项错误。

（二）客体：第一审民事案件的管辖权

当事人既可以对第一审民事案件的地域管辖提出异议，也可以对级别管辖提出异议。

例3　级别管辖不适用管辖权异议制度。该说法是否正确？

提示：管辖权异议既适用于地域管辖，也适用于级别管辖。本说法错误。

（三）时间：提交答辩状期间（被告自收到起诉状副本之日起15日内）

当事人逾期提出管辖权异议，法院不予审查。

例4　2011年7月11日，A市升湖区法院受理了黎明丽（女）诉张成功（男）离婚案。7月13日，升湖区法院向张成功送达了起诉状副本。7月18日，张成功向升湖区法院提交了答辩状，未对案件的管辖权提出异议。8月2日，张成功向升湖区法院提出管辖权异议申请，称其与黎明丽已分居2年，分别居住于A市安平区各自父母家中。A市升湖区法院以申请管辖权异议超过申请期限为由，裁定驳回张成功管辖权异议申请。关于本案管辖，下列选项正确的是：

A. 张成功行使管辖异议权符合法律的规定

B. 张成功主张管辖异议的理由符合法律规定

C. 升湖区法院驳回张成功的管辖异议符合法律规定

D. 升湖区法院对案件进行移送符合法律规定

提示：张成功在提交答辩状期间并未提出管辖权异议，其提出管辖权异议的时间不符合法律的规定，选项A错误；张成功与黎明丽已分居2年，分别居住于A市安平区各自父母家中，即张成功的经常居住地为A市安平区，本案依法应由A市安平区法院管辖，张成功主张管辖异议的理由符合法律规定，选项B正确；对于当事人逾期提出的管辖权异议，法院不予审查，升湖区法院驳回张成功的管辖异议符合法律规定，选项C正确；升湖区法院已受理案件，但其对本案无管辖权，升湖区法院应当将案件移送至有管辖权的安平区法院，选项D正确。

三、法院对管辖权异议的处理

受诉法院收到当事人提出的管辖权异议后，应予以审查。异议理由成立的，裁定将案件移送有管辖权的法院审理或者裁定驳回起诉；如果异议不成立，裁定驳回异议。当事人不服该裁定，可以在10日内向上一级法院提起上诉。

> **特别提醒：**小额诉讼程序中管辖权异议裁定一经作出就生效，即不能上诉。

知识拓展：（1）当侵权行为和违约行为竞合时，债权人向法院起诉时作出选择后，在一审开庭以前又变更诉讼请求的，法院应当准许。对方当事人提出管辖权异议，经审查异议成立的，法院应当驳回起诉。

（2）在管辖权异议裁定作出前，原告申请撤回起诉，受诉法院作出准予撤回起诉裁定的，对管辖权异议不再审查，并在裁定书中一并写明。

例5 红光公司起诉蓝光公司合同纠纷一案，A市B区法院受理后，蓝光公司提出管辖权异议，认为本案应当由A市中级人民法院管辖。B区法院裁定驳回蓝光公司异议，蓝光公司提起上诉。此时，红光公司向B区法院申请撤诉，获准。关于本案，下列哪一选项是正确的？

A. B区法院裁定准予撤诉是错误的，因为蓝光公司已经提起上诉

B. 红光公司应当向A市中级人民法院申请撤诉，并由其裁定是否准予撤诉

C. B区法院应当待A市中级人民法院就蓝光公司的上诉作出裁定后，再裁定是否准予撤诉

D. B区法院裁定准予撤诉后，二审法院不再对管辖权异议的上诉进行审查

提示：《最高人民法院关于审理民事级别管辖异议案件若干问题的规定》第2条规定，在管辖权异议裁定作出前，原告申请撤回起诉，受诉法院作出准予撤回起诉裁定的，对管辖权异议不再审查，并在裁定书中一并写明。据此，B区法院作出准予红光公司撤回起诉的裁定后，A市中级人民法院对蓝光公司提起的管辖权异议的上诉不再审查。选项D正确。

第六章 当事人概述

命题分析

本章属于偏理论型考点，并无明确法律依据，需要考生理解相关当事人基础理论才能正确解题。从命题形式看，本章涉及的选择题既有单独命题，又有与其他当事人制度结合的综合型试题。因其理论化的特点，大多选择题采用表述题形式。从考查内容看，本章试题主要涉及当事人适格的理解、当事人适格与当事人能力的区别等重点内容。法考客观题复习时，只要准确把握本章涉及概念的基本内涵，不难准确答题。

知识点精讲

一、当事人的概念

民事诉讼中的当事人是指因民事权利义务发生争议，以自己的名义进行诉讼，要求法院行使民事裁判权的人。

狭义当事人：原告和被告。

广义当事人：原告、被告、共同诉讼人、诉讼中的第三人以及诉讼代表人。

> **特别提醒：**“以自己的名义进行诉讼”是当事人和代理人最显著的差别。

当事人与诉讼代理人均属于诉讼参加人，其体系结构图如下：

- 诉讼参加人
  - 当事人
    - 原告和被告
    - 多数当事人诉讼
      - 共同诉讼
        - 必要共同诉讼
        - 普通共同诉讼
      - 代表人诉讼
        - 人数确定的代表人诉讼
        - 人数不确定的代表人诉讼
      - 第三人
        - 有独立请求权第三人
        - 无独立请求权第三人
  - 诉讼代理人
    - 法定代理人
    - 委托代理人

二、诉讼权利能力与诉讼行为能力

（一）诉讼权利能力

诉讼权利能力又称“当事人能力”，是指成为民事诉讼当事人，享有民事诉讼权利和承担民事诉讼义务所必需的诉讼法上的资格。

起诉的当事人如果欠缺诉讼权利能力，法院未受理的，应裁定不予受理；法院已经受理的，应裁定驳回起诉。

诉讼权利能力与民事权利能力联系密切，有民事权利能力者才能具有诉讼权利能力。

（二）诉讼行为能力

诉讼行为能力又称“诉讼能力”，是指当事人可以亲自实施诉讼行为，并通过自己的行为，行使诉讼权利和承担诉讼义务的法律上的资格。

对自然人而言，诉讼权利能力和诉讼行为能力会分离，即有诉讼权利能力，但无诉讼行为能力。此时，该自然人不能亲自实施诉讼行为，而只能通过其法定代理人或者由其法定代理人委托的诉讼代理人代为实施诉讼行为。

当事人没有诉讼行为能力，其所为的诉讼行为或者针对其所为的诉讼行为都是无效诉讼行为。

民事行为能力与诉讼行为能力的适用关系如下：

完全民事行为能力人	有诉讼行为能力
限制民事行为能力人。	无诉讼行为能力。
无民事行为能力人。	

三、当事人适格

当事人适格又称为“正当当事人”，是指对于具体的诉讼，有作为本案当事人起诉或应诉的资格。适格当事人也被称为实质上的当事人，通常情况下，作为诉讼标的的民事法律关系的主体就是正当当事人。

（一）相关概念辨析

1. 适格当事人与形式当事人

形式当事人仅以原告在诉讼中的主张为准，即原告是向法院起诉请求法院保护其权利的主体，原告起诉的主体就是被告。通俗而言，谁来起诉，谁就是形式原告，原告告谁，谁就是形式被告。

适格当事人，则强调对具体案件的诉讼标的，谁应当有权要求作出判决和谁应当作为被请求的相对方。因此，当事人适格与否必须结合实体法上的民事法律关系作出具体判断。

2. 适格当事人与诉讼权利能力

诉讼权利能力是抽象的诉讼当事人资格，与具体诉讼无关。适格当事人是作为具体的诉讼当事人资格，必须针对具体的诉讼才能对当事人适格与否作出判断。

因此，有诉讼权利能力者，未必是适格当事人；但适格当事人，必然具有诉讼权利能力。

（二）当事人适格的判断标准

一般来说，应当以当事人是否为争议的民事法律关系（即本案的诉讼标的）的主体，作为当事人适格与否的判断标准。民事诉讼的目的在于解决民事法律关系主体之间存在的民事纠纷，因此，争议民事法律关系的主体一般为适格当事人。

例外情形：（1）依法对他人民事法律关系或民事权利享有管理权的人或组织，如失踪人的财产代管人、遗嘱执行人、遗产管理人等。

（2）在确认之诉中，对诉讼标的有确认利益的人或组织。

（3）公益诉讼中，依法享有起诉资格的原告。

例1　关于当事人能力与当事人适格的概念，下列哪些表述是正确的？

A. 当事人能力又称当事人诉讼权利能力，当事人适格又称正当当事人

B. 有当事人能力的人一定是适格当事人

C. 适格当事人一定具有当事人能力

D. 当事人能力与当事人适格均由法律明确加以规定

提示：当事人能力又称“当事人诉讼权利能力”，是指民事诉讼当事人，享有民事诉讼权利和承担民事诉讼义务所必需的诉讼法上的资格。当事人适格，又称正当当事人，是指对于具体的诉讼，有作为本案当事人起诉或者应诉的资格，选项A正确。当事人能力是抽象的诉讼当事人资格，与具体的诉讼无关；当事人适格则是作为具体诉讼的当事人资格，就当事人适格与否的判断只能将当事人与具体诉讼结合进行判断。因此，当事人能力是当事人适格的前提，适格的当事人一定具有当事人能力，但具有当事人能力则不一定是适格的当事人，选项B错误，选项C正确。我国民事诉讼法对当事人能力和当事人适格均无明确规定，选项D错误。

例2　关于当事人适格的表述，下列哪些选项是错误的？

A. 当事人诉讼权利能力是作为抽象的诉讼当事人的资格，它与具体的诉讼没有直接的联系；当事人适格是作为具体的诉讼当事人资格，是针对具体的诉讼而言的

B. 一般来讲，应当以当事人是否是所争议的民事法律关系的主体，作为判断当事人适格标准，但在某些例外情况下，非民事法律关系或民事权利主体，也可以作为适格当事人

C. 清算组织、遗产管理人、遗嘱执行人是适格的当事人，原因在于根据权利主体意思或法律规定对他人的民事法律关系享有管理权

D. 检察院就生效民事判决提起抗诉，抗诉的检察院是适格的当事人

提示：当事人能力是抽象的诉讼当事人资格，与具体的诉讼无关；当事人适格则是作为具体诉讼的当事人资格，就当事人适格与否的判断只能将当事人与具体诉讼结合进行判断。选项A正确。一般来说，应当以当事人是否为争议的民事法律关系（即本案的诉讼标的）的主体，作为当事人适格与否的判断标准。在某些例外情况下，非民事法律关系或民事权利主体，也可以作为适格当事人。选项B正确。根据《最高人民法院关于适用〈中华人民共和国民事诉讼法〉的解释》第64条规定，企业法人解散的，依法清算并注销前，以该企业法人为当事人；未依法清算即被注销的，以该企业法人的股东、发起人或者出资人为当事人。因此，清算组织不再是适格当事人，选项C错误。检察院提出抗诉，是行使法律监督权的体现，而非案件的适格当事人，选项D错误。

四、当事人变更

当事人的变更是指在诉讼过程中，根据法律规定，原诉讼当事人被变更或变动为新的当事人的一种诉讼现象。当事人变更主要有以下两种情形：

（一）在诉讼过程中，因当事人死亡发生诉讼承继

诉讼过程中，如果一方当事人死亡，其财产性质的民事权利义务将转移给其继承人，诉讼权利义务也将转移。

民事权利义务具有人身专属性的，不发生当事人变更。例如，离婚案件一方当事人死亡，将会诉讼终结，而不会变更当事人后继续诉讼。

（二）因法人或者其他组织合并或分立所发生的当事人变更

发生法定的当事人变更后，新的当事人将继续原当事人的诉讼程序，而不是诉讼程序重新开始。原当事人的诉讼权利义务由新的当事人承担，原当事人所实施的一切诉讼行为，对新的当事人仍然有效。

受让人申请替代当事人参加诉讼的，法院可以根据案件审理情况决定是否准许；不予准许的，可以追加为无独立请求权第三人。

知识拓展：当事人恒定原则

在诉讼中，争议的民事权利义务转移的，不影响当事人的诉讼主体资格和诉讼地位。法院作出的发生法律效力的判决、裁定对受让人具有拘束力。

受让人申请以无独立请求权的第三人身份参加诉讼的，法院可予准许。受让人申请替代当事人承担诉讼的，法院可以根据案件的具体情况决定是否准许；不予准许的，可以追加其为无独立请求权的第三人。

法院准许受让人替代当事人承担诉讼的，裁定变更当事人。

变更当事人后，诉讼程序以受让人为当事人继续进行，原当事人应当退出诉讼。原当事人已经完成的诉讼行为对受让人具有拘束力。

第七章　原告与被告

重要法条及司法解释

《民事诉讼法》第48条。

《最高人民法院关于适用〈中华人民共和国民事诉讼法〉的解释》第50～53、56～59、61、62、64、66、68、69条。

命题分析

作为诉讼主体的当事人，本知识点毫无疑问是民事诉讼法的重点和难点。《最高人民法院关于适用〈中华人民共和国民事诉讼法〉的解释》又新增规定了劳务侵权、劳务派遣纠纷等当事人的确定情形，"重者恒重"和"逢新必考"命题规律直接促使本知识点成为高频考点。其考查特点是"频率高，分值大"。

从考查形式看，本知识点命制题型多样，在三类选择题中均有考查。常见考查方式是让考生判断给定案例中各方的当事人地位，考查内容均有明确的法律和司法解释依据，考生只要准确掌握司法解释中各类特殊情形下当事人的确定，即可准确作答。

从命题趋势分析，法考时代本知识点的题型和考查方式不会发生大的变动。在客观题阶段，考生应主要围绕《最高人民法院关于适用〈中华人民共和国民事诉讼法〉的解释》的新规定进行重点复习。

知识点精讲

一、原告与被告的概念

原告是指为维护自己或自己所管理的他人的民事权益，而以自己的名义向法院起诉，从而引起民事诉讼程序发生的人。

> **知识拓展：** 原告起诉并不仅仅是维护自己的利益，有时为了维护其管理的他人民事利益也可起诉。如失踪人的财产代管人、遗嘱执行人或遗产管理人等。

被告是指原告诉称侵犯原告民事权益或与原告发生民事争议，而由法院通知应诉的人。

原、被告双方对立，是民事诉讼得以存在和继续的前提。如果因特殊情况，导致诉讼只有原告或被告一方当事人，应当裁定诉讼终结。

二、常考的当事人确定情形

公民、法人、其他组织均可成为民事诉讼的原告和被告。根据《最高人民法院关于适用〈中华人民共和国民事诉讼法〉的解释》的规定，不同情形下当事人的确定如下：

（一）公民

公民作为民事主体，在与他人发生民事争议时，可以自己的名义起诉或应诉，成为原告或被告。

《最高人民法院关于适用〈中华人民共和国民事诉讼法〉的解释》有关公民作为当事人的情形：

1. 个体工商户以营业执照上登记的经营者为当事人。有字号的，以营业执照上登记的字号为当事人，但应同时注明该字号经营者的基本信息。登记的经营者与实际经营者不一致的，以登记的经营者和实际经营者为共同诉讼人。

2. 以行为人作为当事人。①法人或者其他组织应登记而未登记，行为人即以该法人或者其他组织名义进行民事活动的；②行为人没有代理权、超越代理权或者代理权终止后以被代理人名义进行民事活动的，但相对人有理由相信行为人有代理权的除外；③法人或者其他组织依法终止后，行为人仍以其名义进行民事活动的。

3. 提供劳务一方因劳务造成他人损害，受害人提起诉讼的，以接受劳务一方为被告。

4. 当事人之间的纠纷经人民调解委员会调解达成协议后，一方当事人不履行调解协议，另一方当事人向法院提起诉讼的，应以对方当事人为被告。

5. 对侵害死者遗体、遗骨以及姓名、肖像、名誉、荣誉、隐私等行为提起诉讼的，死者的近亲属为当事人。

（二）法人

法人作为当事人，应由其法定代表人进行诉讼。法定代表人的确定方式见下表：

依法登记的法人	依法登记的法定代表人。
不需要办理登记的法人	正职负责人。
	无正职负责人，主持工作的副职负责人。

法定代表人已经变更，但未完成登记，变更后的法定代表人要求代表法人参加诉讼，法院可以准许。

在诉讼中，法人的法定代表人变更，由新的法定代表人继续进行诉讼，并应向法院提交新的法定代表人身份证明书。原法定代表人进行的诉讼行为有效。

《最高人民法院关于适用〈中华人民共和国民事诉讼法〉的解释》有关法人当事人确定的特殊规定：

（1）法人非依法设立的分支机构，或者虽依法设立，但没有领取营业执照的分支机构，以设立该分支机构的法人为当事人。

（2）企业法人合并，因合并前的民事活动发生的纠纷，以合并后的企业为当事人。

（3）企业法人解散的，依法清算并注销前，以该企业法人为当事人；未依法清算即被注销的，以该企业法人的股东、发起人或者出资人为当事人。

理论点拨：《民法总则》规定，法人的民事权利能力和民事行为能力，从法人成立时产生，到法人终止时消灭。法人终止的标志是依法完成清算、注销登记。因此，即便法人被吊销营业执照，其未被注销前，尚有民事权利能力，具有诉讼主体资格，应以法人为当事人。

（三）其他组织

其他组织是指合法成立、有一定的组织机构和财产，但又不具备法人资格的组织，包括：

（1）依法登记领取营业执照的个人独资企业；

（2）依法登记领取营业执照的合伙企业；

（3）依法登记领取我国营业执照的中外合作经营企业、外资企业；

（4）依法成立的社会团体的分支机构、代表机构；

（5）依法设立并领取营业执照的法人的分支机构；

（6）依法设立并领取营业执照的商业银行、政策性银行和非银行金融机构的分支机构；

（7）经依法登记领取营业执照的乡镇企业、街道企业；

（8）其他符合本条规定条件的组织。

特别提醒：《民法总则》已经明确赋予非法人组织的民事主体资格，对于其他组织而言，其民事权利能力和诉讼权利能力已具有同一性。

《最高人民法院关于适用〈中华人民共和国民事诉讼法〉的解释》规定的其他由法人或其他组织作为当事人的情形：

（1）职务侵权。法人或者其他组织的工作人员执行工作任务造成他人损害的，该法人或者其他组织为当事人。

例　李某和张某到华美购物中心采购结婚物品。张某因购物中心打蜡地板太滑而摔倒，致使左臂骨折，住院治疗花费了大量医疗费，婚期也因而推迟。当时，购物中心负责地板打蜡的郑某目睹事情的发生经过。受害人认为购物中心存在过错，于是，起诉要求其赔偿经济损失以及精神损害赔偿。关于本案诉讼参与人，下列哪些选项是正确的？

C. 华美购物中心为本案的被告

D. 华美购物中心与郑某为本案共同被告

提示：郑某负责地板打蜡，这属于职务行为，张某应起诉华美购物中心，而非郑某。选项 C 正确，选项 D 错误。

（2）劳务派遣纠纷。在劳务派遣期间，被派遣的工作人员因执行工作任务造成他人损害的，以接受劳务派遣的用工单位为当事人。当事人主张劳务派遣单位承担责任的，该劳务派遣单位为共同被告。

（3）村民委员会或者村民小组与他人发生民事纠纷的，村民委员会或者有独立财产的村民小组为当事人。

上述规定可通过下表来理解和记忆：

<table>
<tr><th colspan="2">具体情形</th><th>当事人确定</th></tr>
<tr><td colspan="2">法人非依法设立的分支机构。</td><td rowspan="2">设立该分支机构的法人。</td></tr>
<tr><td colspan="2">法人分支机构虽依法设立，但未领取营业执照。</td></tr>
<tr><td colspan="2">职务侵权纠纷。</td><td>法人或者其他组织。</td></tr>
<tr><td colspan="2">劳务侵权纠纷。</td><td>接受劳务一方。</td></tr>
<tr><td rowspan="2">劳务派遣纠纷。</td><td>主张用工单位承担责任。</td><td>用工单位。</td></tr>
<tr><td>主张劳务派遣单位承担责任。</td><td>劳务派遣单位＋用工单位。</td></tr>
<tr><td rowspan="2">个体工商户。</td><td>有字号。</td><td>营业执照上登记的字号。</td></tr>
<tr><td>无字号。</td><td>营业执照上登记的经营者。</td></tr>
<tr><td colspan="2">当事人不履行人民调解协议。</td><td>不履行协议的当事人为被告。</td></tr>
<tr><td colspan="2">行为人以应登记而未登记的法人或者其他组织名义进行民事活动。</td><td rowspan="3">行为人。</td></tr>
<tr><td colspan="2">行为人无权代理。</td></tr>
<tr><td colspan="2">行为人以依法终止的法人或者其他组织名义进行民事活动。</td></tr>
<tr><td rowspan="2">企业法人解散。</td><td>依法清算并注销前。</td><td>企业法人。</td></tr>
<tr><td>未依法清算即被注销。</td><td>企业法人的股东、发起人或者出资人。</td></tr>
<tr><td colspan="2">村民委员会或者村民小组发生纠纷。</td><td>村民委员会或有独立财产的村民小组。</td></tr>
<tr><td colspan="2">起诉侵害死者遗体、遗骨以及姓名、肖像、名誉、荣誉、隐私等行为。</td><td>死者的近亲属。</td></tr>
</table>

第八章　共同诉讼

第一节　必要共同诉讼

重要法条及司法解释

《民事诉讼法》第52条。

《最高人民法院关于适用〈中华人民共和国民事诉讼法〉的解释》第54、58、59、60、63、65~67、70~74条。

命题分析

“必要共同诉讼”是常见的多数当事人诉讼形态，也是民事诉讼法的重点和难点。《最高人民法院关于适用〈中华人民共和国民事诉讼法〉的解释》又新增规定了必要共同诉讼的确定情形，这导致本知识点几乎每年必考，成为考试中名副其实的高频考点。

从考查形式看，本知识点命题类型多样，在三类选择题中均有命题。常见命题形式是让考生判断给定案例中某人的诉讼地位，往往涉及对必要共同诉讼、普通共同诉讼和两类第三人的识别。考查内容往往有明确的法律和司法解释依据，考生只要准确掌握民事诉讼法和司法解释中各类必要共同诉讼的情形，不难准确作答。

从命题趋势分析，在法考客观题中，考生应主要围绕《最高人民法院关于适用〈中华人民共和国民事诉讼法〉的解释》的新规定进行复习。为顺应法考理论化的考查要求，还应当对必要共同诉讼的基本类型等理论性知识有所把握。

知识点精讲

一、必要共同诉讼的概念和特征

（一）概念

必要共同诉讼是指当事人一方或者双方为两人以上，诉讼标的是同一的，法院必须合一审理并在裁判中对诉讼标的合一确定的共同诉讼。必要共同诉讼制度的主要目的在于防止矛盾裁判。

（二）特征

1. 一方或者双方为两人以上。

特别提醒：一方当事人人数不能超过 10 人，如果 10 人以上应适用代表人诉讼制度。

2. 诉讼标的具有同一性。

特别提醒：必要共同诉讼中只有一个诉讼标的，但并不意味着只有一个诉讼请求。

3. 法院必须合一审理，合一作出判决。

二、必要共同诉讼的基本类型

1. 固有的必要共同诉讼

固有必要共同诉讼是指因诉讼标的须对全体共同诉讼人合一确定，全体共同诉讼人必须一同起诉或被诉，当事人才适格的诉讼。固有必要共同诉讼有三种类型：①实体法上的处分权或管理权须由全体权利人共同行使；②实体法上的形成权须由全体权利人共同行使或对数人共同行使。如近亲属依据我国《婚姻法》第 10 条请求法院宣告婚姻无效的，应以夫妻双方为共同被告，当事人才适格。③其他类型固有必要共同诉讼。如无民事行为能力人、限制民事行为能力人造成他人损害的，无民事行为能力人、限制行为能力人和监护人为共同被告等。

2. 类似的必要共同诉讼

类似必要共同诉讼是指数人对诉讼标的既可以选择共同起诉，也可以选择单独起诉，如果选择共同起诉，法院对诉讼标的须合一确定，不允许对各共同诉讼人分别裁判。它与固有必要共同诉讼的区别在于即使数人选择分别起诉，也不发生当事人不适格的问题。

类似的必要共同诉讼的典型是因连带之债引起的诉讼。在连带债权中，数个债权人均可要求债务人履行义务，而在连带债务中，债权人可以要求部分或者全体债务人履行全部清偿义务。因而在连带之债引起的诉讼中，既可以由一个债权人提起诉讼，也可以由全体债权人共同提起诉讼，债权人既可以向部分债务人起诉请求清偿，也可以向全体债务人起诉请求清偿。无论哪一种情形，当事人都是适格的。但是，若债权人选择了全体共同起诉或选择向全体债务人提起诉讼，法院裁判对诉讼标的便需合一确定。

在我国民事诉讼理论和立法中，并无固有的必要共同诉讼和类似的必要共同诉讼的区分。长期以来，将必要共同诉讼简单理解为固有必要共同诉讼。但近年来，法律和司法解释规定有所变化。例如，《侵权责任法》第 13 条规定，法律规定承担连带责任的，被侵权人有权请求部分或者全部连带责任人承担责任。《民法总则》第 178 条规定，二人以上依法承担连带责任的，权利人有权请求部分或者全部连带责任人承担责任。《最高人民法院关于适用〈中华人民共和国民事诉讼法〉的解释》第 54 条规定，以挂靠形式从事民事活动，当事人请求由挂靠人和被挂靠人依法承担民事责任的，该挂靠人和被挂靠人为共同诉讼人。上述规定，体现的是类似必要共同诉讼的基本内涵。

三、必要共同诉讼人的追加

对于必要共同诉讼，法院必须合一审理、合一判决，当事人必须一同起诉或应诉，否则当事人不适格。如果有必要共同诉讼人未参加诉讼，则应当追加当事人。

当事人追加，可以由法院依职权通知，也可以由法院根据参加诉讼的当事人申请追加。法院对当事人提出的申请，应当进行审查，申请理由不成立的，裁定驳回；申请理由成立的，书面通知被追加的当事人参加诉讼。

法院追加共同诉讼的当事人时，应当通知其他当事人。应当追加的原告，已明确表示放弃实体权利的，可不予追加；既不愿意参加诉讼，又不放弃实体权利的，仍应追加为共同原告，其不参加诉讼，不影响法院对案件的审理和依法作出判决。

四、必要共同诉讼人的内部关系

必要共同诉讼中一人的诉讼行为经其他共同诉讼人承认，对其他共同诉讼人发生效力。

承认包括明示和默示两种。所谓默示承认，是指只要共同诉讼人未对其他共同诉讼人实施的诉讼行为表示异议，即表明该共同诉讼人已经承认。

承认原则的例外：共同诉讼人中一人对判决不服提起上诉的，如果上诉后为不可分之诉，不管其他共同诉讼人是否承认该上诉行为，上诉的效力都及于共同诉讼人全体。

五、必要共同诉讼的适用情形

《最高人民法院关于适用〈中华人民共和国民事诉讼法〉的解释》新增或修改规定用※标注：

※1. 挂靠行为。挂靠关系形成必要共同诉讼，必须以当事人请求挂靠人和被挂靠人承担民事责任为前提。

※2. 劳务派遣纠纷。在劳务派遣期间，被派遣的工作人员因执行工作任务造成他人损害的，以接受劳务派遣的用工单位为当事人。当事人主张劳务派遣单位承担责任的，该劳务派遣单位为共同被告。

劳务派遣纠纷	主张用工单位承担责任。	用工单位。
	主张劳务派遣单位承担责任。	劳务派遣单位＋用工单位。

3. 个体工商户。个体工商户营业执照上登记的业主与实际经营者不一致，业主和实际经营者为共同诉讼人。

4. 个人合伙的全体合伙人。不同于个体工商户，无论是否有字号，个人合伙均以全体合伙人为当事人。个人合伙有依法核准登记的字号，应在法律文书中注明。

知识拓展：依法登记领取营业执照的合伙企业，属于其他组织，可以成为民事诉讼的当事人。

例 1 甲乙丙三人合伙开办电脑修理店，店名为“一通电脑行”，依法登记。甲负责对外执行合伙事务。顾客丁进店送修电脑时，被该店修理人员戊的工具碰伤。丁拟向法院起诉。关于本案被告的确定，下列哪一选项是正确的？

A. “一通电脑行”为被告

B. 甲为被告

C. 甲乙丙三人为共同被告，并注明“一通电脑行”字号

D. 甲乙丙戊四人为共同被告

提示：“一通电脑行”虽然依法登记，但并未交代其属于合伙企业，因此是个人合伙，应以全体合伙人为共同诉讼人。戊是电脑修理店的雇员，其工具碰伤顾客丁。提供劳务一方因劳务造成他人损害，受害人提起诉讼的，以接受劳务一方为被告。因此，选项C正确。

5. 企业法人分立，分立前的民事活动发生纠纷，分立后的企业法人为共同诉讼人。

6. 借用业务介绍信、合同专用章、盖章的空白合同或银行账户，出借单位和借用人为共同诉讼人。

7. 在继承遗产的诉讼中，部分继承人起诉的，法院应通知其他继承人作为共同原告参加诉讼；被通知的继承人不愿意参加诉讼又未明确表示放弃实体权利的，法院仍应将其列为共同原告。

8. 原告起诉被代理人和代理人，要求承担连带责任的，被代理人和代理人为共同被告。

9. 共有财产权受到他人侵害，部分共有权人起诉的，其他共有权人为共同诉讼人。

10. 因保证合同纠纷提起的诉讼，债权人向保证人和被保证人一并主张权利的，法院应当将保证人和被保证人列为共同被告。保证合同约定为一般保证，债权人仅起诉保证人的，法院应当通知被保证人作为共同被告参加诉讼。

一般保证合同	仅起诉保证人。	保证人+被保证人。
	仅起诉被保证人。	被保证人。
连带保证合同	仅起诉保证人。	保证人。
	仅起诉债务人。	债务人。
	起诉债务人和保证人。	债务人+保证人。

※11. 无民事行为能力人、限制民事行为能力人造成他人损害的，无民事行为能力人、限制民事行为能力人和其监护人为共同被告。

12. 追索赡养费案件中，所有赡养义务人作为共同被告。

例2 常年居住在Y省A县的王某早年丧妻，独自一人将两个儿子和一个女儿养大成人。2000年以来，王某的日常生活费用主要来自大儿子王甲每月给的800元生活费。2003年12月，由于物价上涨，王某要求二儿子王乙每月也给一些生活费，但王乙以自己没有固定的工作、收入不稳定为由拒绝。于是，王某将王乙告到法院，要求王乙每月支付给自己赡养费500元。关于本案当事人的确定，下列选项正确的是：

A. 王某是本案的唯一原告

B. 王乙是本案的唯一被告

C. 王乙与王丙应当是本案的被告，王甲不是本案的被告

D. 王乙、王丙和王甲应当是本案的被告

提示：子女都有赡养父母的义务，王某的三个子女都是必须共同进行诉讼的当事人，虽然王某起诉的只有王乙，但法院应当追加王某的另两个子女作为共同被告。选项 A、D 正确。

第二节 普通共同诉讼

重要法条及司法解释

《民事诉讼法》第 52 条。

命题分析

相较于必要共同诉讼，普通共同诉讼的考查频率极低。纵观以往考题，本节内容从未单独命题，命题人往往编制一个小案例，让考生判断某人的诉讼地位，借此对两类共同诉讼和两类第三人制度进行综合考查。考生可通过与必要共同诉讼的对比，对普通共同诉讼的相关知识点予以把握。

知识点精讲

一、普通共同诉讼的概念和特征

普通共同诉讼是指当事人一方或双方为两人以上，诉讼标的是同一种类，法院认为可以合并审理并且当事人也同意合并审理的共同诉讼。

普通共同诉讼具有如下特征：

（1）诉讼标的属于同一种类

所谓诉讼标的同一种类，是指各个共同诉讼人与对方当事人争议的法律关系的性质或者请求权的性质是相同的，即他们各自享有的权利或承担的义务属于同一类型。

（2）各共同诉讼人与对方当事人之间一定存在两个以上的诉讼请求。

（3）普通共同诉讼是一种可分之诉。既可以单独起诉，也可以共同起诉。

（4）法院对普通共同诉讼的各个请求分别确定。这是与必要共同诉讼最关键的区别点。

二、普通共同诉讼的构成要件

1. 有两个以上属于同一种类的诉讼标的。

2. 由同一法院管辖，适用同一诉讼程序。

3. 符合合并审理的目的（实现诉讼经济、节省司法资源）。

4. 法院认为可以合并审理，当事人也同意合并审理（三方同意）。

三、普通共同诉讼的主要类型

1. 基于同类事实或法律上的同类原因形成的同种类诉讼标的。例如，数个业主欠缴物业管理费，物业管理人向欠缴业主提起的交纳管理费的诉讼。

2. 基于同一事实或法律上的原因形成的同种类诉讼标的。例如，公共汽车发生交通事故导致该公共汽车乘客数人受伤，若干受害乘客要求赔偿的诉讼。

3. 基于数人对同一权利义务的确认形成的同种类诉讼标的。例如，甲对乙、丙、丁分别提起的关于特定不动产所有权确认的诉讼。

四、普通共同诉讼人的内部关系

由于普通共同诉讼是可分之诉，各普通共同诉讼人的行为彼此独立。其中任何一个共同诉讼人的诉讼行为，对其他共同诉讼人均不发生效力。

知识拓展：必要共同诉讼与普通共同诉讼的区别

区　　别	必要共同诉讼	普通共同诉讼
诉讼标的数量。	仅有一个。	同种类的若干个。
共同诉讼人之间的内部关系。	一人诉讼行为经其他共同诉讼人承认后对他人有效。	一人诉讼行为仅对自己有效。
是否合并审理。	必须合并审理。	既可合并审理，也可分开审理。
是否需要当事人同意。	合并审理无须当事人同意。	当事人同意方可合并审理。

第九章　诉讼代表人

重要法条及司法解释

《民事诉讼法》第53、54条。

《最高人民法院关于适用〈中华人民共和国民事诉讼法〉的解释》第75～80条。

命题分析

代表人诉讼也是多数当事人诉讼的形态之一，以往考查频率较低。从命题形式和内容看，本章以往试题全部以选择题形式命制，主要围绕诉讼代表人的权限、产生方式等知识点进行命题。法考强调案例化命题，本章内容很容易以案例式选择题形式呈现。在复习时应首先准确理解代表人诉讼和共同诉讼的内在关系，再重点掌握相关知识点即可。

知识点精讲

一、诉讼代表人制度概述

（一）概念

诉讼代表人是指由人数众多的一方当事人从本方当事人中推选出来，代表他们的利益实施诉讼行为的人。

知识拓展：人数众多一般指10人以上。

（二）诉讼代表人制度的性质

诉讼代表人具有双重身份：一方面他是诉讼当事人；另一方面他又是代表人。

我国的诉讼代表人制度，以共同诉讼制度为基础（通俗来说，代表人诉讼是共同诉讼的“2.0版”），并吸收了诉讼代理制度的机能。但与两者又存在明显的区别。

1. 诉讼代表人制度与共同诉讼制度的区别

区　别	代表人诉讼	共同诉讼
是否需要本人参加诉讼。	推选出诉讼代表人，可不必亲自参加诉讼。	必须亲自参加诉讼。
诉讼行为效力。	除了法律规定必须经过被代表的当事人同意才对其有效的以外，诉讼代表人实施的诉讼行为原则上对全体当事人都有效。	必要共同诉讼中一人诉讼行为原则上只有经过其他当事人的承认，才对其他当事人生效；普通共同诉讼中一人诉讼行为对其他共同诉讼人不生效。

2. 诉讼代表人与诉讼代理人的区别

区　别	诉讼代表人	诉讼代理人
与诉讼结果有无利害关系。	有法律上的利害关系。	没有法律上的利害关系。
是否为自己利益。	不仅为被代表的当事人的利益，也为自己的利益。	仅为被代理的当事人的利益。
如何授权。	人数不确定时，由部分当事人授权，但其实施的诉讼行为对全体利害关系人有效。	必须由全体被代理人授权。

二、诉讼代表人

（一）条件与人数

诉讼代表人的基本条件是：

（1）是本案当事人；

（2）具有诉讼行为能力；

（3）具有进行该诉讼的相应能力；

（4）能够善意履行诉讼代表人职责。

人数要求：确定 2～5 人。

（二）法律地位

诉讼代表人的权限相当于未被授予处分实体权利的诉讼代理人。

原则上诉讼代表人的诉讼行为，对其所代表的当事人发生法律效力。

处分涉及被代表人的实体权利时，必须经被代表的当事人同意。如变更、放弃诉讼请求或者承认对方当事人的诉讼请求进行和解。

记忆口诀：人多（代表人诉讼人很多）方（放弃）便（变更）合（和解）成（承认）。

（三）诉讼代表人的更换

在诉讼中，诉讼代表人不能履行职责或滥用代表权时，可以更换。

在需要更换诉讼代表人时，应由被代表人向法院提出更换申请。法院认为申请有理由的，应裁定中止诉讼，然后召集全体被代表人，以推选、协商等方式重新确定诉讼代表人。新的诉讼代表人产生后，诉讼恢复。

原诉讼代表人实施的诉讼行为，对更换后的诉讼代表人有拘束力。

例 1　A 厂生产的一批酱油由于香精投放过多，对人体有损害。报纸披露此消息后，购买过该批酱油的消费者纷纷起诉 A 厂，要求赔偿损失。甲和乙被推选为诉讼代表人参加诉讼。下列哪一选项是正确的?

A. 甲和乙因故不能参加诉讼，法院可以指定另一名当事人为诉讼代表人代表当事人进

行诉讼

B. 甲因病不能参加诉讼，可以委托一至两人作为诉讼代理人，而无须征得被代表的当事人的同意

C. 甲和乙可以自行决定变更诉讼请求，但事后应当及时告知其他当事人

D. 甲和乙经超过半数原告方当事人同意，可以和A厂签订和解协议

提示：诉讼代表人不能参加诉讼，如果需要更换，应由当事人重新推选，而非法院直接指定代表人，选项A错误。代表人委托诉讼代理人不属于与实体权利相关的事项，无须被代表人同意，选项B正确。变更诉讼请求与和解属于与实体权利密切相关的事项，应征得全体被代表人同意。选项C、D错误。

三、人数确定的代表人诉讼

（一）概念

人数确定的代表人诉讼是指由起诉时人数已经确定的共同诉讼人推选出诉讼代表人，代替全体共同诉讼人参加诉讼的代表人诉讼。

> **特别提醒：**人数确定的代表人诉讼，既可能是必要共同诉讼的“2.0版”，也可能是普通共同诉讼的“2.0版”。因此，作为人数为多数一方的当事人之间具有同一的诉讼标的或具有同一种类的诉讼标的。

（二）代表人产生方式

既可以由全体当事人共同推选代表人，也可以由部分当事人分别推选自己的代表人。推选不出代表人的当事人，在必要的共同诉讼中可由自己参加诉讼，在普通共同诉讼中可以另行起诉。

四、人数不确定的代表人诉讼

（一）概念

人数不确定的代表人诉讼是指在起诉时如果共同诉讼人的人数不确定，则由向法院登记的权利人推选出代表人，代替全体共同诉讼人参加诉讼的代表人诉讼。

> **特别提醒：**人数不确定的代表人诉讼，只可能是普通共同诉讼的“2.0版”。因此，作为人数为多数一方的当事人之间的诉讼标的属于同一种类。

（二）代表人产生方式

“推选—协商—指定”三步走。注意：三步应当依次推进，不可跳过。

（三）特殊程序规则

1. 公告

法院在受理多数人诉讼时，发现起诉时一方当事人人数尚未确定的，可以发出公告，

通知权利人在一定期间内向法院登记。公告期限，由法院根据具体案件的情况确定，但最少不得少于30日。

2. 权利登记

在公告期内，权利人应当向发布公告的案件管辖法院登记，并证明其与对方当事人的法律关系和所受到的损害。证明不了的不予登记，但权利人可以另行起诉。

理论点拨：登记只是表明自己具有在已起诉的案件中当事人的身份，因此权利人未在公告期内登记，仅表明其不能作为本次诉讼的当事人，对他的实体权利并不会产生不利影响，可以另行起诉。

3. 裁判效力

（1）对已登记的全体权利人有拘束力。

（2）对未参加登记的权利人有预决效力。即未参加登记的权利人在诉讼时效期间内提起诉讼，法院认为其诉讼请求成立的，裁定适用法院已作出的判决、裁定，而无须另行裁判。

特别提醒：裁判效力对于不同意诉讼代表人人选的已登记当事人也有拘束力。

知识拓展：两类代表人诉讼的主要区别

区　别	人数确定的代表人诉讼	人数不确定的代表人诉讼
起诉时人数。	已确定。	不确定。
涉及共同诉讼的形式。	必要共同诉讼或者普通共同诉讼。	只能是普通共同诉讼。
代表人的确定方式。	全体共同推选或部分当事人分别推选。	推选—协商—指定。
选不出代表人的处理。	必要共同诉讼自己参加诉讼；普通共同诉讼另行诉讼。	另行诉讼。

例2　某企业使用霉变面粉加工馒头，潜在受害人不可确定。甲、乙、丙、丁等20多名受害者提起损害赔偿诉讼，但未能推选出诉讼代表人。法院建议由甲、乙作为诉讼代表人，但丙、丁等人反对。关于本案，下列哪一选项是正确的？

A. 丙、丁等人作为诉讼代表人参加诉讼

B. 丙、丁等人推选代表人参加诉讼

C. 诉讼代表人由法院指定

D. 在丙、丁等人不认可诉讼代表人情况下，本案裁判对丙、丁等人没有约束力

提示：“潜在受害人不可确定”是本题关键信息，表明本案应为人数不确定的代表人诉讼。应按照“推选—协商—指定”的步骤依次推进。法院提出人选，这是与当事人协商。但有当事人反对，即协商不成，此时可以由法院在起诉的当事人中指定代表人。选项C正确，选项A、B错误。人数不确定的代表人诉讼对于已经登记的全体权利人具有拘束力，是否有拘束力不以当事人的意志为准。选项D错误。

第十章 第三人

第一节 有独立请求权第三人

重要法条及司法解释

《民事诉讼法》第56条第1款。

《最高人民法院关于适用〈中华人民共和国民事诉讼法〉的解释》第81、327条。

命题分析

"有独立请求权第三人"是本学科的高频考点。从考查形式来看，本节知识点全部以单选题或者多选题形式命制，偶尔会单独命题，绝大多数情况是作为选项与其他当事人制度组合考查。从考查内容看，以往试题主要围绕有独立请求权第三人与必要共同诉讼原告的识别等知识点命制。试题内容以理解性知识为主，少部分涉及对法律规定的记忆，难度较高。从命题趋势分析，在法考的客观题中仍可能编制具体案例对有独立请求权第三人的识别和相关规定继续命题考查，复习时应重点关注。

知识点精讲

一、概念

有独立请求权第三人是指主张对本诉原告和被告争议的诉讼标的享有独立的请求权，从而参加诉讼的人。

有独立请求权第三人在参加之诉中的地位相当于原告，是诉讼当事人；他既对抗本诉原告，也对抗本诉被告，因此，他在参加之诉中，是将原诉的原告和被告都作为参加之诉中的被告。

二、参加诉讼的条件

1. 参加诉讼的根据：对本诉的原告、被告争议的诉讼标的，主张独立的请求权。

有独立请求权第三人的诉讼主张，既不同于原告，也不同于被告。

独立的请求权，包括全部的独立请求权和部分的独立请求权。

独立请求权的实体法依据一般是物权请求权，通常表现为第三人对他人之间争议的标的物主张全部或者部分所有权。

2. 时间条件：所参加的诉讼正在进行中。

具体而言，第三人参加诉讼的时间是从被告应诉起，到诉讼审理终结止。

有独立请求权第三人未参加第一审程序，直接申请参加第二审程序，法院可以准许。

特别提醒：有独立请求权第三人直接参加第二审程序只能调解结案。如果调解不成，二审法院应当裁定撤销一审判决，发回重审。

3. 参加诉讼的方式：以起诉的方式参加诉讼。

有独立请求权第三人以本诉的原告和被告作为被告向本诉的审理法院起诉，其诉讼地位类似于原告，有权向法院提出诉讼请求和事实、理由；应当预交案件受理费；在法庭辩论终结前，有权申请撤回参加之诉。

特别提醒：原告在特殊情况下可以提出管辖权异议，但有独立请求权第三人无权提出管辖权异议。

例1 甲与乙对一古董所有权发生争议诉至法院。诉讼过程中，丙声称古董属自己所有，主张对古董的所有权。下列哪一说法是正确的？

A. 如丙没有起诉，法院可以依职权主动追加其作为有独立请求权第三人

C. 如丙起诉后经法院传票传唤，无正当理由拒不到庭，应当视为撤诉

D. 如丙起诉后，甲与乙达成协议经法院同意而撤诉，应当驳回丙的起诉

提示：应首先确定丙的诉讼地位，再对选项作出判断。丙主张对本诉争议的标的物享有全部的所有权，因此丙应为有独立请求权第三人。有独立请求权第三人参加诉讼方式只能是起诉，选项A错误；第三人参加之诉适用诉的撤回规定，起诉后经法院传票传唤无正当理由拒不到庭，应当视为撤诉，选项C正确；第三人参加之诉与本诉彼此独立，原告撤诉本诉后，第三人参加之诉另案继续审理，选项D错误。

知识拓展：有独立请求第三人与必要共同诉讼原告的区别

当事人部分常见的命题套路是在题干中编制一个小案例，然后让考生识别某个新加入诉讼之人的诉讼地位，往往会涉及两类共同诉讼制度和两类第三人制度的识别。其中，最难辨识的是有独立请求第三人与必要共同诉讼原告。两者的主要区别点如下：

区别点	必要共同诉讼原告	有独立请求权第三人
争议的诉讼标的。	诉讼标的同一。	参加之诉的诉讼标的与本诉的诉讼标的不同。
对方当事人。	必要共同诉讼中的被告。	本诉的原告和被告。
参加诉讼方式。	当事人申请追加或者法院通知参加。	起诉。
诉讼行为效力。	一人的诉讼行为经其他共同诉讼人承认，对其他共同诉讼人发生效力。	有独立请求权第三人的诉讼行为不受本诉当事人的制约。

总结：判断案例中有独立请求权第三人最为明显的两个标志是：①第三人的主张直接对抗本诉的原告和被告；②以起诉的方式参加诉讼。

解题秘籍：两步搞定“当事人的诉讼地位”

第一步：首先准确判断案例中正在进行诉讼的诉讼标的。

第二步：分析新加入当事人主张依据的法律关系与本案诉讼标的的关系。

如果该法律关系与作为诉讼标的的法律关系同一，则为必要共同诉讼；如果该法律关系与作为诉讼标的的法律关系属于同一种类，则为普通共同诉讼；如果该法律关系与作为诉讼标的的法律关系既不同一也不是同一种类，且新加入当事人的主张对抗本诉的双方当事人，则为有独立请求权第三人。

例 2 张某将邻居李某和李某的父亲打伤，李某以张某为被告向法院提起诉讼。在法院受理该案时，李某的父亲也向法院起诉，对张某提出索赔请求。法院受理了李某父亲的起诉，在征得当事人同意的情况下决定将上述两案并案审理。在本案中，李某的父亲居于什么诉讼地位？

A. 必要共同诉讼的共同原告
B. 有独立请求权的第三人
C. 普通共同诉讼的共同原告
D. 无独立请求权的第三人

提示：本案正在进行诉讼的诉讼标的是人身权损害赔偿法律关系，李某的父亲起诉的法律关系也是人身权损害赔偿法律关系，这明显属于同一种类，李某的父亲属于普通共同诉讼的共同原告。选项 C 正确。

第二节 无独立请求权第三人

重要法条及司法解释

《民事诉讼法》第 56 条第 2 款。

《最高人民法院关于适用〈中华人民共和国民事诉讼法〉的解释》第 81、82、150 条。

命题分析

相较于有独立请求权第三人，“无独立请求权第三人”考查频率更高。从考查形式来看，本节知识点全部以各类选择题形式命制，既有单独考查，也有作为选项与其他当事人制度配套命题。从考查内容看，以往试题主要围绕无独立请求权第三人的诉讼地位、无独立请求权第三人与必要共同诉讼被告的识别等知识点命制。试题内容以理解性知识为主，少部分涉及对法律规定的记忆，难度较高。从命题趋势分析，在法考的客观题中仍可能编制具体案例对无独立请求权第三人的识别、诉讼地位等知识继续命题考查，复习时应当重点把握。

知识点精讲

一、概念

无独立请求权第三人是指虽然对原告和被告之间争议的诉讼标的没有独立的请求权，但与案件的处理结果有法律上的利害关系，从而参加诉讼的人。

二、参加诉讼的条件

1. 参加诉讼的根据：与案件的处理结果有法律上的利害关系。

法律上的利害关系是指无独立请求权第三人的权利义务将受原告和被告间诉讼结果的影响，从而使权利义务有所增加或减少。

法律上的利害关系，包括义务性关系、权利性关系、权利义务性关系，其中最为常见的是义务性关系。

例1 黎明丽（女）向法院诉称，其与张成功结婚，后因张成功有第三者陈佳，感情已破裂，现要求离婚。法院在案件开庭审理时组织调解，未能达成协议。在随后的庭审中，张成功否认有第三者一事，黎明丽要求法院通知第三者陈佳以无独立请求权的第三人身份参加诉讼。对黎明丽要求陈佳以无独立请求权第三人参加诉讼的请求，下列选项正确的是：

A. 法院可以根据黎明丽的请求，裁定追加陈佳为无独立请求权第三人

B. 如张成功同意，法院可通知陈佳以无独立请求权第三人名义参加诉讼

C. 无论张成功是否同意，法院通知陈佳以无独立请求权第三人名义参加诉讼都是错误的

D. 如陈佳同意，法院可通知陈佳以无独立请求权第三人名义参加诉讼

提示：陈佳与该离婚案件的处理结果并无法律上的利害关系，即陈佳的权利义务并不会因本案的诉讼结果有所增加或减少，陈佳不是本案的无独立请求权第三人。选项C正确。

2. 时间条件：所参加的诉讼正在进行中。

具体而言，第三人参加诉讼的时间是从被告应诉起，到诉讼审理终结止。

无独立请求权第三人未参加第一审程序，直接申请参加第二审程序，法院可以准许。

3. 参加诉讼的方式：自己申请参加诉讼或者法院通知其参加诉讼。

三、诉讼地位

无独立请求权第三人是广义的当事人，具有自己独立的诉讼地位。具体表现如下：

（1）无独立请求权第三人以自己的名义参加诉讼。

（2）无独立请求权第三人可以独立行使诉讼权利，承担诉讼义务，不受他人制约。

（3）一审判决中，无独立请求权第三人承担实体义务的，享有上诉权。

（4）法院调解民事案件，需由无独立请求权的第三人承担责任的，应当经其同意。该

第三人在调解书签收前反悔的，调解无效，法院应当及时裁判。换言之，不需要无独立请求权第三人承担责任的，不需要其签收。

（5）不享有的诉讼权利：提出管辖权异议，放弃、变更诉讼请求，申请撤诉。

注意：无独立请求权第三人可以承认诉讼请求。

例2 甲为有独立请求权第三人，乙为无独立请求权第三人，关于甲、乙诉讼权利和义务，下列哪一说法是正确的？

A. 甲只能以起诉的方式参加诉讼，乙以申请或经法院通知的方式参加诉讼

B. 甲具有当事人的诉讼地位，乙不具有当事人的诉讼地位

C. 甲的诉讼行为可对本诉的当事人发生效力，乙的诉讼行为对本诉的当事人不发生效力

D. 任何情况下，甲有上诉权，而乙无上诉权

提示：有独立请求第三人只能以起诉方式参加诉讼；而无独立请求权第三人可以申请或法院通知其参加诉讼，选项A正确。有独立请求第三人具有类似于原告的诉讼地位；无独立请求权第三人是广义的当事人，具有独立的诉讼地位，选项B错误。有独立请求权第三人诉讼行为对本诉当事人发生效力；无独立请求权第三人如果上诉，对本诉当事人发生效力，选项C错误。有独立请求第三人享有上诉权；被判决承担民事责任的无独立请求权第三人，有权提起上诉，选项D错误。

例3 关于无独立请求权第三人，下列哪些说法是错误的？

A. 无独立请求权第三人在诉讼中有自己独立的诉讼地位

C. 一审判决没有判决无独立请求权第三人承担民事责任的，无独立请求权的第三人不可以作为上诉人或被上诉人

D. 无独立请求权第三人有权申请参加诉讼和参加案件的调解活动，与案件原、被告达成调解协议

提示：无独立请求权第三人在诉讼中有自己独立的诉讼地位，选项A不选；只有一审判决，无独立请求权第三人承担实体义务，才享有上诉权。一审判决没有判决无独立请求权第三人承担民事责任，其不可成为上诉人，但不影响其成为被上诉人，选项C应选；无独立请求权第三人有权申请参加诉讼和参加案件的调解活动，与案件原、被告达成调解协议，选项D不选。

四、无独立请求权的第三人参加诉讼的情形

1. 代位权诉讼中的债务人（原告是债权人、被告是次债务人）。
2. 撤销权诉讼中的受让人（原告是债权人、被告是债务人）。
3. 债权人转让合同权利后，债务人与受让人诉讼中的债权人。
4. 债务人转移合同义务后，债权人与受让人诉讼中的债务人。

5. 合同权利义务一并转让，对方与受让人诉讼中的出让方。

知识拓展：无独立请求权第三人与必要共同诉讼被告的区别

不同点	必要共同诉讼被告	无独立请求权第三人
参加诉讼依据。	确保案件当事人适格。	与案件的处理结果有法律上的利害关系。
诉讼地位。	案件争议诉讼标的的一方当事人。	并非案件争议诉讼标的的一方当事人。
诉讼权利。	有权提出管辖权异议。	无权提出管辖权异议。

例 4 甲在丽都酒店就餐，顾客乙因地板湿滑不慎滑倒，将热汤洒到甲身上，甲被烫伤。甲拟向法院提起诉讼。关于本案当事人的确定，下列哪一说法是正确的？

A. 甲起诉丽都酒店，乙是第三人

B. 甲起诉乙，丽都酒店是第三人

C. 甲起诉，只能以乙或丽都酒店为单一被告

D. 甲起诉丽都酒店，乙是共同被告

提示：顾客乙不慎滑倒将热汤洒到甲身上造成烫伤，乙是侵权人，应承担侵权责任。而顾客乙是由于丽都酒店地板湿滑不慎滑倒，丽都酒店未履行安全保障义务，丽都酒店也应承担相应的补充责任，两者均为侵权法律关系的当事人，是共同被告，而非第三人。因此，选项 D 正确。

第十一章　诉讼代理人

重要法条及司法解释

《民事诉讼法》第 57 ~ 62 条。

《最高人民法院关于适用〈中华人民共和国民事诉讼法〉的解释》第 83 ~ 89 条。

命题分析

诉讼代理人和当事人均属于诉讼参加人的范畴。本章内容以往偶有考查。从考查形式来看，既有表述式选择题又有案例式选择题，既有单独命题，也会与送达等其他诉讼制度搭配考查。从考查内容看，以往试题主要围绕“全权代理”的权限、律师出庭提交的证明材料、两类代理人的诉讼地位等知识点命制。以识记类试题为主，难度不高。在法考客观题复习时，可将法定代理人与诉讼代理人进行对比记忆。

知识点精讲

一、诉讼代理人概述

（一）概念

诉讼代理人是指根据法律规定或当事人委托，代当事人进行民事诉讼活动的人。

（二）特点

1. 只能以被代理人名义进行诉讼活动。
2. 诉讼代理人是有诉讼行为能力的人。
3. 在代理权限内实施诉讼行为。

> **特别提醒：**超越代理权所实施的诉讼行为，都是无效诉讼行为，不具有法律效力。

4. 代理诉讼的法律后果由被代理人承担。
5. 在同一诉讼中，不得双方代理。

二、法定诉讼代理人

（一）概念

法定诉讼代理人是指根据法律规定，代理无诉讼行为能力的当事人进行民事诉讼活动的人。法定诉讼代理人代理权的取得，是根据法律的直接规定。

法定诉讼代理人的被代理人，只限于无民事行为能力人或限制民事行为能力人。

（二）诉讼地位

法定诉讼代理人具有类似于当事人的诉讼地位。可以按照自己的意志代理被代理人实施所有诉讼行为，法定诉讼代理人无须被代理人的授权即可自由处分诉讼权利和实体权利，如起诉、应诉、放弃或变更诉讼请求、进行调解、提起反诉等。

知识拓展：法定诉讼代理人与当事人的区别

区　　别	法定诉讼代理人	当事人
参与诉讼的名义。	以当事人的名义起诉或应诉。	以自己的名义起诉或应诉。
是否为裁判的对象。	否。	是。
诉讼中死亡的法律后果。	另行确定法定代理人，继续诉讼。	诉讼中止或诉讼终结。

例　关于法定诉讼代理人，下列哪些认识是正确的？

A. 代理权的取得不是根据其所代理的当事人的委托授权

B. 在诉讼中可以按照自己的意志代理被代理人实施所有诉讼行为

C. 在诉讼中死亡的，产生与当事人死亡同样的法律后果

D. 所代理的当事人在诉讼中取得行为能力的，法定诉讼代理人则自动转化为委托代理人

提示：法定诉讼代理人最基本的特征在于其代理权的取得，不是基于当事人的委托，而是根据法律的直接规定。选项A正确。法定诉讼代理人是为补充无民事行为能力的人或限制民事行为能力的人在诉讼行为能力上的欠缺而设置的。法定诉讼代理人可以按照自己的意志代理被代理人实施所有诉讼行为。选项B正确。在诉讼中，如果法定诉讼代理人死亡，法院可以另行指定监护人作为法定诉讼代理人继续诉讼，而当事人死亡可能导致中止或终结诉讼。选项C错误。无诉讼行为能力的被代理人具有或恢复了诉讼行为能力，监护权消灭，法定诉讼代理权消灭，但并不会因此成为委托代理人。选项D错误。

三、委托诉讼代理人

（一）概念

委托诉讼代理人是指根据当事人、法定代理人或法定代表人的委托，代为进行诉讼活动的人。

特别提醒：委托诉讼代理人的被代理人必须是有诉讼行为能力人，无诉讼行为能力人只能由其法定代理人代为委托。

（二）范围

律师、基层法律服务工作者、当事人的近亲属或者工作人员、当事人所在社区、单位以及社会团体推荐的公民。

禁止规定：无民事行为能力人、限制民事行为能力人以及其他依法不能作为诉讼代理人的，当事人不得委托其作为诉讼代理人。

（三）权限

委托诉讼代理人应当在被代理人授权的范围内实施诉讼行为。

一般授权：只能行使与实体权利无关的程序性权利，如申请回避等。

特别授权：可以行使与实体权利密切相关的程序权利，具体包括代为承认、放弃、变更诉讼请求，进行和解，提起反诉或者上诉。

特别提醒：授权委托书仅写“全权代理”而无具体授权的，视为一般授权。即无权代为承认、放弃、变更诉讼请求，进行和解，提起反诉或者上诉。

委托代理人需当事人特别授权事项	代表人诉讼中需被代表的当事人同意事项
代为承认、放弃、变更诉讼请求，进行和解，提起反诉或者上诉。	变更、放弃诉讼请求或者承认对方当事人的诉讼请求，进行和解。

当事人向法院提交授权委托书，应当在开庭审理前送交法院。但适用简易程序审理的案件，双方当事人同时到庭并径行开庭审理的，可以当场口头委托诉讼代理人，由法院记入笔录。

（四）委托代理的法律后果

一般情况下，民事案件的当事人委托诉讼代理人代为出庭诉讼的，本人可以不出庭；但离婚案件有诉讼代理人的，本人除不能表达意思的以外，仍应出庭；确因特殊情况无法出庭的，必须向法院提交书面意见。

第十二章　民事证据的种类

重要法条及司法解释

《民事诉讼法》第63、70~80条。

《最高人民法院关于适用〈中华人民共和国民事诉讼法〉的解释》第106、111~124条。

《最高人民法院关于民事诉讼证据的若干规定》第27、28、69、70、77条。

命题分析

证据的种类是本学科的高频考点，甚至达到每年必考的程度。我国法定的证据类型共有八种，相对而言，对书证、证人证言和电子数据的考查频率最高，因专家辅助人的意见视为当事人陈述的新规定，近几年考查也较为频繁。

从考查形式来看，主要采用案例式选择题命制。既有单一考点试题，也有多种类证据的综合命题，主要围绕各类证据的识别和适用规则作出考查。常见的考查套路是让考生判断给定案例中某项证据的种类，为了增加难度，偶尔也会和证据的学理分类搭配考查。

从命题趋势分析，在法考客观题中，本章内容依然会是命题的“富矿区”。复习时，应了解每一类证据的内涵、适用规则和效力等内容，特别是要掌握证据的识别方法。

知识点精讲

民事证据是指在民事诉讼中能够证明案件真实情况的各种资料，其具有客观性、关联性和合法性。我国民事诉讼法将证据分为八种：书证、物证、视听资料、电子数据、证人证言、当事人陈述、鉴定意见和勘验笔录。

一、书证

（一）概念与特征

书证是指以文字、符号、图案等表示的内容来证明案件待证事实的书面材料。

书证是民事诉讼中常见的证据种类，其特征如下：

（1）书证以其记载的思想内容来证明案件的待证事实（核心特征）。书证记载思想内容的方式多种多样，除了最常用的文字形式外，还包括符号、图形等方式。

（2）书证具有较强的真实性。书证能够客观记述和反映案件的事实真相，甚至有“书证为王”的美誉。

（二）书证的分类

1. 根据书证内容的表达方式，书证分为文字书证、图形书证和符号书证。

2. 根据书证反映的内容及其法律后果，书证分为处分性书证和报道性书证。

处分性书证是指记载设立、变更或消灭某种民事法律关系的书证，如合同书、离婚证书等。报道性书证是指仅记载了具有法律意义的事实，不以引起民事法律关系设立、变更或消灭为目的的书证，如档案、书信等。

3. 根据书证的制作者，书证分为公文书证和私文书证。

公文书证是指由国家机关或者其他依法具有社会管理职能的组织在法定权限范围内依职权所制作的文书，如判决书、公证书等。

（1）制作主体：国家机关或者其他依法具有社会管理职能的组织（在其职权范围内所作的书证）。

（2）效力：公文书证所记载的事项推定为真实，但有相反证据足以推翻的除外。

（3）特殊要求：必要时，法院可以要求制作文书的机关或者组织对文书的真实性予以说明。

私文书证是指公民、法人或者其他组织基于从事民事行为的目的所制作的文书，如借条、保证书等。

4. 根据书证的制作方式，书证分为原本、正本、副本、节录本和复印件。

原本是指文件制作者最初制成的原始文本。正本是指按原本抄录或印制，与原本具有相同效力的文本。副本是指该文书的全部内容按照原本制作，对外具有与原本同样效力的文书。节录本是指摘抄了原本文件部分内容的文本。复印件是指用复印的手段制作的材料。

（三）书证的提出

1. 书证提出规则

当事人向法院提交书证，应提交原件，提交原件有困难，可以提交复印件、照片、副本、节录本等；提交外交文书，必须附有中文译本。

提交书证原件有困难的情形包括：

（1）书证原件遗失、灭失或者毁损的；

（2）原件在对方当事人控制之下，经合法通知提交而拒不提交的；

（3）原件在他人控制之下，而其有权不提交的；

（4）原件因篇幅或者体积过大而不便提交的；

（5）承担举证证明责任的当事人通过申请法院调查收集或者其他方式无法获得书证原件的。

> **总结：**上述五种情形，均属于书证提出方因客观原因无法或不便提交原件，绝非主观原因不想提交。

2. 文书提出命令

适用情形：书证在非承担证明责任的一方当事人控制之下。

申请主体：承担证明责任的当事人。

申请时间：举证时限届满前。

申请形式：书面申请。

法律效力：理由成立，法院应当责令对方当事人提交，因提交书证所产生的费用，由申请人负担。对方当事人无正当理由拒不提交，法院可以认定申请人所主张的书证内容为真实。

特别提醒：拒绝履行文书提交义务，其法律后果是推定申请人主张的书证内容存在，而非导致败诉。

3. 妨害证明行为的处理

适用情形：以妨碍对方当事人使用为目的，毁灭有关书证或者实施其他致使书证不能使用的行为。

适用对象：持有书证的当事人。

处理措施：法院可以决定罚款、拘留。

文书提出命令和妨害证明行为均适用于持有书证的当事人，但两者存在以下差异：

不同点	文书提出命令	妨害证明行为
适用情形。	书证在非承担证明责任的一方当事人控制之下。	毁灭有关书证或者实施其他致使书证不能使用的行为。
法律后果。	无正当理由拒不提交，法院可以认定申请人所主张的书证内容为真实。	罚款、拘留。

4. 单位出具证明文书的特别规定

单位向法院提出的证明材料，应当由单位负责人及制作证明材料的人员签名或者盖章，并加盖单位印章。

法院就单位出具的证明材料，可以向单位及制作证明材料的人员进行调查核实。必要时，可以要求制作证明材料的人员出庭作证。

单位及制作证明材料的人员拒绝法院调查核实，或者制作证明材料的人员无正当理由拒绝出庭作证的，该证明材料不得作为认定案件事实的根据。

（四）书证的证明力

国家机关、社会团体依职权制作的公文书证的证明力一般大于其他书证；物证、档案、鉴定意见、勘验笔录或者经过公证、登记的书证，其证明力一般大于其他书证、视听资料和证人证言；无法与原件核对的复印件，不能单独作为认定案件事实的依据。

二、物证

（一）概念

物证是指以其存在的外形、特征、质量、性能等来证明案件待证事实的物品。

（二）物证的证明力

物证的证明力一般大于普通书证、视听资料和证人证言；无法与原物核对的复制品，不能单独作为认定案件事实的依据。

知识拓展：书证和物证的区别

（1）书证是以其表达的思想内容来证明案件事实，而物证则以其存在、外形等物理特征来证明案件事实。（这是两类证据最本质的区别）

（2）法律规定有的书证必须符合特定形式（如公证）才能发生法律效力；对物证一般无此要求。

（3）书证一般是行为人意思表示的书面化表达；物证一般是有形的物体，不包含人的主观意思。

例 1　周某与某书店因十几本工具书损毁发生纠纷，书店向法院起诉，并向法院提交了被损毁图书以证明遭受的损失。关于本案被损毁图书，属于下列哪些类型的证据？

C. 书证　　　　D. 物证

提示：被损毁图书是以其破损的外部形态证明案件事实，因此它是物证，不是书证。选项 C 错误，选项 D 正确。

三、视听资料

（一）概念

视听资料是指以声音、图像及其他视听信息来证明案件待证事实的录像资料、录音资料等信息材料。

视听资料具有连续性和直观性，具有较强的真实性和准确性。但是视听资料容易被人利用技术手段进行变造或伪造，因此，民事诉讼法要求法院对视听资料，应当辨别真伪，并结合案件的其他证据，审查确定能否作为认定事实的依据。

知识拓展：偷拍偷录证据能否作为定案依据？本问题主要涉及证据合法性要求。所谓“合法性”，是指证据不得采用严重侵害他人合法权益、违反法律禁止性规定或者严重违背公序良俗的方法形成或者获取。因此，偷拍偷录证据能否作为定案依据，关键看其有无合法性瑕疵，即是否碰触上述“三根红线”。满足合法性要求的偷拍偷录证据，可以称为定案依据；反之，则应被排除。非法获得的视听资料包括使用法律、法规禁止的手段窃听、窃照所获得的视听资料，以侵害他人隐私权的方式取得的视听资料等。

（二）视听资料的证明力

视听资料的证明力一般小于物证、档案、鉴定意见、勘验笔录或者经过公证、登记的书证。

有其他证据佐证并以合法手段取得的、无疑点的视听资料或者与视听资料核对无误的复制件法院应当确认其证明力。

存有疑点的视听资料，不能单独作为认定案件事实的依据。

四、电子数据

（一）概念

电子数据是指通过电子邮件、电子数据交换、网上聊天记录、博客、微博、手机短信、电子签名、域名等形成或者存储在电子介质中的信息。

（二）电子数据与视听资料的识别

电子数据在真实性认定、非法证据排除等具体的证据规则适用上，与视听资料具有一定的共性特征。

根据《最高人民法院关于适用〈中华人民共和国民事诉讼法〉的解释》的规定，有些视听资料应认定为电子数据，识别两者的关键点在于存储介质。存储于传统介质中的录音资料、录像资料应为视听资料，如录音磁带、录像带等；而存储于电子介质中的录音资料、录像资料则为电子数据，如存储于内存卡里的图片、录像等。

五、证人证言

（一）概念

证人证言是指当事人之外了解案件情况的人向法院就自己知晓的案件事实所作的陈述。

> **特别提醒：**证人具有不可替代性，不适用回避制度。

（二）证人资格

证人资格是指法律规定的证人作证应当具备的条件。凡是知道案件情况的单位和个人，都有义务出庭作证。

1. 证人类型

知道案件情况的单位和个人。

2. 禁止情形

不能正确表达意思的人，不能作证。

> **特别提醒：**能够正确表达意思的未成年人、精神病人都可以成为证人。

（三）证人证言的提出

1. 证人出庭作证方式

（1）当事人在举证时限届满前申请证人出庭作证；

（2）案件可能损害国家利益、社会公共利益，法院可依职权通知证人出庭作证。

未经法院通知，证人不得出庭作证，但双方当事人同意并经法院准许的除外。

2. 证人作证形式

证人原则上应当直接出庭作证，特殊情形不能出庭时，经法院许可，可以通过书面证言、视听传输技术或者视听资料等方式作证。

适用情形：①因健康原因不能出庭；②因路途遥远，交通不便不能出庭；③因自然灾害等不可抗力不能出庭；④其他有正当理由不能出庭。

证人在法院组织双方当事人交换证据时出席陈述证言，可视为出庭作证。

特别提醒：证人提出的书面证词属于证人证言，而非书证。

例2 关于证人的表述，下列哪些选项是正确的？

A. 王某是未成年人，因此，王某没有证人资格，不能作为证人

B. 原告如果要在诉讼中申请证人出庭作证，应当在举证期限届满前提出，并经法院许可

C. 甲公司的诉讼代理人乙律师是目击案件情况发生的人，对方当事人丙可以向法院申请乙作为证人出庭作证，如法院准许，则乙不得再作为甲公司的诉讼代理人

D. 李某在法庭上宣读未到庭的证人的书面证言，该书面证言能够代替证人出庭作证

提示：能够正确表达意思的未成年人可以成为证人，选项A错误；当事人应在举证时限届满前申请证人出庭作证，并经法院许可，选项B正确；诉讼代理人如了解案件的重要事实，有出庭作证的必要，可在取消委托或辞去委托后，以证人身份出庭作证，选项C正确；原则上证人应当直接出庭作证，特殊情形不能出庭时，经法院许可，才可以通过书面证言等方式作证。因此，简单说书面证言能够代替证人出庭作证是错误的。选项D错误。

3. 证人出庭作证的费用

（1）费用类型：履行出庭作证义务而支出的交通、住宿、就餐等必要费用以及误工损失。

（2）负担主体：败诉方负担。

（3）垫付主体：当事人申请证人作证，由申请人垫付；法院依职权通知证人作证，由法院垫付。

4. 证人签署保证书

法院在证人出庭作证前应当告知其如实作证的义务以及作伪证的法律后果，并责令其签署保证书，但无民事行为能力人和限制民事行为能力人除外。

证人拒绝签署保证书，不得作证，并自行承担相关费用。

（四）证人证言的证明力

证人证言的证明力一般小于物证、档案、鉴定意见、勘验笔录或者经过公证、登记的书证。

未成年人所作的与其年龄和智力状况不相当的证言、与一方当事人或其代理人有利害关系的证人出具的证言、无正当理由未出庭作证的证人证言，不能单独作为认定案件事实的依据。

例3 根据证据理论和《民事诉讼法》以及相关司法解释，关于证人证言，下列哪些选项是正确的?

A. 限制行为能力的未成年人可以附条件地作为证人

B. 证人因出庭作证而支出的合理费用，由提供证人的一方当事人承担

C. 证人在法院组织双方当事人交换证据时出席陈述证言的，可视为出庭作证

D. “未成年人所作的与其年龄和智力状况不相当的证言不能单独作为认定案件事实的依据”，是关于证人证言证明力的规定

提示:《最高人民法院关于民事诉讼证据的若干规定》第53条第2款规定，待证事实与其年龄、智力状况或者精神健康状况相适应的无民事行为能力人和限制民事行为能力人，可以作为证人。因此，限制行为能力的未成年人可以附条件地作为证人，选项A正确。《最高人民法院关于民事诉讼证据的若干规定》第54条第3款规定，证人因出庭作证而支出的合理费用，由提供证人的一方当事人先行支付，由败诉一方当事人承担，选项B错误。《最高人民法院关于民事诉讼证据的若干规定》第55条第2款规定，证人在法院组织双方当事人交换证据时出席陈述证言的，可视为出庭作证，选项C正确。《最高人民法院关于民事诉讼证据的若干规定》第69条规定的“未成年人所作的与其年龄和智力状况不相当的证言不能单独作为认定案件事实的依据”属于证据证明力判断规则，故选项D正确。

六、当事人陈述

当事人陈述是指当事人就案件事实向法院所作的陈述。当事人陈述，包括当事人的承认，当事人承认是指一方当事人对另一方当事人所陈述的事实表示认可。

（一）当事人陈述的“两面性”

当事人陈述的真实性与虚假性并存。因此，法院认为有必要的，可以要求当事人本人到庭，就案件事实接受询问。在询问当事人之前，可以要求其签署保证书。

（二）法律效力

当事人对自己的主张，只有本人陈述而不能提出其他相关证据的，其主张不予支持，但对方当事人认可的除外。

在诉讼过程中，当事人在起诉状、答辩状陈述及其委托代理人的代理词中承认的对己不利的事实和认可的证据，法院应当予以确认，但当事人反悔并有相反证据足以推翻的除外。

负有证明责任的当事人拒绝到庭、拒绝接受询问或者拒绝签署保证书，待证事实又欠缺其他证据证明的，法院对其主张的事实不予认定。

（三）专家辅助人

当事人可以申请1～2名专家辅助人出庭，代表当事人就鉴定意见进行质证或者对案件事实所涉及的专业问题提出意见。

专家辅助人不适用回避制度。

专家辅助人在法庭上就专业问题提出的意见，视为当事人陈述。

法院准许当事人申请的，相关费用由提出申请的当事人负担。

七、鉴定意见

鉴定意见是指鉴定人运用自己的专业知识对案件中的有关专门性问题进行鉴别、分析所作出的结论。

（一）鉴定的启动途径

1. 当事人申请鉴定

申请时间：可以在举证期限届满前提出。

不予准许情形：申请鉴定的事项与待证事实无关联，或者对证明待证事实无意义。

鉴定人确定方式：法院组织双方当事人协商确定具备相应资格的鉴定人；当事人协商不成的，由法院指定。

2. 法院委托鉴定

符合依职权调查收集证据条件的，法院应当依职权委托鉴定，在询问当事人的意见后，指定具备相应资格的鉴定人。

（二）鉴定程序

鉴定人应当在综合了解与鉴定内容有关的案件材料的基础上进行鉴定，在必要时可以询问当事人、证人；鉴定完毕后，应当作出书面的鉴定意见。

> **特别提醒：**鉴定人作鉴定时并非仅作书面审查。

（三）鉴定人出庭义务

当事人对鉴定意见有异议或者法院认为有必要出庭时，鉴定人应当出庭说明相关情况。

经法院通知，鉴定人拒不出庭，该鉴定意见不得作为认定事实的根据，支付鉴定费用的当事人可以要求返还鉴定费用。

（四）重新鉴定的情形

1. 鉴定机构或者鉴定人员不具备相关的鉴定资格。
2. 鉴定程序严重违法。
3. 鉴定意见明显依据不足。
4. 经过质证认定不能作为证据使用的其他情形。

对于有缺陷的鉴定意见，可以通过补充鉴定、重新质证或者补充质证等方法解决的，不予重新鉴定。

一方当事人自行委托有关部门作出的鉴定意见，另一方当事人有证据足以反驳并申请重新鉴定的，法院应予准许。

（五）证明力

鉴定意见的证明力一般大于普通的书证、视听资料和证人证言。

知识拓展：证人、鉴定人与专家辅助人的比较

区别点	证人	鉴定人	专家辅助人
参与事项。	对事实问题发表意见。	对专业性问题提出鉴定意见。	对鉴定意见以及其他专业问题发表意见。
参诉方式。	依申请或依职权通知。	依申请或依职权通知。	依申请。
回避。	不适用。	适用。	不适用。
费用负担。	申请方垫付、败诉方负担。		“谁申请、谁承担”。

八、勘验笔录

勘验笔录是指勘验人员对被勘验的现场或物品所作的客观记录。

勘验主体：法院工作人员（这是判断是否属于勘验笔录的重要观测点，如交警制作的事故认定书就不是勘验笔录）。

启动方式：当事人的申请或依职权对物证或现场进行勘验。

程序规则：勘验人员进行勘验时，必须出示法院的证件，并邀请当地基层组织或当事人所在单位派人参加。当事人或当事人的成年家属应当到场，拒不到场的，不影响勘验的进行。勘验人应当将勘验结果制作笔录，由勘验人、当事人和被邀参加人签名或盖章。

勘验笔录的证明力：勘验笔录的证明力一般大于一般意义的书证、视听资料和证人证言。

第十三章　民事证据的分类

重要法条及司法解释

《最高人民法院关于民事诉讼证据的若干规定》第77条。

命题分析

本章包括证据的三种学理分类方式，其中“本证与反证”“直接证据与间接证据”考查频率较高。

从考查形式来看，本章知识点主要以各类选择题形式命制，从未单独命题，全部作为选项与证据的法定类型等搭配考查。试题内容主要围绕本证和反证的识别、直接证据和间接证据的识别予以命制。本知识点的试题全部是纯粹的证据学理论型题目，没有明确的法律规范，需要考生深入、准确把握证据学理论方可准确答题，难度较高。

从命题趋势分析，如果命题人要强化对诉讼及证据理论考查，本知识点无疑将是最佳之选。在客观题中可能继续采用小案例形式对证据理论分类的识别作出考查，如果搭配证据的法定种类考查，难度无疑将会更高。考生在复习时不可不防，一定要重点把握证据学理分类的识别方法。

知识点精讲

一、本证与反证

根据证据与证明责任之间的关系，可将证据分为本证与反证。

本证是指对待证事实负有证明责任的一方当事人提出的、用以证明其主张事实存在的证据。

反证是指不负证明责任的当事人提出的证明对方主张的事实不真实的证据。

特别提醒：（1）本证与反证的分类与原、被告的诉讼地位无关。即不能认为原告提出的证据都是本证，被告提出的证据都是反证。

（2）反证否定的对象是本证证明的事实，而非直接针对对方当事人的诉讼请求。

（3）某项证据属于本证还是反证，必须结合具体待证事实作出判断。

解题秘籍：两步识别本证与反证

第一步，明确待证事实的证明责任分配。根据本证和反证的划分标准，确定证明责任分配是判断本证和反证的最关键环节。

第二步，根据证据的提出主体是否承担证明责任判断具体类型。具言之，负担证明责任的当事人提出支持其主张的证据即为本证；不负担证明责任的当事人提出的否认对方主张的证据即为反证。

例 1 原告诉请被告返还借款 5 万元，为证明这一事实，原告向法院提交了被告书写的“借据”；被告则主张“借款已经清偿”，并向法院出示了原告交给他的“收据”。关于原、被告双方的证据，下列哪些选项是正确的？

A. “借据”是本证，“收据”是反证　　B. “借据”是本证，“收据”也是本证

提示：本案的待证事实包括借款事实和清偿事实，借款事实应由原告承担证明责任，原告提供被告书写的借据可以证明双方之间存在借贷法律关系，因此借据是本证。而清偿事实应由被告承担证明责任，被告提供的收据可以证明双方之间的借贷法律关系已经因清偿而消灭，因此收据也是本证。选项 B 正确。

例 2 诉讼中原告提出的证据都是本证，被告提出的证据都是反证。该说法是否正确？

提示：本证与反证的分类是根据证据与证明责任的关系，与当事人的诉讼地位无关。本说法错误。

二、直接证据与间接证据

根据证据与待证事实之间联系的不同，可将证据分为直接证据和间接证据。

直接证据是指能够单独地、直接地证明待证事实的证据。例如，借款合同可以直接证明合同双方之间存在借贷法律关系。

间接证据是指不能单独、直接证明案件的待证事实，必须与其他证据结合起来才能证明该待证事实的证据。

根据《最高人民法院关于民事诉讼证据的若干规定》，直接证据的证明力一般大于间接证据。

特别提醒：（1）判断某一证据属于直接证据还是间接证据，必须要结合具体待证事实作出判断。待证事实不同，对同一证据的类型判断结论可能会不同。

（2）证据学理分类的划分标准完全不同，彼此不能混淆。直接证据可能是本证，也可能是反证；可能是原始证据，也可能是传来证据。

例 3 周某与某书店因十几本工具书损毁发生纠纷，书店向法院起诉，并向法院提交了被损毁图书以证明遭受的损失。关于本案被损毁图书，属于下列哪些类型的证据？

A. 直接证据　　　　　　　　　　B. 间接证据

提示： 本案的待证事实是书店证明遭受的损失，而书店向法院提交的被损毁图书可以直接证明其遭受的损失。因此，对证明遭受的损失而言，被毁损的图书属于直接证据。选项 A 正确，选项 B 错误。

> **题外话：** 如果本题换种问法，书店向法院提交被损毁图书以证明周某毁坏了图书，则被毁损的图书是间接证据。因为该证据只能证明图书被毁损，但不能直接证明被周某毁损。

例 4　2009 年 2 月，家住甲市 A 区的赵刚向家住甲市 B 区的李强借了 5000 元，到期后赵刚一直没有还钱。李强起诉要求赵刚返还欠款 5000 元，并向法院提交了赵刚书写的借条、其向赵刚转账 5000 元的银行转账凭证。赵刚称，其向李强借款是事实，但在 2010 年 1 月卖给李强一块玉石，价值 5000 元，说好用玉石货款清偿借款。当时李强表示同意，并称之后会把借条还给赵刚，但其一直未还该借条。关于赵刚向李强借款 5000 元的证据证明问题，下列选项正确的是：

A. 李强提出的借条是本证

B. 李强提出的其向赵刚转账 5000 元的银行转账凭证是直接证据

D. 赵刚所言已用卖玉石的款项偿还借款属于反证

提示： 本案的待证事实包括借款事实和清偿事实，借款事实应由主张借贷合同存在的李强承担证明责任，李强提出的借条可以证明他与赵刚之间存在借贷关系。因此，李强提出的借条是本证，选项 A 正确。李强提出的银行转账凭证只能证明李强向赵刚转钱的事实，但并不能直接证明借贷事实的存在，该银行转账凭证应属于间接证据，选项 B 错误。赵刚主张借款已清偿，应由其对清偿事实承担证明责任，赵刚主张已用玉石抵偿借款可以证明清偿的事实，因此赵刚所言并非反证，选项 D 错误。

三、原始证据与传来证据

按照证据的来源，可以将证据分为原始证据和传来证据。

原始证据是指直接来源于案件事实的证据，即所谓的第一手资料。如合同原件、遗嘱原件。

传来证据是指从原始证据中派生出来的证据，又称派生证据。如合同复印件、文件的抄本。

当事人提供证据应当提供原始证据，只是在提供原始证据有困难的情况下才可以提供传来证据。

根据《最高人民法院关于民事诉讼证据的若干规定》，原始证据的证明力一般大于传来证据。

例 5　传来证据有可能是直接证据。该说法是否正确？

提示： 传来证据和直接证据是分别按照不同的分类标准作的划分，因此传来证据有可能是直接证据，也可能是间接证据。本说法正确。

第十四章 证据保全

重要法条及司法解释

《民事诉讼法》第 81 条。

《最高人民法院关于适用〈中华人民共和国民事诉讼法〉的解释》第 98 条。

命题分析

严格来说，证据保全并非本学科的高频考点。以往试题均以案例式选择题形式命制，主要考查 2012 年民事诉讼法修正有关证据保全的改动内容。本章涉及内容少，备战法考客观题时，应重点把握两类证据保全的区别以及证据保全的效力，还应当准确理解证据保全和其他保全制度的适用关系。

知识点精讲

一、证据保全的概念

证据保全是指在证据有可能毁损、灭失或以后难以取得的情况下，法院采取措施对证据进行保护，以保证其证明力的一项措施。

例 王某将王乙告到法院，要求王乙每月支付给自己赡养费 500 元。诉讼过程中，Y 省适逢十年不遇的冰雪天气，王某急需生煤炉取暖，但已无钱买煤。王某听说王乙准备把自己存折上 3000 多元钱转到一个朋友的账户上。对此，王某可以向法院申请采取的措施是：

C. 证据保全措施

提示：证据保全的作用在于保护证据的证明力，使与案件有关的事实材料不因有关情形的发生而无法取得或丧失证明作用。题干中表述王乙准备将钱转走的情形，与证据无关。选项 C 错误。

二、证据保全的条件

1. 待保全的证据应当与案件的待证事实有关。

2. 待保全的证据存在毁损、灭失或以后难以取得的可能性。如鲜活易腐的物品、证人准备移民等情形。

3. 证据保全既可以在诉讼过程中，也可以在诉讼（或仲裁程序）启动之前。

三、证据保全的类型

根据时间不同，证据保全可以分为诉前证据保全和诉讼中证据保全。两者存在诸多差异，具体见下表：

不同点	诉前证据保全	诉讼中证据保全
申请时间。	提起诉讼或者申请仲裁前提出。	举证期限届满前书面提出。
适用情形。	情况紧急，证据可能灭失或以后难以取得。	证据可能灭失或者以后难以取得。
启动方式。	利害关系人申请。	当事人提出申请或者法院依职权启动。
管辖法院。	证据所在地、被申请人住所地或者对案件有管辖权的法院。	案件审理法院。
采取措施的时限要求。	应在48小时内作出裁定，并立即执行。	情况紧急时，在48小时内作出保全裁定，并立即开始执行。

补充说明：诉讼中证据保全可能对他人造成损害的，法院应当责令申请人提供相应的担保。但诉前证据保全是否应当提供担保，法律规定不清，观点有争议。官方“四大本”的观点认为必须提供担保。

四、证据保全的措施

1. 证人证言：录音或制作询问笔录。
2. 物证：勘验或封存原物。
3. 书证、视听资料、电子数据：尽量提取原件，确有困难可采取复制的方法。

五、证据保全的效力

1. 已保全的证据，双方当事人在诉讼中均可利用。

2. 已保全的证据，就该证据能够证明的案件待证事实，可以免除有关当事人提供证据的责任。

3. 已保全的证据，用于证明案件待证事实，仍应在辩论中予以陈述，法院不应将其直接作为裁判的根据。

第十五章　证明对象

重要法条及司法解释

《最高人民法院关于适用〈中华人民共和国民事诉讼法〉的解释》第92、93、107条。

《最高人民法院关于民事诉讼证据的若干规定》第8、9条。

命题分析

本章中“免于证明的事实”经常获得命题人的垂青，它是民事诉讼证据制度考查最为频繁的考点。

从考查形式来看，本知识点均以选择题形式命制。既有单独命题，也有作为选项与其他证据制度进行搭配考查。以往试题主要围绕诉讼中自认制度展开，部分试题采用表述题形式，更多则以小案例形式考查对自认制度的识别以及不适用自认的法定情形。

从命题趋势分析，虽然免于证明的事实包括八类事实，但自认之外的其他免证事实可考性不强，在法考的客观题中继续对自认制度考查的可能性依然较大。

知识点精讲

一、证明对象的概念

证明对象又称“待证事实”，是指需要证明主体运用证据来予以证明的与案件有关的事实。

待证事实的确定，是证明活动的起点，只有确定了案件的待证事实，后续的证明活动才会展开。

二、证明对象的范围

1. 实体法事实。如民事法律关系产生、变更、消灭、妨害等事实。
2. 程序法事实。如管辖权、回避等。
3. 证据性事实。即证据本身是否客观、真实、合法的事实。
4. 外国法和地方性法规、习惯。
5. 不为一般人所知晓的经验法则。

三、免于证明的事实

1. 自然规律以及定理、定律。

特别提醒：本项事实是绝对免证的事实，即不允许对方当事人用相反的证据推翻或反驳。

2. 众所周知的事实。
3. 根据法律规定推定的事实。
4. 根据已知的事实和日常生活经验法则推定出的另一事实。
5. 已为法院发生法律效力的裁判所确认的事实。
6. 已为仲裁机构生效裁决所确认的事实。
7. 已为有效公证文书所证明的事实。

特别提醒： 第2~7项事实属于相对免证的事实，即允许对方当事人以相反的证据反驳、推翻。

知识拓展： 免证事实与证明责任的关系

根据通说，证明责任具有双重含义，即行为意义上的证明责任和结果意义上的证明责任。免证事实只影响行为意义上的证明责任，不影响结果意义上证明责任的分配。具言之，对于免证事实，主张的一方无须就该事实存在承担行为意义上的证明责任，转而应由相对方提供证据证明该项事实不存在。但经过证明，免证事实仍处于真伪不明的状态，仍应由主张免证事实的一方承担不利后果。

四、诉讼中的自认（以下简称“自认”）

诉讼中的自认也属于免于证明的事实，但因其程序规则较为复杂，考查频率高，所以单独讲解。

（一）自认的概念

自认是指在民事诉讼过程中，一方当事人对另一方当事人主张的于己不利的案件事实表示承认。当事人所承认的事实就是自认的事实。

知识拓展： 自认与认诺的区别

（1）内涵不同。自认是对对方主张于己不利案件事实的承认；认诺则是对对方提出诉讼请求的承认。

（2）法律后果不同。自认免除对方当事人对该事实的举证责任，但并不必然会导致败诉；认诺则会导致认诺人败诉。

例1 2009年2月，家住甲市A区的赵刚向家住甲市B区的李强借了5000元，言明2010年2月之前偿还。到期后赵刚一直没有还钱，李强起诉要求赵刚返还欠款。诉讼中赵刚称，其向李强借款是事实，但在2010年1月卖给李强一块玉石，价值5000元，说好用玉石货款清偿借款。“赵刚承认借款事实属于自认”该说法是否正确？

提示： 自认是指一方当事人对另一方当事人主张的于己不利案件事实予以承认，赵刚承认曾向李强借款的事实，应属于自认，本说法正确。

（二）自认的适用条件

1. 适用主体

当事人是最常见的自认作出主体。法定代理人具有类似于当事人的地位，也有权作出自认。

当事人委托代理人参加诉讼的，代理人的承认视为当事人的承认。但未经特别授权的代理人对事实的承认直接导致承认对方诉讼请求的除外；当事人在场但对其代理人的承认不作否认表示的，视为当事人的承认。

2. 适用形式

（1）明示自认：当事人明确承认对方提出的于己不利事实。

（2）默示自认：又称为拟制自认，对一方当事人陈述的事实，另一方当事人既未表示承认也未否认，经审判人员充分说明并询问后，其仍不明确表示肯定或者否定的，视为对该项事实的承认。

3. 适用时间

从起诉到判决作出的整个时间段。诉讼外的自认不会产生诉讼中自认的法律效果。

具体时间包括：当事人在法庭审理中，或者在起诉状、答辩状、代理词等书面材料中，均可作出自认。

特别提醒：一般而言，诉讼过程中要从法院立案起算。但由于当事人在起诉状中可以作出自认，因此自认的起算点是起诉而非立案。

（三）自认的法律效力

1. 自认对当事人的效力

（1）对于自认事实，对方当事人无须举证证明。同时，当事人对自认不得随意撤回。

（2）法院在一审中以当事人承认的事实为依据作出判决后，承认该事实的当事人在第二审中，不能在无正当理由时以证据推翻承认，二审法院仍然应当以一审承认事实为依据作出判决。

2. 自认对法院的效力

根据约束性辩论原则的要求，法院应当将当事人自认的事实作为认定案件事实的依据。当然，自认对法院的约束力并不是绝对的。如果自认与法院查明的事实不一致，可以不受自认效力的约束。

（四）自认的撤回

当事人作出自认后，应受自认拘束。自认撤回条件受到严格限制，具体如下：

（1）当事人在法庭辩论终结前撤回承认并经对方当事人同意；

（2）有充分证据证明其承认行为是在受胁迫或者重大误解情况下作出且与事实不符。

（五）不适用自认（不产生自认效力）的情形

1. 涉及身份关系、国家利益、社会公共利益等应当由法院依职权调查的事实。

> **特别提醒：** 仅仅是与身份关系有关的事实不适用自认，并不是说所有与身份关系的案件都不适用自认，例如离婚案件中的财产事实可以自认。

例2 法院受理黎明丽（女）诉张成功（男）离婚案，在法院组织调解时，黎明丽声称：2005年12月，其与张成功结婚，后因张成功有第三者陈佳，感情已破裂，现要求离婚。黎明丽提出，离婚后儿子张好帅由其行使监护权，张成功每月支付抚养费1500元。现双方存款36万元（存折在张成功手中），由2人平分，生活用品归各自所有，不存在其他共有财产分割争议。张成功承认：2005年12月，其与黎明丽结婚，自己现在有了第三者，36万元存款在自己手中，同意离婚，同意生活用品归各自所有，同意不存在其他共有财产分割争议。不同意支付张好帅抚养费，因其是黎明丽与前男友所生。黎明丽承认：张好帅是其与前男友所生，但在户籍登记上，张成功与张好帅为父子关系，多年来父子相称，形成事实上的父子关系，故要求张成功支付抚养费。下列双方当事人的承认，不构成证据制度中自认的是：

A. 张成功承认与黎明丽存在婚姻关系

B. 张成功承认家中存款36万元在自己手中

C. 张成功同意生活用品归各自所有

D. 黎明丽承认张成功不是张好帅的亲生父亲

提示： 婚姻关系、亲子关系均属于身份关系的事实，不适用自认制度，选项A、D应选；黎明丽主张双方存款36万元的存折在张成功手中，张成功承认此于己不利的事实构成自认，选项B不选；生活用品归各自所有是黎明丽提出的诉讼请求，张成功的行为属于认诺而非自认，选项C应选。

2. 与法院查明的事实不符的自认的事实。

3. 在诉讼中，当事人为达成调解协议或者和解协议作出妥协而认可的事实，不得在后续的诉讼中作为对其不利的根据，但法律另有规定或者当事人均同意的除外。

例3 郭某诉张某财产损害一案，法院进行了庭前调解，张某承认对郭某财产造成损害，但在赔偿数额上双方无法达成协议。关于本案，下列哪一选项是正确的？

A. 张某承认对郭某财产造成损害，已构成自认

B. 张某承认对郭某财产造成损害，可作为对张某不利的证据使用

C. 郭某仍需对张某造成财产损害的事实举证证明

D. 法院无须开庭审理，本案事实清楚可直接作出判决

提示： 调解中的自认，在后续的诉讼中不产生自认的效果。易言之，郭某仍应对张某造成财产损害的事实承担举证责任。选项C正确。

例 4 关于自认的说法，下列哪一选项是错误的？

A. 自认的事实允许用相反的证据加以推翻

B. 身份关系诉讼中不涉及身份关系的案件事实可以适用自认

C. 调解中的让步不构成诉讼上的自认

D. 当事人一般授权的委托代理人一律不得进行自认

提示：自认的事实属于相对免证的事实，允许对方当事人用相反的证据推翻，选项 A 不选；涉及身份关系的事实不适用自认，身份关系案件中不涉及身份关系的事实可以自认，选项 B 不选；调解中的自认在诉讼中无效，选项 C 不选；一般授权的委托代理人可以作出不会直接导致承认对方诉讼请求的自认，选项 D 为正确答案。

第十六章　证明责任与证明标准

重要法条及司法解释

《民事诉讼法》第 64 条第 1 款。

《最高人民法院关于适用〈中华人民共和国民事诉讼法〉的解释》第 91、108、109 条。

《最高人民法院关于民事诉讼证据的若干规定》第 4 ~6 条。

命题分析

本章属于本学科中偏理论化考点，其中尤以证明责任分配考查频率最高，几乎达到每年必考的程度。

从考查形式来看，本知识点命制的选择题大多采用小案例形式，前五年主要采用单独命题形式，近五年基本是作为选项与其他证据制度“组团”考查。从考查内容看，以往试题主要集中于对合同或者侵权纠纷具体案件事实证明责任分配的考查。欲正确解题，除了了解有关证明责任分配的司法解释之外，还需要考生领会证明责任分配的基本原理，这样才能做到“以不变应万变”。

从命题趋势分析，基于证明责任分配的重要理论和实践价值，本知识点内容依然会是命题人的“宠儿”。在客观题中，结合具体案例继续对其考查的可能性依然较大。考生在复习中务必要全面掌握证明责任分配的基本原理和具体规定。

知识点精讲

一、证明责任基本原理

（一）内涵

证明责任是指当事人对自己提出的事实主张，有提出证据并加以证明的责任，如果当事人未能尽到上述责任，则有可能承担对其主张不利的法律后果。

理论点拨：根据司法解释规定和学界通说，证明责任具有双重内涵。一是行为意义上的证明责任（又称为“提供证据责任”），是指当事人对自己的主张有责任提供证据证明，通俗说是“谁主张、谁举证”；二是结果意义上的证明责任，是指当事人穷尽证明手段后，要件事实仍处于真伪不明的状态，由负担证明责任一方承担败诉的不利后果的责任。我国司法解释使用的术语是“举证证明责任”。

（二）理论阐释

虽然证明责任有两重含义，但结果意义上的证明责任才是证明责任的本质属性。下面就结果意义上的证明责任作理论解读。

1. 要件事实真伪不明是适用证明责任的前提

证明责任的功能是当作为裁判基础的要件事实真伪不明时指导法院作出裁判，因此，要件事实真伪不明是适用证明责任的前提条件。当要件事实被证明为真或者为假时，均不需要运用证明责任作判决。

2. 证明责任是一种拟制或假定

证明责任的作用机理是假定真伪不明的事实不存在，由此让负担证明责任的一方当事人因未完成证明自己主张的责任从而被判败诉的不利后果。

3. 证明责任的承担主体是一方当事人

首先，法院不是证明责任的承担主体。法院只是居中裁判主体，不承担证明案件事实的义务；其次，对某一要件事实的证明责任只能由一方承担。因为，出现真伪不明情况时，要让负担证明责任一方败诉，如果由双方承担证明责任，法院岂不是又将无从作出裁判。

4. 证明责任由法律、司法解释等预先确定

既然证明责任是一种败诉风险，甚至有学者称其为“证明责任之所在，败诉之所在”。可见，证明责任分配给哪一方当事人关系重大，为求公平合理，立法者均会反复考量，将证明责任通过法律规范的形式在双方当事人之间进行合理分配。

5. 证明责任分配不会在诉讼过程中移转

证明责任一旦由法律或司法解释预先分配之后，绝不会在诉讼过程中发生移转。在诉讼中不存在原告与被告之间互相移转证明责任的问题。

例1 关于证明责任，下列哪些说法是正确的？

A. 只有在待证事实处于真伪不明情况下，证明责任的后果才会出现

B. 对案件中的同一事实，只有一方当事人负有证明责任

C. 当事人对其主张的某一事实没有提供证据证明，必将承担败诉的后果

D. 证明责任的结果责任不会在原、被告间相互转移

提示：结果意义上证明责任的适用条件是待证的要件事实真伪不明，选项A正确；证明责任的功能是当作为裁判基础的要件事实真伪不明时指导法院作出裁判，因此，对案件同一事实只能由一方当事人承担证明责任，选项B正确；提供证据责任与证明责任不同，不承担证明责任的当事人没有提供证据证明其主张，未必会败诉，选项C错误；证明责任一旦由法律或司法解释预先分配之后，绝不会在诉讼过程中发生移转，选项D正确。

二、证明责任分配的一般规则

证明责任的分配是指按照一定的规范或标准，将承担诉讼案件要件事实真伪不明的不利后果的风险在双方当事人之间进行安排。

1.《最高人民法院关于适用〈中华人民共和国民事诉讼法〉的解释》规定的证明责任分配一般原理

我国《民事诉讼法》第 64 条第 1 款规定，当事人对自己提出的主张，有责任提供证据。学界将其简化为“谁主张、谁举证”规则。但该规定过于粗糙，并无结果责任的规定，无法满足司法实践的要求。《最高人民法院关于适用〈中华人民共和国民事诉讼法〉的解释》将证明责任分配规则细化规定为：

（1）主张法律关系存在的当事人，应当对产生该法律关系的基本事实承担举证证明责任；

（2）主张法律关系变更、消灭或者权利受到妨害的当事人，应当对该法律关系变更、消灭或者权利受到妨害的基本事实承担举证证明责任。

上述规定，可以简化为“主张积极事实者承担证明责任，主张消极事实者不承担证明责任”。举例言之：甲向法院起诉要求乙归还借款，乙说没借。甲主张的是借贷法律关系存在的积极事实，乙主张的是借贷关系不存在的消极事实，因此应由甲就借贷法律关系存在承担证明责任。甲向法院起诉要求乙归还借款，乙说已经偿还。乙主张双方之间的债权债务关系因清偿而消灭，因此应由乙就借贷法律关系消灭的事实承担证明责任。

2. 合同纠纷的证明责任分配

在合同纠纷案件中，主张合同关系成立并生效的一方当事人对合同订立和生效的事实承担举证责任；主张合同关系变更、解除、终止、撤销的一方当事人对引起合同关系变动的事实承担举证责任。

对合同是否履行发生争议的，由负有履行义务的当事人承担举证责任。

对代理权发生争议的，由主张有代理权一方当事人承担举证责任。

理论点拨：上述《最高人民法院关于民事诉讼证据的若干规定》第 5 条的规定，考生无须专门记忆，完全可依据证明责任分配的一般原理推断作答。从条文表述即可看出，第 1 款和第 3 款完全是“主张积极事实者承担证明责任，主张消极事实者不承担证明责任”的产物。稍有疑问的是第 2 款，当双方对合同是否履行发生争议，根据生活常识，负有履行义务的一方肯定会主张合同已经履行，另一方则主张并未履行。负有履行义务的当事人主张的是积极事实，因此也应由其承担证明责任。

3. 劳动争议案件证明责任的分配

在劳动争议纠纷案件中，因用人单位作出开除、除名、辞退、解除劳动合同、减少劳动报酬、计算劳动者工作年限等决定而发生劳动争议的，由用人单位负举证责任。

理论点拨：上述条文列举的用人单位行为，均属于使劳动合同关系变更、妨碍或解除的事实，因此，应当由用人单位承担证明责任。同理而言，存在劳动关系也属于积极事实，在诉讼中劳动者会对此提出主张，因此，是否存在劳动关系的事实应由劳动者承担证明责任。

4. 侵权纠纷证明责任的分配

根据证明责任分配的一般原理，主张侵权行为成立和存在免责事由均属于积极事实，相关主张者应承担证明责任。具体而言，受害方应当就存在侵权行为、侵权造成的损害后果、行为和结果之间存在因果关系以及加害方有过错（无过错原则除外）等要件事实承担证明责任；而加害方则应当就存在免责事由承担证明责任。

三、证明责任的特殊分配规则

所谓“证明责任的特殊分配”，是指在某些特殊类型的案件中，根据法律规定免除了原告对其主张事实的证明责任，转而由被告人承担证明责任。通俗来说是“证明责任倒置”。

1. 因新产品制造方法发明专利引起的专利侵权诉讼，由制造同样产品的单位或者个人对其产品制造方法不同于专利方法承担举证责任。

理论点拨：制造同样产品的单位或者个人证明其新产品制造方法发明专利不同于专利方法，实际上是要证明其制造的新产品没有侵犯他人的专利权，因此，本类纠纷将侵权行为的证明责任倒置给被告。

2. 高度危险作业致人损害的侵权诉讼，由加害人就受害人故意造成损害的事实承担举证责任。

理论点拨：受害人故意是侵权的免责事由，本来就应由加害人承担证明责任。因此，本类纠纷实际上不存在证明责任倒置的问题。

3. 因环境污染引起的损害赔偿诉讼，由加害人就法律规定的免责事由及其行为与损害结果之间不存在因果关系承担举证责任。

理论点拨：环境污染侵权适用无过错责任，仅有因果关系适用证明责任倒置。

例 2 王某承包了20亩鱼塘。某日，王某发现鱼塘里的鱼大量死亡，王某认为鱼的死亡是因为附近的腾达化工厂排污引起，遂起诉腾达化工厂请求赔偿。腾达化工厂辩称，根本没有向王某的鱼塘进行排污。关于化工厂是否向鱼塘排污的事实举证责任，下列哪一选项是正确的?

A. 根据“谁主张、谁举证”的原则，应当由主张存在污染事实的王某负举证责任

B. 根据“谁主张、谁举证”的原则，应当由主张自己没有排污行为的腾达化工厂负举证责任

C. 根据“举证责任倒置”的规则，应当由腾达化工厂负举证责任

D. 根据本证与反证的分类，应当由腾达化工厂负举证责任

提示：本案是环境污染侵权纠纷，适用无过错责任，原告承担侵权行为、损害结果的证明责任，被告承担免责事由以及行为与结果之间不存在因果关系的证明责任。化工厂向

鱼塘排污属于侵权行为的事实，应由原告王某承担证明责任。选项A正确。

4. 建筑物或者其他设施以及建筑物上的搁置物、悬挂物发生倒塌、脱落、坠落致人损害的侵权诉讼，由所有人或者管理人对其无过错承担举证责任。

理论点拨：《侵权责任法》已对本条规定作出调整。具体而言，建筑物、构筑物或者其他设施倒塌致害责任适用无过错责任，此类诉讼不再适用上述规定；而建筑物、构筑物或者其他设施及其搁置物、悬挂物发生脱落、坠落致害责任适用过错推定责任，将过错的证明责任倒置给所有人或者管理人。

例3　甲路过乙家门口，被乙叠放在门口的砖头砸伤，甲起诉要求乙赔偿。关于本案的证明责任分配，下列哪一说法是错误的？

A. 乙叠放砖头倒塌的事实，由原告甲承担证明责任

B. 甲受损害的事实，由原告甲承担证明责任

C. 甲所受损害是由于乙叠放砖头倒塌砸伤的事实，由原告甲承担证明责任

D. 乙有主观过错的事实，由原告甲承担证明责任

提示：本案是堆放物倒塌致人损害纠纷，适用过错推定原则。具体而言，侵权行为、损害结果、因果关系由原告甲承担证明责任，被告乙承担其无过错及免责事由的证明责任。选项D为正确答案。

5. 饲养动物致人损害的侵权诉讼，由动物饲养人或者管理人就受害人有过错或者第三人有过错承担举证责任。

理论点拨：《侵权责任法》已对本条规定予以细化，具体而言，饲养动物损害责任原则上适用无过错责任，但动物园饲养的动物适用过错推定责任，此时将过错的证明责任倒置给动物园。除此之外，饲养动物致人损害侵权，不存在证明责任倒置的情况。

例4　2010年3月，李强找到赵刚家追讨该债务，发生争吵。赵刚因所牵宠物狗易受惊，遂对李强说："你不要大声喊，狗会咬你。"李强不理，仍然叫骂，并指着狗叫喊。该狗受惊，扑向李强并将其咬伤。李强起诉要求赵刚支付医药费。关于本案李强被狗咬伤的证据证明问题，下列选项正确的是：

C. 李强是因为挑逗赵刚的狗而被狗咬伤的事实的证明责任由赵刚承担

D. 李强受损害与被赵刚的狗咬伤之间具有因果关系的证明责任由李强承担

提示：李强是因为挑逗赵刚的狗而被狗咬伤的事实属于免责事由，应由被告赵刚承担证明责任，选项C正确；饲养动物侵权纠纷，因果关系并不适用倒置规则，应由原告李强承担证明责任，选项D正确。

6. 因缺陷产品致人损害的侵权诉讼，由产品的生产者就法律规定的免责事由承担举证责任。

理论点拨：产品责任适用无过错责任，不适用证明责任倒置规则。

7. 因共同危险行为致人损害的侵权诉讼，由实施危险行为的人就其行为与损害结果之间不存在因果关系承担举证责任。

理论点拨：本类纠纷中因果关系适用证明责任倒置规则。但《侵权责任法》第10条已使该规定失去意义，行为人欲免责必须确定具体侵权人，而非证明行为与损害结果之间不存在因果关系。

例5 三个小孩在公路边玩耍，此时，一辆轿车急速驶过，三小孩捡起石子向轿车扔去，坐在后排座位的刘某被一石子击中。刘某将三小孩起诉至法院。关于本案举证责任分配，下列哪些选项是正确的？

A. 刘某应对三被告向轿车投掷石子的事实承担举证责任

B. 刘某应对其所受到损失承担举证责任

C. 三被告应对投掷石子与刘某所受损害之间不存在因果关系承担举证责任

D. 三被告应对其主观没有过错承担举证责任

提示：本案属于共同危险行为，原告应就被告实施侵权行为、遭受损失、被告存在过错的事实承担证明责任，被告应就其行为与损害结果之间不存在因果关系承担证明责任。因此，选项A、B、C正确。

8. 因医疗行为引起的侵权诉讼，由医疗机构就医疗行为与损害结果之间不存在因果关系及不存在医疗过错承担举证责任。

理论点拨：《侵权责任法》已修正了本条规定，除了该法第58条规定的三类情形适用过错推定之外，原则上应由受害人就医疗机构存在过错承担证明责任。此外，根据《最高人民法院关于审理医疗损害责任纠纷案件适用法律若干问题的解释》，因果关系也应由患者承担证明责任。

侵权案件类型	侵权行为	损害结果	因果关系	过错	免责事由
专利侵权	被告	原告	原告	原告	被告
高度危险作业侵权	原告	原告	原告		被告
环境污染侵权	原告	原告	被告		被告
搁置物、悬挂物脱落坠落侵权	原告	原告	原告	被告	被告
饲养动物侵权	原告	原告	原告	被告	被告

续表

侵权案件类型	侵权行为	损害结果	因果关系	过错	免责事由
缺陷产品侵权	原告	原告	原告		被告
共同危险行为侵权	原告	原告	被告	原告	被告
医疗行为侵权	原告	原告	原告	原告/被告	被告

特别提醒：（1）在上述侵权诉讼中，损害结果和免责事由不适用证明责任特殊分配规则。损害结果的事实全部由受害方承担证明责任；免责事由全部由加害方承担证明责任。

（2）证明责任倒置，不是全部案件事实的倒置，而是部分要件事实的倒置。具体而言，侵权行为倒置的是专利纠纷；因果关系倒置的是环境污染和共同危险行为；过错倒置的是物件脱落、坠落致人损害侵权纠纷。

解题秘籍：两步搞定"证明责任分配"

第一步，判断案件类型及其构成要件。尤其要准确判断适用过错责任还是无过错责任。

第二步，结合证明责任倒置规定，明确各要件事实的证明责任分配。

四、证明标准

（一）概述

证明标准是指法院在诉讼中认定案件事实所要达到的证明程度。

证明标准和证明责任是紧密相连的两个概念。证明责任是否适用，其前提是案件的待证要件事实是否达到法定的证明标准。如果案件的要件事实被证明为真或者为假，都不需要适用证明责任。只有当要件事实处于真伪不明的证明标准时才会适用证明责任作出判决。如果没有证明责任，证明标准将失去存在价值；而如果没有证明标准，证明责任也将无从适用。

（二）民事诉讼的证明标准

1. 一般民事案件的证明标准是高度盖然性。高度盖然性是指证明虽然没有达到使法官确信只能如此的程度，但已经达到相信存在极大可能或非常可能如此的程度。

2. 对于欺诈、胁迫、恶意串通的事实，以及口头遗嘱或者赠与的事实，应达到排除合理怀疑的标准。

第十七章　证明程序

重要法条及司法解释

《民事诉讼法》第 65、68 条。

《最高人民法院关于适用〈中华人民共和国民事诉讼法〉的解释》第 94 ~96、99 ~104、388 条。

《最高人民法院关于民事诉讼证据的若干规定》第 19、36 ~41、50 ~52 条。

《最高人民法院关于适用〈中华人民共和国民事诉讼法〉审判监督程序若干问题的解释》第 10 条。

命题分析

本考点主要涉及举证期限、新证据的认定、证据交换、法院调查取证和质证等诸多内容，以往命题频率较高。其中，举证期限考查次数最多，因为 2012 年民事诉讼法修正和 2015 年出台的《最高人民法院关于适用〈中华人民共和国民事诉讼法〉的解释》对其均有新规定。

从命题形式看，前些年选择题主要采用表述题形式，近几年均以案例题形式考查。单一考点的试题较少，绝大多数试题涉及多个考点。考查内容主要涉及逾期举证的法律后果、法院调查取证范围、质证与证明力的关系等知识点。

从考查趋势看，本考点虽然理论性不强，但涉及内容多，在客观题中考查可能性仍较大。本章的重点是逾期举证的法律后果，复习时应重点关注。

知识点精讲

一、举证时限

（一）概念

举证时限是指根据法律规定或法院指定，当事人向法院提出证据的期限。

（二）确定方式

1. 法院在审理前的准备阶段确定当事人的举证时限；
2. 当事人协商后经法院许可。

法院确定举证时限，第一审普通程序案件不得少于 15 日，当事人提供新的证据的第二审案件不得少于 10 日。

知识拓展： 简易程序的举证时限不得超过 15 日，小额诉讼程序一般不超过 7 日。

（三）举证时限的延长与再次确定

当事人在举证时限内提供证据确有困难的，可以在举证时限届满前向法院书面申请延长。申请理由成立的，法院应当准许，适当延长举证期限，并通知其他当事人，延长的举证期限适用于其他当事人。申请理由不成立的，法院不予准许，并通知申请人。

当事人在延长的举证期限内提交证据材料仍有困难的，可以再次提出延期申请，是否准许由法院决定。

> **总结：**当事人有两次申请延长举证期限的机会，第一次在初次确定的举证期限内，第二次在初次延长的期限内。

举证期限届满后，当事人对已经提供的证据，申请提供反驳证据或者对证据来源、形式等方面的瑕疵进行补正的，法院可以酌情再次确定举证期限。

（四）逾期举证的法律后果

当事人逾期提供证据的，法院应当责令其说明理由，必要时可以要求其提供相应的证据。

当事人因客观原因逾期提供证据，或者对方当事人对逾期提供证据未提出异议的，视为未逾期。

当事人因故意或者重大过失逾期提供的证据，法院不予采纳。但该证据与案件基本事实有关的，法院应当采纳，并对当事人予以训诫、罚款。

当事人非因故意或者重大过失逾期提供的证据，法院应当采纳，并对当事人予以训诫。

当事人一方要求另一方赔偿因逾期提供证据致使其增加的交通、住宿、就餐、误工、证人出庭作证等必要费用的，法院可予支持。

逾期举证法律后果的规定可通过下表来理解和记忆：

<table>
<tr><td>客观原因</td><td colspan="3">视为未逾期。</td></tr>
<tr><td rowspan="3">主观原因</td><td rowspan="2">故意或重大过失。</td><td>与案件基本事实有关。</td><td>采纳后训诫、罚款。</td></tr>
<tr><td>与案件基本事实无关。</td><td>不予采纳。</td></tr>
<tr><td>非故意或重大过失。</td><td colspan="2">采纳后训诫。</td></tr>
</table>

> **知识拓展：**《最高人民法院关于适用〈中华人民共和国民事诉讼法〉的解释》出台后，证据部分的期间均统一规定为举证时限届满前。具体包括：申请法院调查收集证据、申请证据保全、申请延长举证时限、申请法院责令对方当事人提交书证、申请证人出庭作证、申请鉴定、申请具有专门知识的人出庭。

二、“新证据”的界定

（一）一审程序的“新证据”

1. 当事人在一审举证期限届满后新发现的证据；

2. 当事人确因客观原因无法在举证期限内提供，经法院准许，在延长的期限内仍无法提供的证据。

（二）二审程序的“新证据”

1. 一审庭审结束后新发现的证据；

2. 当事人在一审举证期限届满前申请法院调查取证未获准许，二审法院经审查认为应当准许并依当事人申请调取的证据。

（三）再审程序的“新证据”

1. 在原审庭审结束前已客观存在，庭审结束后新发现的证据；

2. 在原审庭审结束前已经发现，但因客观原因无法取得或者在规定的期限内不能提供的证据；

3. 原审庭审结束后新出现或新形成的证据，无法据此另行提起诉讼；

4. 在原审庭审结束前已经存在，但再审申请人因客观原因无法知道或无法取得的证据；

5. 原审庭审结束后原作出鉴定结论、勘验笔录者重新鉴定、勘验，推翻原结论的证据；

6. 当事人在原审中提供的主要证据，原审未予质证、认证，但足以推翻原判决、裁定的证据。

三、证据交换

证据交换是指在答辩期届满后，庭审之前，法官组织双方当事人将各自持有的证据材料相互明示的诉讼活动。

（一）启动方式

1. 法院依职权组织证据交换。法院对于证据较多或者复杂疑难的案件，应当组织当事人在答辩期届满后、开庭审理前交换证据。

2. 当事人申请证据交换。经当事人申请，法院可以组织当事人在开庭审理前交换证据。

（二）证据交换时间确定

1. 当事人协商一致并经法院认可。

2. 法院指定。

（三）证据交换与举证期限的关系

法院组织当事人交换证据，交换证据之日举证期限届满。当事人申请延期举证经法院准许的，证据交换日相应顺延。

（四）证据交换的程序

证据交换应当在审判人员的主持下进行。在证据交换的过程中，审判人员对当事人无异议的事实、证据应当记录在卷，这些证据在开庭中可以免于质证；对有异议的证据，按照需要证明的事实分类记录在卷，并记载异议的理由。通过证据交换，确定双方当事人争议的主要问题。

（五）证据交换的次数

证据交换一般不超过两次。但重大、疑难和案情特别复杂的案件，法院认为确有必要再次进行证据交换的除外。

例1 关于举证时限和证据交换的表述，下列哪一选项是正确的？

A. 证据交换可以依当事人的申请而进行，也可以由法院依职权决定而实施

B. 民事诉讼案件在开庭审理前，法院必须组织进行证据交换

C. 当事人在举证期限内提交证据确有困难的，可以在举证期限届满之后申请延长，但只能申请延长一次

D. 当事人在举证期限内未向法院提交证据材料的，在法庭审理过程中无权再提交证据

提示：证据交换既可依申请进行，也可由法院依职权进行，选项A正确。证据交换不是民事诉讼程序的必经阶段，如果案件证据较少、案情简单，法院可以不组织证据交换，选项B错误。当事人应当在举证期限内向法院申请延期举证，经法院准许，可以适当延长举证期限。当事人在延长的举证期限内提交证据材料仍有困难的，可以再次提出延期申请，是否准许由法院决定，选项C错误。如果该证据材料依法属于新的证据，当事人可以在法庭审理过程提交该新证据，选项D错误。

四、法院调查收集证据

（一）法院主动调查收集

由于法院主动收集证据，将违背当事人平等原则、处分原则和辩论原则，因此应当对民事诉讼法所规定的“审理需要”加以限制。依照《最高人民法院关于适用〈中华人民共和国民事诉讼法〉的解释》，“法院认为审理案件所需要的证据”，是指以下情形：

（1）涉及可能损害国家利益、社会公共利益的；

（2）涉及身份关系的；

（3）涉及民事公益诉讼的；

（4）当事人有恶意串通损害他人合法权益可能的；

（5）涉及依职权追加当事人、中止诉讼、终结诉讼、回避等程序性事项的。

（二）根据当事人申请调查收集证据

1. 适用情形。

（1）证据由国家有关部门保存，当事人及其诉讼代理人无权查阅调取的；

（2）涉及国家秘密、商业秘密或者个人隐私的；

（3）当事人及其诉讼代理人因客观原因不能自行收集的其他证据。

2. 申请主体：当事人本人或者代理人。

3. 申请期限：举证期限届满前。

4. 申请形式：提交申请书。

5. 不予准许情形：当事人申请调查收集的证据，与待证事实无关联、对证明待证事实无意义或者其他无调查收集必要，法院不予准许。

6. 不予准许处理程序：应当向当事人或其诉讼代理人送达通知书。

7. 不予准许救济措施：可以自收到通知书的次日起3日内，向受理申请的法院书面申

请复议1次。法院应当在收到复议申请之日起5日内作出答复。

例2 关于法院依职权调查事项的范围，下列哪些选项是正确的？

A. 本院是否享有对起诉至本院案件的管辖权

B. 委托诉讼代理人的代理权限范围

C. 当事人是否具有诉讼权利能力

D. 合议庭成员是否存在回避的法定事由

提示：选项A涉及法院管辖权，选项C涉及诉讼权利能力，选项D涉及回避，这些事项均与实体争议无关属于程序性事项，法院均可依职权调查。委托诉讼代理人的代理权限范围，法院在开庭时即应依职权查明。

例3 关于民事诉讼中的证据收集，下列哪些选项是正确的？

A. 在王某诉齐某合同纠纷一案中，该合同可能存在损害第三人利益的事实，在此情况下法院可以主动收集证据

B. 在胡某诉黄某侵权一案中，因客观原因胡某未能提供一项关键证据，在此情况下胡某可以申请法院收集证据

C. 在周某诉贺某借款纠纷一案中，周某因自己没有时间收集证据，于是申请法院调查收集证据，在此情况下法院应当进行调查收集

D. 在武某诉赵某一案中，武某申请法院调查收集证据，但未获法院准许，武某可以向受案法院申请复议一次

提示：损害他人合法权益属于法院主动调查收集证据的范围，选项A正确；当事人及其诉讼代理人因客观原因不能自行收集的其他证据，可以申请法院调查取证，选项B正确；没时间收集证据不是申请法院调查取证的事由，根据常识也可排除，选项C错误；法院不予调查收集证据的救济方式是复议，选项D正确。

五、质证

质证是指当事人、诉讼代理人及第三人在法庭的主持下，对当事人及第三人提出的证据就其真实性、合法性、关联性以及证明力的有无、大小予以说明和质辩的活动或过程。

（一）质证的主体

质证的主体包括当事人、诉讼代理人和第三人。

> **特别提醒：**法院是认证的主体，不是质证的主体。

（二）质证的客体

质证的客体是证据。既包括当事人向法院提出的证据，又包括根据当事人的申请由法院调查收集的证据。

> **特别提醒：**法院依职权调查收集的证据应在庭审时出示，听取当事人意见，可就调查收集该证据的情况予以说明，即不需质证。

（三）公开质证原则

证据应当在法庭上出示，由当事人互相质证。未经当事人质证的证据，不得作为认定案件事实的根据。

（四）公开质证原则的例外

1. 当事人在审理前的准备阶段认可的证据，经审判人员在庭审中说明后，视为质证过的证据。

2. 涉及国家秘密、商业秘密、个人隐私或者法律规定应当保密的证据，不得公开质证。

> **特别提醒：**商业秘密案件在不公开审理时需要当事人提出申请，法院决定是否公开审理。在质证时应当不公开质证，无须当事人申请。不公开审理和不公开质证具体情形见下表：

法定不公开审理情形	申请不公开审理情形	不公开质证情形
国家秘密、个人隐私或者法律另有规定情形。	离婚案件、商业秘密案件。	国家秘密、商业秘密、个人隐私或者法律规定应当保密的证据。

（五）质证的特殊情形

1. 当事人签署保证书

法院认为有必要，可以要求当事人本人到庭。就案件事实询问之前，可以要求当事人签署保证书。

负有举证证明责任的当事人拒绝到庭、拒绝接受询问或者拒绝签署保证书，待证事实又欠缺其他证据证明的，法院对其主张的事实不予认定。

2. 询问具有专门知识的人（专家辅助人）

法院可以对出庭的具有专门知识的人进行询问。当事人各自申请的具有专门知识的人可以就案件有关问题进行对质。具有专门知识的人不得参与专业问题之外的法庭审理活动。

3. 对证人的质询

当事人在举证期限届满前有权申请证人出庭作证。法院可以依职权通知证人出庭作证。未经法院通知，证人不得出庭作证，但双方当事人同意并经法院准许的除外。

法院在证人出庭作证前应当告知其如实作证的义务及作伪证的法律后果，可责令其签署保证书（无民事行为能力人和限制民事行为能力人除外）。

4. 对书证、物证、视听资料的质证

上述证据当事人以出示原物、原件为原则。但下列情形除外：①出示原件、原物确有困难，经法院许可可以出示复印件或复制品；②原件或原物已不存在，但有证据证明复印件、复制品与原件、原物一致。

六、认证

所谓“认证”，是指法庭对经过质证或者当事人在证据交换中认可的各种证据材料作出审查判断，确认其能否作为认定案件事实的根据。

（一）认证的基本要求

法院应当按照法定程序，全面、客观地审核证据，依照法律规定，运用逻辑推理和日常生活经验法则，对证据有无证明力和证明力大小进行判断，并公开判断的理由和结果。

（二）认证基本规则

1. 下列证据不能单独作为认定案件事实的依据：

（1）未成年人所作的与其年龄和智力状况不相当的证言；

（2）与一方当事人或者其代理人有利害关系的证人出具的证言；

（3）存有疑点的视听资料；

（4）无法与原件、原物核对的复印件、复制品；

（5）无正当理由未出庭作证的证人证言。

例4 某省海兴市的《现代企业经营》杂志刊登了一篇自由撰稿人吕某所写的报道，内容涉及同省龙门市甲公司的经营方式。甲公司负责人汪某看到该篇文章后，认为《现代企业经营》所发文章内容严重失实，损害了甲公司的名誉，使公司的经营受到影响。于是甲公司向法院起诉要求《现代企业经营》杂志社和吕某赔偿损失5万元，并进行赔礼道歉。在案件的一审过程中，关于本案的证据，下列选项正确的是：

A. 因旷工而被甲公司开除了的甲公司原员工于某所提供的证言不能单独作为认定案件事实的证据

B. 吕某在采访甲公司某名保安时，采用录音笔偷录下双方的谈话，因该录音比较模糊，所以不能单独作为认定案件事实的证据

C. 甲公司提供的考勤数据表，属于一方当事人提出的证据，不能单独作为认定案件事实的证据

D.《现代企业经营》杂志社在庭审过程中，收到了甲公司员工刚刚提供的反映甲公司员工作息时间的一份材料，该材料可以作为新证据提交法庭

提示：因旷工而被甲公司开除了的甲公司原员工于某与原告有利害关系，采用录音笔偷录下双方的谈话比较模糊，存有疑点，都属于不能单独作为认定案件事实的证据，选项A、B正确。考勤数据表，属于一方当事人提出的证据，不属于不能单独作为认定案件事实的情形，选项C错误。《现代企业经营》杂志社在庭审过程中收到的甲公司员工刚刚提供的反映甲公司员工作息时间的一份材料，是在举证期限届满后才出现或形成的，属于新发现的新证据，可以向法院提交，选项D正确。

2. 法院应确认证明力的情形：

（1）书证原件或者与书证原件核对无误的复印件、照片、副本、节录本；

（2）物证原物或者与物证原物核对无误的复制件、照片、录像资料等；

（3）有其他证据佐证并以合法手段取得的、无疑点的视听资料或者与视听资料核对无误的复制件；

（4）一方当事人申请法院依照法定程序制作的对物证或者现场的勘验笔录。

（5）法院委托鉴定部门作出的鉴定结论，当事人没有足以反驳的相反证据和理由的，可以认定其证明力。

3. 证明力大小排序规则：

（1）国家机关、社会团体依职权制作的公文书证的证明力一般大于其他书证；

（2）物证、档案、鉴定结论、勘验笔录或者经过公证、登记的书证，其证明力一般大于其他书证、视听资料和证人证言；

（3）原始证据的证明力一般大于传来证据；

（4）直接证据的证明力一般大于间接证据；

（5）证人提供的对与其有亲属或者其他密切关系的当事人有利的证言，其证明力一般小于其他证人证言。

4. 国家机关或者其他依法具有社会管理职能的组织，在其职权范围内制作的文书所记载的事项推定为真实，但有相反证据足以推翻的除外。必要时，法院可以要求制作文书的机关或组织对文书的真实性予以说明。

第十八章　法院调解

重要法条及司法解释

《民事诉讼法》第93～99条。

《最高人民法院关于适用〈中华人民共和国民事诉讼法〉的解释》第142～151条。

《最高人民法院关于法院民事调解工作若干问题的规定》。

命题分析

作为“东方经验”的法院调解，向来为我国司法实践所倚重。我国有关法院调解的规定较多，这也导致考试中对其频繁命题考查。

从考查形式看，本章内容较少单独命题，更常见的方式是对法院调解的多个知识点综合命题。前几年选择题主要采用表述题形式，近几年均以案例题形式考查。从考查内容看，法院调解与和解的区别、调解的适用范围、调解的生效形式等知识点考查频率更高。

基于法院调解在司法实践中的重要作用，在法考客观题中命题考查的可能性依然较大，本章内容理论性不强，难度不高。复习时条分缕析把握相关知识点，不难准确作答。

知识点精讲

一、法院调解的概念和性质

（一）概念

法院调解又称诉讼中调解，是指在民事诉讼中双方当事人在法院审判人员的主持和协调下，就案件争议的问题进行协商，从而解决纠纷所进行的活动。

注意：我国调解形式多样，作为法院行使审判权特殊形式的法院调解，与其他调解存在明显不同。具体如下：

区　别	法院调解	诉讼外调解
发生阶段。	诉讼过程中，属于诉讼行为。	诉讼之外，不属于诉讼行为。
主持人员。	法院审判人员。	人民调解委员会的委员、行政机关的官员、仲裁员、律师等。
程序严格性。	虽然不及诉讼，但应当遵循自愿合法原则、查明事实分清是非原则，遵循法定程序。	虽然也要求自愿合法、查明事实分清是非，但不如法院调解严格，程序上也不如法院调解规范。
性质。	属于审判活动，具有司法性质。	不具有司法性质。
法律后果。	法院的结案方式；有给付内容的调解书具有执行力。	未经司法确认，对当事人只具有合同的效力，不具有强制执行效力（仲裁调解除外）。

（二）法院调解与诉讼和解的联系与区别

诉讼和解是指当事人在诉讼过程中通过自行协商，就案件争议问题达成协议，并共同向法院陈明协议内容，要求结束诉讼从而终结诉讼的制度。

法院调解和诉讼和解存在明显的区别，具体如下：

区　　别	法院调解	诉讼和解
性质。	含有法院行使审判权的性质。	当事人在诉讼中对自己实体权利和诉讼权利的处分。
参与主体。	法院和双方当事人共同参与。	仅有双方当事人参与。
法律效力。	法院结案的方式之一；具有给付内容的调解书具有执行力。	经原告申请、法院裁定准许后结束诉讼程序；和解协议不具有执行力。

补充说明：法院调解和诉讼和解也存在联系，即当事人在诉讼过程中自行达成和解协议，当事人可以申请法院依法确认后制作调解书。

例1　甲诉乙损害赔偿一案，双方在诉讼中达成和解协议。关于本案，下列哪一说法是正确的？

A. 当事人无权向法院申请撤诉

B. 因当事人已达成和解协议，法院应当裁定终结诉讼程序

C. 当事人可以申请法院依和解协议内容制作调解书

D. 当事人可以申请法院依和解协议内容制作判决书

提示：当事人达成和解协议后，原告可以申请撤诉，选项A错误；和解不是法院的结案方式，法院不能裁定终结诉讼程序，选项B错误；当事人在诉讼过程中自行达成和解协议，当事人可以申请法院依法确认后制作调解书，选项C正确；《最高人民法院关于适用〈中华人民共和国民事诉讼法〉的解释》第148条第1款规定，当事人自行和解或者调解达成协议后，请求法院按照和解协议或者调解协议的内容制作判决书的，法院不予准许。选项D错误。

例2　根据《民事诉讼法》及相关司法解释，关于法院调解，下列哪一选项是错误的？

A. 法院可以委托与当事人有特定关系的个人进行调解，达成协议的，法院应当依法予以确认

B. 当事人在诉讼中自行达成和解协议的，可以申请法院依法确认和解协议并制作调解书

C. 法院制作的调解书生效后都具有执行力

D. 法院调解书确定的担保条款的条件成就时，当事人申请执行的，法院应当依法执行

提示：《最高人民法院关于人民法院民事调解工作若干问题的规定》第3条第2款规

定，经各方当事人同意，法院可以委托与当事人有特定关系或者与案件有一定联系的企业事业单位、社会团体或者其他组织，和具有专门知识、特定社会经验、与当事人有特定关系的个人对案件进行调解，达成调解协议后，法院应当依法予以确认，选项A正确。当事人在诉讼过程中自行达成和解协议，当事人可以申请法院依法确认后制作调解书，选项B正确。判决书、裁定书、调解书只有具有给付内容才可以申请强制执行，因此具有给付内容的生效调解书才具有强制执行力，选项C错误。《最高人民法院关于人民法院民事调解工作若干问题的规定》第19条规定：调解书确定的担保条款条件或者承担民事责任的条件成就时，当事人申请执行的，法院应当依法执行，选项D正确。

二、法院调解原则

（一）自愿原则

自愿原则是指法院调解无论是调解活动的进行还是调解协议的形成，都要建立在当事人自愿的基础上。

特别提醒：（1）在程序上当事人自愿选择是否适用调解解决民事纠纷。

（2）在实体上调解协议内容的形成，须尊重当事人的意愿。

法院审理民事案件，应当根据自愿、合法原则进行调解；当事人一方或者双方坚持不愿调解的，应当及时裁判。

法院审理离婚案件应当进行调解，但不应久调不决。

（二）合法原则

合法原则是指法院调解应遵循法律程序，形成的调解协议不可违反国家的法律规定。

特别提醒：（1）程序合法强调不应强迫当事人进行调解，调解不能久调不决。

（2）调解协议合法强调调解协议的内容不违反法律，而非要求调解协议的内容要完全符合法律。

三、法院调解程序

（一）调解的开始

1. 在立案之前，如果当事人不反对，而法院又认为该案件适宜调解的，可以先行调解，再通过诉调对接的方式，固定调解结果。

在立案以后，征得当事人双方同意，法院在一审、二审和再审的各个阶段均可以进行调解。

2. 不适用调解的情形。

适用特别程序、督促程序、公示催告程序、破产还债程序的案件以及婚姻等身份关系确认案件以及执行程序不能调解。

（二）调解的进行

1. 法院调解在审判人员的主持下进行。

2. 法院进行调解，可以用简便方式通知当事人、证人到庭。法院进行调解，可以邀请有关单位和个人协助。

3. 法院调解应当在当事人的参加下进行，当事人应当出庭，不能出庭的，经其特别授权，可由其委托代理人参加调解，达成的调解协议，可由委托代理人签名。

4. 调解原则上采取面对面的形式。

5. 调解方案原则上应当由当事人自己提出，双方当事人都可以提出调解方案；主持调解的人员也可以提出调解方案供当事人协商时参考。

6. 调解协议可以超出原告诉讼请求。

7. 双方当事人可以就不履行调解协议约定民事责任。

8. 调解过程不公开，但当事人同意公开的除外。

9. 调解协议内容不公开，但为保护国家利益、社会公共利益、他人合法权益，法院认为确有必要公开的除外。

（三）调解结束

调解因当事人拒绝调解或双方达成协议而结束。

当事人拒绝继续调解而未达成调解协议的，法院应当对案件继续审理，并及时作出裁判。

调解达成协议的应要求双方当事人在调解协议上签字，并根据情况决定是否制作调解书。

四、调解书及调解的效力

（一）调解的制作

1. 调解达成协议，法院原则上应当制作调解书。调解书由审判人员、书记员署名，加盖法院印章，送达双方当事人。

生效时间：调解书需经当事人签收后才发生法律效力的，应当以最后收到调解书的当事人签收的日期为调解书生效的日期。

> **特别提醒：**（1）一审达成调解协议，原则上应当制作调解书，但也有可不制作调解书的情形；而二审、再审中达成调解协议，必须制作调解书。
>
> （2）当事人以民事调解书与调解协议的原意不一致为由提出异议，法院审查后认为异议成立的，应当根据调解协议裁定补正民事调解书的相关内容。

2. 不需要制作调解书的情形：

（1）调解和好的离婚案件；

（2）调解维持收养关系的案件；

（3）能够即时履行的案件；

（4）其他不需要制作调解书的案件。

上述第（4）种情形是指，当事人各方同意在调解协议上签名或者盖章后生效，经法院审查确认后，应当记入笔录或者将协议附卷，并由当事人、审判人员、书记员签名或者盖章后即具有法律效力。当事人请求制作调解书的，法院应当制作调解书送交当事人。当事人拒收调解书的，不影响调解协议的效力。一方不履行调解协议的，另一方可以持调解书向法院申请执行。

生效时间：双方当事人、审判人员、书记员在调解协议上签名或盖章后，调解即具有法律效力。该类案件，当事人请求制作调解书的，法院审查确认后可以制作调解书送交当事人。当事人拒收调解书，不影响调解协议的效力。

3. 当事人自行和解或调解达成协议后，请求法院按照和解协议或者调解协议的内容制作判决书的，法院不予准许。但无民事行为能力人的离婚案件和涉外民事诉讼除外。

（二）调解书签收的特殊规定

1. 对调解书的内容既不享有权利又不承担义务的当事人不签收调解书的，不影响调解书的效力。

2. 法院调解民事案件，需由无独立请求权第三人承担责任的，应当经其同意，该第三人在调解书送达前反悔的，法院应当及时裁判。

3. 担保人拒不签收调解书不影响调解书生效，担保的效力在符合担保法规定的条件时生效。

（三）调解的效力

1. 诉讼结束后，当事人不得以同一事实和理由再行起诉；

2. 调解协议或调解书发生效力后，当事人不得上诉；

3. 当事人在诉讼中争议的法律关系中的争议归于消灭，当事人之间实体上的权利义务关系依调解协议的内容予以确定；

4. 具有给付内容的调解书，具有强制执行力。当负有履行调解书义务的一方当事人未按调解书履行义务时，权利人可以根据调解书向法院申请强制执行。

第十九章　民事诉讼保障制度

第一节　期间

重要法条及司法解释

《民事诉讼法》第 82 ~ 83 条。

《最高人民法院关于适用〈中华人民共和国民事诉讼法〉的解释》第 125 ~ 129 条。

命题分析

期间以往偶有考查，不属于高频考点。以往的选择题既有表述题，也有小案例形式。考查内容集中在期间的计算以及期间的耽误和延展。期间涉及知识点不多，基本属于识记内容。客观而言，期间命题的概率较低，法考客观题复习应重点把握期间的分类、计算方法、期间延展的适用条件等知识点。

知识点精讲

一、期间的概念与种类

期间是指法院、诉讼参与人进行或完成某种诉讼行为应遵守的时间。狭义的期间是指期限，广义的期间包括期限和期日。

期限是指法院或诉讼参与人单独完成或进行某种诉讼行为的一段时间。

期日是指法院与当事人、其他诉讼参与人共同进行一定诉讼活动的日期。

期间包括法定期间和指定期间。法定期间包括绝对不可变期间和相对不可变期间。

理论点拨： 期间原则上为绝对不可变期间，除法律明文规定允许变动的例外情形，无论是法院还是诉讼参与人，都不得任意改变，即不适用中止、中断和延长的规定。如上诉期间、第三人撤销之诉的申请期间、当事人对生效判决、裁定和调解书申请再审期间等。

例 1　关于《民事诉讼法》对期间的规定，下列哪些选项是正确的？

A. 当事人申请再审的期间不适用中止、中断和延长的规定

B. 当事人提出证据的期间不适用中止、中断和延长的规定

C. 当事人申请执行的期间适用中止、中断和延长的规定

D. 当事人提起上诉的期间适用中止、中断和延长的规定

提示：《最高人民法院关于适用〈中华人民共和国民事诉讼法〉的解释》第127条明确规定，当事人申请再审期间属于绝对不可变期间，选项A正确；举证期限明确有延长的规定，选项B错误；《民事诉讼法》第239条规定，申请执行期间可适用中止、中断和延长的规定，选项C正确；《民事诉讼法》第164条规定的上诉期并无中止、中断和延长的规定，上诉期间属于绝对不可变期间，选项D错误。

二、期间的计算

1. 期间以时、日、月、年计算。期间开始的时和日，不计算在内。

举例言之，10月10日法院送达一审民事判决书，该案上诉期应从10月11日起算。

2. 期间届满的最后一日是节假日的，以节假日后的第一日为期间届满日。

> **特别提醒：**期间的开始日以及期间中遇有节假日，应当计算在期间内而不应扣除。

3. 期间不包括在途时间，诉讼文书在期满前交邮的，不算过期。

> **特别提醒：**在途时间指的是文书在途期间，不是“人在旅途”时间。

三、期间的耽误和延展

1. 申请事由：不可抗拒的事由或者其他正当理由耽误期限。

2. 申请期限：障碍消除后的10日内。

3. 决定主体：法院决定。

> **特别提醒：**期间的延展需要当事人申请，法院不能主动依职权顺延期限。

例2 关于《民事诉讼法》规定的期间制度，下列哪一选项是正确的？

A. 法定期间都属于绝对不可变期间

B. 涉外案件的审理不受案件审结期限的限制

C. 当事人从外地到法院参加诉讼的在途期间不包括在期间内

D. 当事人有正当理由耽误了期间，法院应当依职权为其延展期间

提示：期间可分为法定期间和指定期间，法定期间又可分为绝对不可变的期间和相对不可变的期间，选项A错误；审限制度只适用于国内民事诉讼案件，涉外案件不适用审限的规定，选项B正确；期间计算不包括诉讼文书的在途期间，但当事人进行诉讼行为的在途期间应当计算，选项C错误；期间耽误当事人可以申请顺延期，但法院不能依职权主动顺延期间，选项D错误。

例 3 根据《民事诉讼法》和民事诉讼理论，关于期间，下列哪一选项是正确的？

A. 法定期间都是不可变期间，指定期间都是可变期间

B. 法定期间的开始日及期间中遇有节假日的，应当在计算期间时予以扣除

C. 当事人参加诉讼的在途期间不包括在期间内

D. 遇有特殊情况，法院可依职权变更原确定的指定期间

提示：法定期间中相对不可变期间，遇有法定事由即可以变更。指定期间虽不应任意变更，但可以变更，选项 A 错误。法定期间开始日和期间中遇有节假日，无须扣除，选项 B 错误。期间计算不包括诉讼文书的在途期间，但当事人进行诉讼行为的在途期间应当计算，选项 C 错误。遇有特殊情况，法院可依职权变更原确定的指定期间，选项 D 正确。

第二节 送达

重要法条及司法解释

《民事诉讼法》第 84 ~ 92 条。

《最高人民法院关于适用〈中华人民共和国民事诉讼法〉的解释》第 130 ~ 141 条。

命题分析

本节中“送达方式”无疑是考查的重点，因电子送达是 2012 年民事诉讼法修正新增送达方式，直接促使本知识点考查频率提升。本知识点绝对属于考生不容错过的高性价比考点。

从考查形式来看，本节知识点主要以单项选择题形式命题，偶尔会对某种送达方式单独命题，绝大多数情况是将各类送达方式进行组合考查。纵观以往考题，考查内容基本是对七类送达方式适用条件的识记，难度较低。

从命题趋势分析，在法考客观题中可能会编制小案例继续对各类送达方式的适用条件以及送达类型的判断命题考查。

知识点精讲

送达是指法院依法定程序和方式将诉讼文书和法律文书送交当事人及其他诉讼参与人的行为。

一、送达方式

（一）直接送达

送达对象：受送达人；受送达人同住的成年家属；法人的法定代表人、其他组织的主要负责人、负责收件人；受送达人指定的代收人；诉讼代理人。

直接送达并不限于将文书送到当事人的住所等地；还可通知受送达人到法院领取（到

法院后拒绝签收送达回证，视为送达）。

> **特别提醒：**送达离婚案件诉讼文书，受送达人不在时，不可以交给作为其同住成年家属的另一方当事人代收。

（二）留置送达

适用情形：受送达人或者有资格接受送达的人拒绝接收诉讼文书；定期宣判时当事人拒绝签收判决书、裁定书。

送达流程：①邀请有关基层组织或者受送达人所在单位的代表到场，说明情况，在送达回证上记明拒收事由和日期，由送达人、见证人签名或者盖章，把诉讼文书留在受送达人的住所；②或者把诉讼文书留在受送达人的住所，并采用拍照、录像等方式记录送达过程。

> **特别提醒：**调解书不适用留置送达，但并非只能直接送达当事人本人；支付令可以留置送达。

（三）电子送达

1. 国内电子送达

送达方式：传真、电子邮件、移动通信等能够确认收悉的方式送达。

适用条件：①受送达人同意（应在送达地址确认书中确认）；②判决书、裁定书、调解书之外的其他诉讼文书。

> **特别提醒：**（1）法院不得强制适用电子送达；
> （2）受送达人口头同意不得适用电子送达；
> （3）即使受送达人同意，判决书、裁定书、调解书也不得适用电子送达。

2. 涉外电子送达

适用条件：①在中国境内没有住所的当事人；②能够确认受送达人收悉。

> **特别提醒：**（1）是否适用涉外送达与当事人的国籍无关，仅看其在中国境内是否有住所。
> （2）涉外电子送达无须受送达人同意，对送达文书类型也无限制。

（四）委托送达

适用条件：直接送达有困难。

委托对象：只能是其他法院。

时限要求：应当自收到委托函及相关诉讼文书之日起10日内代为送达。

（五）邮寄送达

适用情形：直接送达诉讼文书有困难。

送达日期确定：以邮件回执的收件日期为送达日期（不论邮件回执的收件日期与送达回证的收件日期是否一致，也不论送达回证是否寄回）。

（六）转交送达

转交送达的适用对象、委托主体均具有特定性。

适用对象	转交主体
军人。	所在部队团以上政治机关。
被监禁的人。	所在监所。
被采取强制性教育措施的人。	所在强制教育机构。

（七）公告送达

适用情形：①受送达人下落不明；②其他送达方法均无法送达。

公告期限：①国内诉讼发出公告之日起经过60日；②涉外诉讼发出公告之日起经过3个月。

> **特别提醒**：（1）适用简易程序案件，不适用公告送达；
> （2）支付令不适用公告送达。

例 甲起诉要求与妻子乙离婚，法院经审理判决不予准许。书记员两次到甲住所送达判决书，甲均拒绝签收。书记员的下列哪一做法是正确的？

A. 将判决书交给甲的妻子乙转交

B. 将判决书交给甲住所地居委会转交

C. 请甲住所地居委会主任到场见证并将判决书留在甲住所

D. 将判决书交给甲住所地派出所转交

提示：转交送达的适用对象仅限于军人、被监禁的人和被采取强制性教育措施的人，本案中法院不得对甲适用转交送达。选项A、B、D错误。判决书可以留置送达，选项C正确。

二、送达效力

1. 判决书、调解书的效力开始发生。

2. 有关诉讼期限开始计算。如上诉期。

3. 当事人及其他诉讼参与人知晓应在何时参加某一诉讼活动，若不参加，将承担相应法律后果。如被告接到传票传唤，无正当理由拒不到庭，可缺席判决；被告必须到庭的，可强制到庭。

4. 标志着有关诉讼法律关系的产生或消灭。如法院向被告送达起诉状副本，标志着法院与被告产生了诉讼上的法律关系。

第三节 保全

重要法条及司法解释

《民事诉讼法》第100、101、103、104条。

《最高人民法院关于适用〈中华人民共和国民事诉讼法〉的解释》第152～155、157、161～163、165～166条。

《最高人民法院关于法院办理财产保全案件若干问题的规定》第4、5、9、17、18、22、23条。

《最高人民法院关于审查知识产权纠纷行为保全案件适用法律若干问题的规定》第3、12条。

命题分析

保全中"保全的种类"和"保全的措施"是高频考点。2012年民事诉讼法修正，新增了行为保全制度，并将涉外财产保全与国内财产保全予以"并轨"规定，《最高人民法院关于适用〈中华人民共和国民事诉讼法〉的解释》又新增了执行前保全制度，这都直接促成对保全的频繁考查。

从考查形式来看，本节知识点既有单独命题，也有作为保全综合类试题的选项予以考查。以往考题大多采用案例题形式，偶尔采用表述题形式考查。本知识点涉及内容较多，命题人往往从细微处做文章，考查的知识点很琐碎。本知识点试题均属识记类考题，考生只要熟悉有关保全的相关规定，当可准确答题。

从命题趋势分析，2018年最高人民法院发布《最高人民法院关于审查知识产权纠纷行为保全案件适用法律若干问题的规定》，这无疑为接下来几年的命题提供了素材，考生在法考客观题复习中应特别留意。

知识点精讲

民事保全是指为保证执行将来的判决或者保证实现债权人权利，法院根据利害关系人的申请，或者依据职权，对相关财产采取保护措施，或者命令债务人为或者不为一定行为的制度。

一、保全的种类

（一）诉前保全

诉前保全是指在提起诉讼前，法院根据利害关系人的申请，对有关的财产采取保护措施或者对有关行为予以限制的制度。

1. 适用情形：利害关系人因情况紧急，不立即申请保全将会使其合法权益受到难以弥补的损害。

> **特别提醒：**诉前保全同样适用于仲裁前保全。

2. 启动方式：必须由利害关系人提出申请。

3. 管辖法院：被保全财产所在地、被申请人住所地或者对案件有管辖权的法院。

知识产权纠纷申请诉前行为保全，应当向被申请人住所地具有相应知识产权纠纷管辖权的法院或者对案件具有管辖权的法院提出。

4. 担保：利害关系人必须提供担保。

> **特别提醒：**诉前财产保全应当提供相当于请求保全数额的担保，情况特殊的，法院可酌情处理；诉前行为保全，担保数额由法院决定。

5. 裁定及执行：应在 48 小时内作出裁定，裁定后应立即执行。

（二）诉讼保全

诉讼保全是指在诉讼过程中，为了保证法院的判决能顺利实施，法院根据当事人申请，或者必要时依职权决定对有关财产采取保护措施或者对有关行为予以限制的制度。

1. 适用情形：可能因当事人一方的行为或者其他原因，使判决难以执行或者造成当事人其他损害。

2. 启动方式：由当事人提出申请，或者法院依职权决定适用。

3. 管辖法院：

（1）一审中保全，由受理案件的法院作出裁定并实施。

（2）上诉案件报送到二审法院前，由一审法院作出裁定并实施，应及时报送二审法院。

（3）二审中保全，由二审法院作出裁定，可以自行实施，也可委托一审法院实施。

（4）再审中保全，由再审法院作出裁定，可以自行实施，也可委托原审法院或者执行法院实施。

4. 担保：可以责令当事人提供担保。

> **特别提醒：**担保数额不超过请求保全数额的 30%，申请保全的财产系争议标的，担保数额不超过争议标的价值的 30%。

知识产权纠纷申请人申请行为保全的，应当依法提供担保。

法院责令担保，申请人不提供，裁定驳回保全申请。

申请保全人或第三人为财产保全提供财产担保的，应当向法院出具担保书。

第三人为财产保全提供保证担保的，应当向法院提交保证书。

5. 裁定及执行：应在接受财产保全申请 5 日内作出裁定；需要担保的，应在提供担保后 5 日内作出裁定；应在裁定后 5 日内开始执行。情况紧急的，必须在 48 小时内作出裁定，并立即开始执行。

6. 当事人对法院作出的保全裁定不服的，可以自收到裁定书之日起 5 日内向作出裁定的法院申请复议。法院应当在收到复议申请后10日内审查，裁定正确的，驳回当事人的申请；裁定不当的，变更或撤销原裁定。复议期间不停止裁定的执行。

利害关系人对保全裁定不服，向作出裁定的法院申请复议一次，复议期间不停止裁定的执行。

7. 范围：财产保全限于请求的范围或与本案有关的财物。

行为保全的适用范围限于金钱请求以外的请求，通常是请求相对人为一定行为（作为）或不为一定行为（不作为）。作为方面，包括转移所有权、交付特定物等各类行为；不作为方面，主要包括排除妨碍、停止侵害等行为。所有行为，都必须限于与本案请求有关的事项。

例1 A地甲公司与B地乙公司签订买卖合同，约定合同履行地在C地，乙到期未能交货。甲多次催货未果，便向B地基层人民法院起诉，要求判令乙按照合同约定交付货物，并支付违约金。法院受理后，甲得知乙将货物放置于其设在D地的仓库，并且随时可能转移。下列哪些选项是错误的？

A. 甲如果想申请财产保全，必须向货物所在地的D地基层人民法院提出

B. 甲如果要向法院申请财产保全，必须提供担保

C. 受诉法院如果认为确有必要，可以直接作出财产保全裁定

D. 法院受理甲的财产保全申请后，应当在48小时内作出财产保全裁定

提示： 题干中法院已受理案件，本题考查的是诉讼中财产保全。诉讼中财产保全应由受理案件的法院管辖，甲应向B地基层人民法院提出申请，选项A错误。诉讼中保全法院可以要求提供担保，而非必须提供担保，选项B错误。诉讼中财产保全可以由法院依职权裁定适用，选项C表述正确。“情况紧急”是指法院不立即采取措施，将可能导致执行财产减损。本题中虽然乙放置于D地仓库的货物随时可能转移，但即便货物转移，也不一定会导致判决无法执行。该情况不属于情况紧急，法院不必在48小时内作出裁定，选项D错误。本题答案为选项A、B、D。

（三）执行前保全

1. 适用情形：法律文书生效后，进入执行程序前，债权人因对方当事人转移财产等紧急情况，将可能导致生效法律文书不能执行或者难以执行。

2. 启动方式：由债权人提出申请。

3. 管辖法院：向执行法院申请采取保全措施。

4. 担保：债权人申请财产保全，法院可以不要求提供担保。

上述有关三类保全的规定可通过下表来理解和记忆：

不同点	诉前保全	诉讼中保全	执行前保全
申请时间。	提起诉讼或者申请仲裁前。	诉讼过程中。	法律文书生效后，进入执行程序前。
启动主体。	利害关系人。	当事人/法院。	债权人。

续表

不同点	诉前保全	诉讼中保全	执行前保全
管辖法院。	被保全财产所在地、被申请人住所地或者对案件有管辖权的法院。	一审、上诉案件报送到二审法院前为案件的一审审理法院。	执行法院。
担保。	应当提供担保。	可以责令提供担保。	可以不要求提供担保。
裁定与执行时限。	应在48小时内作出裁定，并立即执行。	5日内作出裁定，5日内执行；情况紧急时，应在48小时内作出保全裁定，并立即开始执行。	
解除条件。	法院采取保全措施后30日内不依法提起诉讼或者申请仲裁。	财产纠纷案件，被申请人提供担保。	债权人在法律文书指定的履行期间届满后5日内不申请执行。

注意：无论是诉前保全还是诉讼保全，法院责令提供担保的，都应当书面通知。

例2 关于涉外民事诉讼及仲裁中相关问题的说法，下列哪一选项是错误的?

A. 涉外民事诉讼的财产保全，只能依申请开始，法院不能依职权进行

B. 涉外财产保全中的诉前财产保全，法院可以责令申请人提供担保

提示：2012年民事诉讼法修正，国内民事诉讼和涉外民事诉讼的财产保全制度不再有区别。诉讼中财产保全，既可以依申请开始，也可以依职权开始。选项A表述错误。诉前财产保全，应当责令申请人提供担保。选项B表述错误。

二、保全的措施

（一）财产保全措施

1. 一般措施

查封、扣押、冻结或法律规定的其他方法。

2. 保全财产的保管

原则上由法院保管，不宜由法院保管的，法院可以指定被保全人负责保管；不宜由被保全人保管的，可以委托他人或者申请保全人保管。

查封、扣押、冻结担保物权人占有的担保财产，一般由担保物权人保管；由法院保管时，质权、留置权不因采取保全措施而消灭。

3. 保全财产的处分

被查封、扣押的财产，原则上任何人都不得使用、处分，但被查封、扣押物是不动产或特定动产，若由法院指定被保全人负责保管，继续使用对该财产的价值无重大影响，可以允许被保全人继续使用。

财产保全期间，被保全人请求对被保全财产自行处分，法院经审查，认为不损害申请

保全人和其他执行债权人合法权益，可以准许，但应当监督被保全人按照合理价格在指定期限内处分，并控制相应价款。

被保全人请求自行处分作为争议标的的被保全财产，须经申请保全人同意。法院准许被保全人自行处分被保全财产，应当通知保全人；申请保全人不同意，可以提出执行行为异议。

4. 保全措施与担保物权的关系

法院对抵押物、质押物、留置物可以采取财产保全措施，但不影响抵押权人、质权人、留置权人的优先受偿权。

例3 甲公司以乙公司为被告向法院提起诉讼，要求乙公司支付拖欠的货款100万元。在诉讼中，甲公司申请对乙公司一处价值90万元的房产采取保全措施，并提供担保。一审法院在作出财产保全裁定之后发现，乙公司在向丙银行贷款100万元时已将该房产和一辆小轿车抵押给丙银行。关于本案，下列哪一说法是正确的？

A. 一审法院不能对该房产采取保全措施，因为该房产已抵押给丙银行

B. 一审法院可以对该房产采取保全措施，但是需要征得丙银行的同意

C. 一审法院可以对该房产采取保全措施，但是丙银行仍然享有优先受偿权

D. 一审法院可以对该房产采取保全措施，同时丙银行的优先受偿权丧失

提示：法院对抵押物、质押物、留置物可以采取财产保全措施，但不影响抵押权人、质权人、留置权人的优先受偿权。选项C为正确答案。

（二）行为保全措施

被请求人不履行法院发出的命令或强制令，法院可以采取强制措施，迫使其履行，或者采取替代性方式，确保权利人权利受到保护，相关费用由被请求人承担。

（三）财产保全措施的延续与解除

1. 财产保全措施的延续

（1）自动续延

利害关系人申请诉前财产保全，在法院采取保全措施后30日内依法提起诉讼或者申请仲裁的，诉前财产保全措施自动转为诉讼或仲裁中的保全措施；进入执行程序后，保全措施自动转为执行中的查封、扣押、冻结措施。

（2）申请续延

申请保全人申请续行财产保全，应当在保全期限届满7日前向法院提出；逾期申请或者不申请，自行承担不能续行保全的法律后果。

2. 财产保全措施的解除

（1）被保全人申请解除保全的情形

财产纠纷案件，被保全人或第三人提供充分有效担保请求解除保全，法院应当裁定准许。被保全人请求对作为争议标的的财产解除保全的，须经申请保全人同意。

（2）申请保全人申请解除保全的情形

①采取诉前财产保全措施后30日内不依法提起诉讼或者申请仲裁的；

②仲裁机构不予受理仲裁申请、准许撤回仲裁申请或者按撤回仲裁申请处理的；

③仲裁申请或者请求被仲裁裁决驳回的；

④其他法院对起诉不予受理、准许撤诉或者按撤诉处理的；

⑤起诉或者诉讼请求被其他法院生效裁判驳回的；

⑥申请保全人应当申请解除保全的其他情形。

申请保全人未及时申请法院解除保全，应当赔偿被保全人因财产保全所遭受的损失。

(3) 解除执行前保全的情形

债权人在法律文书指定的履行期间届满后5日内不申请执行的，法院应当解除保全。

(4) 解除保全的时限

法院收到解除保全申请后，应当在5日内裁定解除保全；对情况紧急的，必须在48小时内裁定解除保全。

> **注意：**解除保全的时限和诉讼中裁定保全的时限相同。

(四) 行为保全的程序

行为保全制度目的不在保护财产，因此行为保全措施不因被申请人提供担保而解除。

知识产权纠纷中法院采取行为保全措施，一般不因被申请人提供担保而解除，但是申请人同意的除外。

第四节　先予执行

重要法条及司法解释

《民事诉讼法》第100～108条。

《最高人民法院关于适用〈中华人民共和国民事诉讼法〉的解释》第152～173条。

命题分析

先予执行的考查频率较低，以往试题主要采用表述题形式命制，主要围绕先予执行的适用范围、适用条件以及先予执行与保全的对比等知识予以考查。只要准确把握上述重点内容，即可轻松应对客观题考试要求。

知识点精讲

一、先予执行概念和适用范围

(一) 概念

先予执行是指法院在终局判决之前，为解决权利人生活或生产经营的急需，依法裁定义务人预先履行义务的制度。

（二）适用范围

1. 追索赡养费、扶养费、抚育费、抚恤金、医疗费用的案件。

2. 追索劳动报酬的案件。

3. 因情况紧急需要先予执行的案件。

（1）需要立即停止侵害，排除妨碍的；

（2）需要立即制止某项行为的；

（3）追索恢复生产、经营急需的保险理赔费的；

（4）需要立即返还社会保险金、社会救助资金的；

（5）不立即返还款项，将严重影响权利人生活和生产经营的。

记忆口诀：先予执行适用于“四费一金一酬”案件。

（三）适用条件

1. 当事人之间权利义务关系明确。

2. 申请人有实现权利的迫切需要。即如果申请人不预先实现有关权利，则其生活或生产就会遇到极大的困难。

3. 当事人向法院提出了申请。

特别提醒：法院不能依职权裁定采取先予执行措施。

4. 被申请人有履行的能力。只有被申请人具有履行能力，申请人的申请才有可能实现，法院作出的先予执行的裁定才有实际意义。

例 关于财产保全和先予执行，下列哪些选项是正确的？

A. 二者的裁定都可以根据当事人的申请或法院依职权作出

B. 二者适用的案件范围相同

C. 当事人提出财产保全或先予执行的申请时，法院可以责令其提供担保，当事人拒绝提供担保的，驳回申请

D. 对财产保全和先予执行的裁定，当事人不可以上诉，但可以申请复议一次

提示：诉讼中财产保全可以依当事人申请或法院依职权作出，但诉前财产保全和先予执行，必须依当事人申请作出，选项A错误；就两者适用范围而言，财产保全的范围只需限于诉讼请求的范围或与本案有关的财物即可，但是，先予执行的范围则有更多的限制条件，选项B错误；采取诉讼财产保全的法院可以责令提出担保，申请人不提供担保的，法院驳回申请；先予执行时，法院认为有必要让申请人提供担保的，可以责令申请人提出担保，申请人不提供的，法院驳回申请，选项C正确；《民事诉讼法》第108条规定，当事人对财产保全或者先予执行的裁定不服的，可以申请复议一次，选项D正确。

二、先予执行的程序

（一）申请

先予执行的申请由权利人向受诉法院以书面的形式提出，法院不能依职权主动采取。

当事人申请先予执行的，法院认为有必要让申请人提供担保的，可以责令申请人提供担保，当事人不提供担保的，驳回申请。

（二）裁定及执行

法院审查后对符合条件的申请，应当及时作出先予执行的裁定。

裁定送达后即发生法律效力，当事人对先予执行裁定不服的，可以自收到裁定书之日起5日内向作出裁定的法院申请复议，复议不停止原裁定的执行。

（三）最终处理

权利人胜诉，先予执行正确的，法院应当在判决中说明权利人应享有的权利在先予执行中已得到全部或部分的实现。

权利人败诉，先予执行错误的，法院应当在判决中指出先予执行是错误的，责令申请人返还因先予执行所取得的利益或裁定采取执行回转措施强制执行，被申请人因先予执行遭受损失的，申请人应当赔偿。

第五节 对妨害民事诉讼的强制措施

重要法条及司法解释

《民事诉讼法》第109～117条。

《最高人民法院关于适用〈中华人民共和国民事诉讼法〉的解释》第174～193条。

命题分析

本节包括五类妨害民事诉讼的强制措施，考查频率不高，从未单独命题，全部与其他诉讼制度搭配考查。考题主要涉及各类强制措施的适用条件，或者给定案例让考生判断能否适用民事诉讼强制措施。考生在复习时，应重点把握各类妨害民事诉讼行为及其妨害民事诉讼强制措施的适用条件。

知识点精讲

一、对妨害民事诉讼的强制措施

对妨害民事诉讼的强制措施是指在民事诉讼中，对有妨害民事诉讼秩序行为的行为人采取的排除其妨害民事诉讼行为的一种强制措施。

二、妨害民事诉讼行为

妨害民事诉讼的行为是指在民事诉讼过程中，行为主体故意破坏和扰乱正常的诉讼秩序，妨碍民事诉讼活动正常进行的行为。

（一）构成要件

1. 行为主体。案件当事人、其他诉讼参与人、案外人。
2. 行为人实施了妨害民事诉讼的行为。
3. 行为人具备主观上的故意。
4. 行为一般是在诉讼过程中。

（二）种类

1. 必须到庭的当事人，经两次传票传唤，无正当理由拒不到庭。
2. 违反法庭规则、扰乱法庭秩序的行为。
3. 以暴力、威胁或者其他方法阻碍司法工作人员执行职务的行为。
4. 故意串通，非法勾结，利用诉讼程序和执行程序骗取文书，侵害他人权益、国家利益和社会公共利益的行为。
5. 有义务协助调查、执行的单位或组织拒不履行协助义务。

三、对妨害民事诉讼强制措施的种类

（一）拘传

适用对象：必须到庭的当事人（负有赡养、抚育、抚养义务和不到庭就无法查清案情的被告；必须到庭才能查清案情基本事实的原告）。

适用程序：经2次传票传唤，无正当理由拒不到庭；由院长签发拘传票。

（二）训诫与责令退出法庭

训诫是法院对妨害民事诉讼秩序行为较轻的人，以口头方式予以严肃的批评教育，并指出其行为的违法性和危害性，令其以后不得再犯的一种强制措施。

责令退出法庭是指法院对违反法庭规则的人，强制其离开法庭的措施。

> **特别提醒**：训诫和责令退出法庭的适用由合议庭或独任法官决定，无须院长批准。

（三）罚款与拘留

1. 适用程序：均需要由院长批准，使用决定书；法院对被拘留人采取拘留措施后，应当在24小时内通知其家属；确实无法按时通知或通知不到的，应当记录在案。

2. 救济方式：对罚款和拘留决定不服，可以向上一级法院复议一次，复议期间不停止原决定的执行。

3. 处罚幅度：

拘留。15日以下，拘留期间如果承认且改正错误的，法院可以决定提前解决拘留。

罚款。对个人为10万元以下；对单位为5万元以上，100万元以下。

单位有妨碍诉讼、妨碍执行行为的，法院应当对该单位进行罚款，并可以对其主要负责人或者直接责任人员予以罚款、拘留；构成犯罪的，依法追究刑事责任。

有义务协助法院调查、执行的单位拒不协助的，对单位予以罚款，对主要负责人或者直接责任人员予以罚款；仍不履行义务的，可以予以拘留；并可以向监察机关或者有关机关提出纪律处分的司法建议。

例 1 法院开庭审理时一方当事人未到庭，关于可能出现的法律后果，下列哪些选项是正确的?

D. 采取强制措施拘传未到庭的当事人到庭

提示： 如果必须到庭的当事人经 2 次传票传唤，无正当理由拒不到庭，可以拘传。因此，选项 D 正确。

例 2 王某将王乙告到法院，要求王乙每月支付给自己赡养费 500 元。诉讼过程中，Y 省适逢十年不遇的冰雪天气，王某急需生煤炉取暖，但已无钱买煤。王某听说王乙准备把自己存折上 3000 多元钱转到一个朋友的账户上。对此，王某可以向法院申请采取的措施是:

A. 对妨害民事诉讼的强制措施

提示： 在本案诉讼过程中，被告王乙准备把自己存折上 3000 多元钱转到一个朋友账户上，“准备”是关键，其行为尚不属于妨害民事诉讼行为，故选项 A 错误。如果法院判决王乙承担责任，王乙为逃避执行转移财产，则另当别论。

第二十章　第一审普通程序

第一节　起诉与受理

重要法条及司法解释

《民事诉讼法》第 119～124 条。

《最高人民法院关于适用〈中华人民共和国民事诉讼法〉的解释》第 208～212、214～219、247、248 条。

命题分析

“起诉与受理”解决的是民事诉讼“入口”问题，具有重要的理论和实践价值，也成为本学科当之无愧的高频考点。

从考查形式来看，本知识点主要以各类选择题形式命制。本节知识点绝大多数试题采用单独命题模式。从考查内容来看，本知识点包括“起诉”和“受理”两个高频考点，两个考点又包括诸多子考点，因此以往试题考查范围广，集中度不高，重点不突出。本章的难点是对起诉实质条件的理解以及重复起诉的认定。

考生在法考客观题复习时，应重点把握受理和不予受理的法定情形、驳回诉讼请求与驳回起诉区别、重复起诉的认定等知识点。

知识点精讲

一、起诉

（一）概念

民事诉讼中的起诉，是指当事人认为自己的民事权利或依法由自己管理、支配的民事权益受到侵害或与他人发生纠纷时，以自己的名义向法院提出诉讼请求，要求法院通过审判予以保护的诉讼行为。

> **理论点拨：**司法具有被动性，奉行“不告不理”原则。没有当事人的起诉行为，法院不得启动民事审判程序。

（二）起诉条件

1. 原告是与本案有直接利害关系的公民、法人和其他组织。

原告必须具备两个条件：①原告具有民事诉讼权利能力（当事人能力），包括公民、法人和其他组织；②原告是适格当事人。

2. 有明确的被告。

明确的被告是指原告在起诉时必须在起诉状中载明被谁侵害了民事权益或者与谁发生民事纠纷。

原告提供被告的姓名或者名称、住所等信息具体明确，足以使被告与他人相区别的，可以认定为有明确的被告。

3. 有具体的诉讼请求和事实、理由。

> **理论点拨：**基于处分权的要求，原告的诉讼请求划定了法院裁判的范围。因此原告必须提出具体的诉讼请求。具体而言，原告起诉时必须明确指出请求法院以何种形式、保护何种权利，请求法院判令被告承担何种义务。

4. 属于法院受理民事诉讼的范围和受诉法院管辖。

具体而言：①原告起诉的纠纷属于法院主管范围；②当事人应向对案件有管辖权的法院起诉。

（三）起诉方式

以书面起诉为原则，以口头起诉为例外。即原告起诉应当向法院递交起诉状，并按照被告人数提出副本。书写起诉状确有困难的，可以口头起诉，由法院记入笔录，并告知对方当事人。

（四）民事起诉状的内容

1. 当事人的基本情况：

原告的姓名、性别、年龄、民族、职业、工作单位、住所、联系方式，法人或者其他组织的名称、住所和法定代表人或者主要负责人的姓名、职务、联系方式；被告的姓名、性别、工作单位、住所等信息，法人或者其他组织的名称、住所等信息。

2. 原告的诉讼请求，以及诉讼请求所依据的事实和理由。

3. 证据和证据来源，证人姓名和住所。

4. 受诉法院的名称、起诉时间、起诉人签名或盖章。

例 1　关于民事起诉状应当包括的内容，下列哪些选项是正确的？

A. 双方当事人的基本情况　　B. 案由

C. 诉讼请求　　D. 证据和证据来源

提示：案由不是起诉状包括的内容，选项 A、C、D 正确。

二、受理

（一）法院对起诉的审查

1. 形式审查

法院应审查起诉状有无遗漏或错误，如果有，应当通知当事人予以补充。

起诉状列写被告信息不足以认定明确的被告的，法院可以告知原告补正。原告补正后仍不能确定明确的被告的，法院裁定不予受理。

原告在起诉状中有谩骂和人身攻击之辞的，法院应当告知其修改后提起诉讼。

2. 起诉条件的审查

法院对原告的起诉是否符合《民事诉讼法》第119条规定进行审查。

（二）立案登记

立案登记是指法院经过审查，认为原告的起诉符合民事诉讼法规定的起诉条件，从而决定予以立案审理的行为。

原告起诉行为，并不必然导致诉讼程序的启动，起诉经法院审查并立案登记后，诉讼程序才会真正启动。

法院接到起诉状后的处理	符合起诉条件，且不属于不予受理情形。	登记立案。
	当场不能判定是否符合起诉条件。	接收起诉材料，出具书面凭证。
	需要补充必要相关材料。	及时告知当事人。
	补齐相关材料后。	7日内决定是否立案。
	立案后发现不符合起诉条件或者属于不予受理情形。	裁定驳回起诉。

（三）受理的法律效果

1. 受诉法院依法取得案件的审判权

法院受理后，有权对案件进行审理并作出判决。

2. 受诉法院对该案取得排他性管辖权

法院受理原告的起诉后，其他法院对该案不得行使管辖权，当事人也不得重复起诉。

3. 当事人诉讼地位确定

原告、被告诉讼地位明确，依法享有诉讼权利，履行诉讼义务。

特别提醒：诉讼时效中断是起诉而非受理的法律效果。

（四）法院审查后的处理方式

适用情形	处理方式	救济措施
起诉符合法定条件。	7日内立案，并通知当事人。	
起诉不符合法定条件。	7日内裁定不予受理。	裁定送达之日起10日内上诉。
立案后发现不符合起诉条件。	裁定驳回起诉。	裁定送达之日起10日内上诉。

知识拓展：不予受理、驳回起诉与驳回诉讼请求的区别

（1）不予受理和驳回起诉适用的情形相同，均适用于起诉不符合法定条件；两者均适用裁定书；对裁定不服当事人均可以上诉或再审救济。但两者适用的时间节点不同：法院受理之前发现不符合起诉条件，应当裁定不予受理；法院受理之后发现不符合起诉条件，只能裁定驳回起诉。

（2）驳回起诉和驳回诉讼请求均可通过上诉救济，两者存在明显的区别：

不同点	驳回起诉	驳回诉讼请求
解决事项。	解决起诉是否符合法定受理条件的程序性问题。	解决案件实体性问题。
法律依据。	民事诉讼法。	民事实体法。
文书类型。	裁定书。	判决书。
上诉期限。	10 天。	15 天。
能否再次起诉。	符合条件可以再行起诉。	不得再行起诉。

（五）对当事人起诉时特殊情况的处理

1. 法院不予受理的情形

（1）属于行政诉讼受案范围的，告知原告提起行政诉讼；

（2）双方当事人达成书面仲裁协议申请仲裁、不得向法院起诉，告知原告向仲裁机构申请仲裁；

（3）依照法律规定，应当由其他机关处理的争议，告知原告向有关机关申请解决；

（4）对不属于本院管辖的案件，告知原告向有管辖权的法院起诉；

（5）对判决、裁定、调解书已经发生法律效力的案件，当事人又起诉的，告知原告申请再审，但法院准许撤诉的裁定除外；

（6）依照法律规定，在一定期限内不得起诉的案件，在不得起诉的期限内起诉的，不予受理；

（7）判决不准离婚和调解和好的离婚案件，判决、调解维持收养关系的案件，没有新情况、新理由，原告在6个月内又起诉的，不予受理；原告撤诉或者按撤诉处理的离婚案件，没有新情况、新理由，六个月内又起诉的，法院不予受理。

特别提醒：上述三个条件任何一个发生变化都应当受理，具体而言，出现新情况、新理由，或者被告起诉，或者6个月后起诉都不受上述规定的限制。

2. 法院应予受理的情形

（1）裁定不予受理、驳回起诉的案件，原告再次起诉，符合起诉条件且不属于不予受理情形的，法院应予受理。

（2）当事人达成的仲裁条款或者仲裁协议不成立、无效、失效、内容不明确无法执行的，法院应当依法受理当事人的起诉。

（3）夫妻一方下落不明，另一方诉至法院，只要求离婚，不申请宣告下落不明人失踪

或者死亡的案件，法院应当受理，对下落不明人公告送达诉讼文书。

(4) 赡养费、扶养费、抚育费案件，裁判发生法律效力后，因新情况、新理由，一方当事人再行起诉要求增加或者减少费用的，法院应作为新案受理。

例 2 王某早年丧妻，独自一人将两个儿子和一个女儿养大成人。2000 年以来，王某的日常生活费用主要来自大儿子王甲每月给的 800 元生活费。2003 年 12 月，由于物价上涨，王某要求二儿子王乙每月也给一些生活费，但王乙以自己没有固定的工作、收入不稳定为由拒绝。于是，王某将王乙告到法院，要求王乙每月支付给自己赡养费 500 元。本案于 2004 年 6 月调解结案，王某生活费有了增加。但 2008 年 3 月后，由于王某经常要看病，原调解书确定王乙所给的赡养费用及王甲所给费用已经不足以维持王某的日常开支，王某欲增加赡养费。对此，王某可以采取的法律措施是：

A. 增加诉讼请求，要求法院对原来的案件继续审理

B. 申请对原来的案件进行再审

C. 另行提起诉讼

D. 根据一事不再理的原则，王某不可以要求继续审理或申请再审，也不可以另行起诉，只可以协商解决

提示： 赡养费、扶养费、抚育费案件，裁判发生法律效力后，因新情况、新理由，一方当事人再行起诉要求增加或减少费用的，法院应作为新案受理。选项 C 正确。

(5) 当事人超过诉讼时效期间起诉的，法院应予受理。受理后对方当事人提出诉讼时效抗辩，法院经审理认为抗辩事由成立的，判决驳回原告的诉讼请求。

(6) 裁判发生法律效力后，发生新的事实，当事人再次提起诉讼的，法院应当依法受理。

(7) 原告撤诉或者法院按撤诉处理后，原告以同一诉讼请求再次起诉的，法院应予受理。但是，在二审程序或在再审程序中，经其他当事人同意原审原告撤回起诉的除外。

例 3 关于起诉与受理的表述，下列哪些选项是正确的？

A. 法院裁定驳回起诉的，原告再次起诉符合条件的，法院应当受理

B. 法院按撤诉处理后，当事人以同一诉讼请求再次起诉的，法院应当受理

C. 判决不准离婚的案件，当事人没有新事实和新理由再次起诉的，法院一律不予受理

D. 当事人超过诉讼时效起诉的，法院应当受理

提示： 裁定驳回起诉只是程序判断，不涉及实体内容，原告再次起诉符合条件，法院应当受理，选项 A 正确；法院按撤诉处理后，原告以同一诉讼请求再次起诉，法院应当受理，选项 B 正确；判决不准离婚，当事人没有新情况、新理由再次起诉，如果是对方当事人起诉或者 6 个月后起诉，法院均应受理，选项 C 错误；当事人超过诉讼时效起诉，法院应当受理，选项 D 正确。

(六) 重复起诉

1. 构成重复起诉的条件

(1) 后诉与前诉当事人相同；

(2) 后诉与前诉标的相同；

（3）后诉与前诉的诉讼请求相同，或者后诉的诉讼请求实质上否定前诉裁判结果。

> **特别提醒：**后诉与前诉当事人相同，并非是当事人诉讼地位相同。

2. 重复起诉的处理

当事人重复起诉的，裁定不予受理；已经受理的，裁定驳回起诉，但法律、司法解释另有规定的除外。

第二节　开庭审理

重要法条及司法解释

《民事诉讼法》第125～149条。

《最高人民法院关于适用〈中华人民共和国民事诉讼法〉的解释》第224～232条。

命题分析

本节包括审理前准备和开庭审理两个程序阶段，以往偶有考查。考查内容主要涉及对具体办案流程的考查。为了防止命题人“打冷枪”，在复习时，应重点对各程序阶段的具体流程予以把握。无须死记硬背，只需熟悉大体程序流程即可。

知识点精讲

一、审理前的准备

1. 在法定期间内送达诉讼文书。

2. 确定举证期限。

3. 召集庭前会议：

（1）明确原告的诉讼请求和被告的答辩意见；

（2）审查处理当事人增加、变更诉讼请求的申请和提出的反诉，以及第三人提出的与本案有关的诉讼请求；

（3）根据当事人的申请决定调查收集证据，委托鉴定，要求当事人提供证据，进行勘验，进行证据保全；

（4）组织交换证据；

（5）归纳争议焦点；

（6）进行调解。

4. 选择审理案件所适用的程序：

（1）当事人没有争议，符合督促程序规定条件的，可以转入督促程序；

（2）开庭前可以调解的，采取调解方式及时解决纠纷；

（3）根据案件情况，确定适用简易程序或者普通程序；

（4）需要开庭审理的，通过要求当事人交换证据等方式，明确争议焦点。

二、开庭审理

（一）宣布开庭

1. 书记员查明当事人和其他诉讼参与人是否到庭，同时宣布法庭纪律。
2. 审判长宣布开庭，核对当事人身份，宣布案由和审判人员、书记员名单。
3. 告知当事人有关诉讼权利义务，并询问当事人是否提出回避申请。

> **特别提醒：**当事人是否到庭，由书记员查明；但核对当事人身份，由审判长负责。

（二）法庭调查

法庭调查按下列顺序进行：

（1）当事人陈述；

（2）告知证人的权利义务，证人作证，宣读未到庭的证人证言；

（3）出示书证、物证、视听资料和电子数据；

（4）宣读鉴定意见；

（5）宣读勘验笔录。

> **记忆口诀：**大体遵循“先活证、后死证”的顺序进行法庭调查。

（三）法庭辩论

法庭辩论大体按照原告、被告、第三人依次发言的顺序进行。

法庭辩论终结，由审判长按照原告、被告、第三人的先后顺序征询各方最后意见。

> **特别提醒：**法院根据案件具体情况并征得当事人同意，可以将法庭调查和法庭辩论合并进行。

（四）宣判

法院对公开审理或者不公开审理的案件，一律公开宣告判决。

当庭宣判的，应当在10日内发送判决书；定期宣判的，宣判后立即发给判决书。

宣告判决时，必须告知当事人上诉权利、上诉期限和上诉的法院。

宣告离婚判决，必须告知当事人在判决发生法律效力前不得另行结婚。

上述内容，可用下表来概括，具体如下：

程序阶段	工作流程
审理前准备阶段。	法定期间内送达诉讼文书。
	告知当事人诉讼权利义务及合议庭组成人员。
	确定举证期限。
	召集庭前会议。
	审阅诉讼材料。
	调查收集必要的证据。
	追加当事人。
	选择审理案件适用程序。
开庭审理阶段。	庭审准备（告知当事人及其他诉讼参与人出庭日期、发布开庭审理公告）。
	开庭审理（宣布开庭、法庭调查、法庭辩论、合议庭评议和宣判）。

三、审理期限

法院适用普通程序审理的案件，应当在立案之日起6个月内审结。有特殊情况需要延长的，由本院院长批准，可以延长6个月；还需要延长的，报请上级法院批准。

例1 关于民事案件的开庭审理，下列哪一选项是正确的？

A. 开庭时由书记员核对当事人身份和宣布案由

B. 法院收集的证据是否需要进行质证，由法院决定

C. 合议庭评议实行少数服从多数，形成不了多数意见时，以审判长意见为准

D. 法院定期宣判的，法院应当在宣判后立即将判决书发给当事人

提示：《民事诉讼法》第137条规定，由审判长核对当事人，宣布案由，选项A错误；法院依当事人申请收集的证据，需要进行质证，选项B错误；合议庭评议时实行少数服从多数的原则，评议结果及不同意见应当如实记入评议笔录，选项C错误；《民事诉讼法》第134条第2款规定，当庭宣判的，应当在10日内发送判决书；定期宣判的，宣判后立即发给判决书，选项D正确。

例2 中级人民法院审理案件均须以开庭审理的方式进行。

提示：各级法院审理第一审案件必须开庭审理，但审理第二审案件可以径行判决、裁定。中级人民法院审理的案件有可能是第一审案件，也有可能是第二审案件。本说法错误。

第三节 审理中的特殊情形

重要法条及司法解释

《民事诉讼法》第143～146、150、151条。

《最高人民法院关于适用〈中华人民共和国民事诉讼法〉的解释》第213、234～239、241、246条。

命题分析

“审理中的特殊情形”绝对是考试的“富矿区”，几乎达到每年必考的程度，包括五类具体诉讼制度。其中，对撤诉、缺席判决、诉讼中止和诉讼终结考查频率较高。

从考查形式来看，本节知识点主要通过各类选择题形式命制，除了单独命题之外，还有一种常见的考查方式是将各类审理中的特殊情形搭配考查。从考查内容来看，本知识点主要围绕民事诉讼法规定的审理中特殊情形的识别进行命题，题目以识记和简单应用类为主，难度不高。

从命题趋势分析，本节内容深得命题人喜爱，在选择题中已连续多年命题，未来继续考查的可能性依然较高。

知识点精讲

一、撤诉

（一）概念

撤诉是指在法院受理案件之后、宣告判决之前，当事人要求撤回起诉的行为。

撤诉是当事人对其诉讼权利行使处分权的产物，包括申请撤诉和按撤诉处理两种情形。

（二）申请撤诉

1. 申请撤诉必须有合格的主体。

原告、有独立请求权第三人和提出反诉的被告，法定代理人以及经特别授权的委托诉讼代理人。

2. 申请撤诉必须出于当事人自愿。
3. 撤诉应当在案件受理后，判决宣告前提出。
4. 撤诉必须法院审查同意。

（三）按撤诉处理的情形

1. 原告经传票传唤，无正当理由拒不到庭的，或者未经法庭许可中途退庭。

> **特别提醒：**有独立请求权第三人、反诉的被告也适用此情形。

2. 原告应当预交而未预交案件受理费，法院通知后仍不预交或者申请减、缓、免未获批准而仍不预交。

3. 无民事行为能力的原告的法定代理人，经传票传唤无正当理由拒不到庭。

（四）有独立请求权第三人参加诉讼后原告撤诉

有独立请求权的第三人参加诉讼后，原告申请撤诉，法院在准许原告撤诉后，有独立请求权的第三人作为另案原告，原案原告、被告作为另案被告，诉讼继续进行。

（五）撤诉的法律后果

1. 诉讼程序终结。法院裁定撤诉或按撤诉处理后，法院不再对案件继续审理和判决。

2. 诉讼费用由撤诉的当事人负担。减半收取案件受理费。

3. 诉讼时效重新开始计算。法院裁定准许撤诉之日起，诉讼时效重新开始计算。

4. 原告可以再次起诉。撤诉案件法院并未作出实体处理，原告可以就该纠纷再次起诉。但离婚案件撤诉后再次起诉要受到限制。

二、缺席判决

（一）概念

缺席判决是指法院在一方当事人无正当理由拒不参加庭审或者未经许可中途退庭的情况下，依法对案件所作的判决。

（二）适用情形

1. 被告经传票传唤，无正当理由拒不到庭的，或者未经法庭许可中途退庭。

> **知识拓展：**适用缺席判决的被告，应当是非必须到庭的被告。必须到庭的被告是指负有赡养、抚育、扶养义务和不到庭就无法查清案情的被告。如果是必须到庭的被告未到庭，法院先延期审理，并继续发传票，经两次传票传唤无正当理由拒不到庭时，可以拘传。

2. 法院裁定不准许撤诉，原告经传票传唤，无正当理由拒不到庭。

3. 被告提出反诉后，原告无正当理由拒不到庭的，或者未经法庭许可中途退庭。

4. 无民事行为能力的被告的法定代理人，经传票传唤无正当理由拒不到庭。

5. 无独立请求权的第三人经法院传票传唤，无正当理由拒不到庭，或者未经法庭许可中途退庭，不影响案件的审理。法院判决无独立请求权第三人承担责任时，相当于缺席判决。

6. 无民事行为能力人的离婚诉讼，当事人的法定代理人应当到庭；法定代理人不能到庭的，法院应当在查清事实的基础上，依法作出判决。

例1　齐某起诉宋某要求返还借款8万元，法院适用普通程序审理并向双方当事人送达出庭传票，因被告宋某不在家，宋某的妻子代其签收了传票。开庭时，被告宋某未到庭。经查，宋某已离家出走，下落不明。关于法院对本案的处理，下列哪一选项是正确的？

A. 法院对本案可以进行缺席判决

B. 法院应当对被告宋某重新适用公告方式送达传票

C. 法院应当通知宋某的妻子以诉讼代理人的身份参加诉讼

D. 法院应当裁定中止诉讼

提示：被告宋某离家出走，下落不明是在应诉答辩之后，因而宋某对于被诉事项和开庭时间等事项应当知晓。其离家出走，下落不明致使法院无法传唤，与经传票传唤无正当理由拒不到庭的效果相同，可以适用缺席判决规定，选项A正确。

三、延期审理

（一）概念

延期审理是指当遇有法定事由时，使法院已经确定的开庭期日或者正在进行的开庭审理无法继续进行，而顺延至另一个期日进行审理的制度。

（二）适用情形

1. 必须到庭的当事人和其他诉讼参与人有正当理由没有到庭的；
2. 当事人临时提出回避申请的；
3. 需要通知新的证人到庭，调取新的证据，重新鉴定、勘验，或者需要补充调查的；
4. 其他应当延期的情形。

例2 法院开庭审理时一方当事人未到庭，关于可能出现的法律后果，下列哪些选项是正确的？

A. 延期审理　　B. 按原告撤诉处理

C. 缺席判决

提示：必须到庭的当事人和其他诉讼参与人有正当理由没有到庭，法院应延期审理，选项A正确；原告无正当理由未到庭，法院可以按撤诉处理，选项B正确；非必须到庭的被告未到庭，法院可以缺席判决，选项C正确。

四、诉讼中止

（一）概念

诉讼中止是指在诉讼进行过错中，因出现某种特定情况，使诉讼无法继续进行或不宜进行，因而法院裁定暂时停止诉讼程序的制度。

（二）适用情形

1. 一方当事人死亡，需要等待继承人表明是否参加诉讼的；
2. 一方当事人丧失诉讼行为能力，尚未确定法定代理人的；
3. 作为一方当事人的法人或者其他组织终止，尚未确定权利义务承受人的；
4. 一方当事人因不可抗拒的事由，不能参加诉讼的；
5. 本案必须以另一案的审理结果为依据，而另一案尚未审结的；
6. 其他应当中止诉讼的情形。

知识拓展：诉讼中止和延期审理的区别

诉讼中止和延期审理经常伴随考查，考生务必要准确识别。两者除了《民事诉讼法》规定的具体适用情形不同之外，还存在以下差别。

不同点	诉讼中止。	延期审理。
适用范围	裁判作出前的任何阶段。	开庭审理阶段。
适用效果	法院、当事人一切诉讼活动均停止。	将开庭审理日期推延，有关诉讼活动并不停止。
恢复审理时间	法院难以确定恢复诉讼程序的时间。	恢复审理日期通常由法院确定。
法律文书	裁定。	决定。

特别提醒：用最后一项判断最为有效，题目表述为“决定诉讼中止”“裁定延期审理”均错误。

例3　居民甲与金山房地产公司签订了购买商品房一套的合同，后因甲未按约定付款。金山公司起诉至法院，要求甲付清房款并承担违约责任。在诉讼中，甲的妻子乙向法院主张甲患有精神病，没有辨别行为的能力，要求法院认定购房合同无效。关于本案的说法，下列哪一选项是正确的？

A. 法院应当通知甲的妻子作为法定诉讼代理人出庭进行诉讼

B. 由乙或金山公司申请对甲进行鉴定，鉴定过程中，诉讼继续进行

C. 法院可以依职权决定对甲进行鉴定

D. 乙或金山公司可以向法院申请认定甲为无民事行为能力人，法院应裁定诉讼中止

提示：购房合同是否有效依赖于对甲的行为能力的判断，这属于本案必须以另一案的审理结果为依据，而另一案尚未审结的情形，法院应当诉讼中止，选项D为正确答案。

例4　张某因孙某欠款不还向法院起诉。在案件审理中，孙某因盗窃被刑事拘留。关于本案，下列哪一选项是正确的？

A. 法院应当裁定中止诉讼，待对孙某的刑事审判结束后再恢复诉讼程序

B. 法院应当裁定终结诉讼，并告知张某提起刑事附带民事诉讼

C. 法院应当继续审理此案

D. 法院应当将此案与孙某盗窃案合并审理

提示：题干涉及民事、刑事两个案件，但一个案件的审理并不依赖于另一个案件的处理结果，因此，法院对借款纠纷应当继续审理。选项C正确。

例5　法院对于诉讼中有关情况的处理，下列哪一做法是正确的？

A. 杨某与赵某损害赔偿一案，杨某在去往法院开庭的路上，突遇车祸，被送至医院急救。法院遂决定中止诉讼

B. 毛某与安某专利侵权纠纷一案，法庭审理过程中，发现需要重新进行鉴定，法院裁定延期审理

C. 甲公司诉乙公司合同纠纷一案，审理过程中，甲公司与其他公司合并，法院裁定诉

讼终结

D. 丙公司诉丁公司租赁纠纷一案，法院审理中，发现本案必须以另一案的审理结果为依据，而该案又尚未审结，遂裁定诉讼中止

提示：根据决定中止诉讼、裁定延期审理的表述，可以直接排除选项A、B；法人和其他组织不适用诉讼终结制度，选项C错误；本案必须以另一案的审理结果为依据，而另一案尚未审结时应当诉讼中止，选项D正确。

五、诉讼终结

（一）概念

诉讼终结是指在诉讼进行过程中，因出现某些特殊情况，使诉讼程序继续进行已没有必要或不可能继续进行，从而由法院裁定终结诉讼程序的制度。

（二）适用情形

1. 原告死亡，没有继承人，或者继承人放弃诉讼权利的；
2. 被告死亡，没有遗产，也没有应当承担义务的人的；
3. 离婚案件一方当事人死亡的；
4. 追索赡养费、扶养费、抚育费以及解除收养关系案件的一方当事人死亡的。

诉讼终结的裁定既可以用书面形式，也可以口头作出。诉讼终结的裁定一经送达即发生法律效力，当事人不得上诉，也不得申请复议。诉讼终结的案件，当事人不得以同一事实和理由，就同一诉讼标的再行起诉，法院也不得再行受理此案。

理论点拨：适用诉讼终结的情形都绕不开一个“死”字，且适用对象全部是自然人。当然诉讼中止也会涉及死亡的问题，识别两者的关键点在于能否继承。具体而言，自然人死亡后，如果是身份关系案件，那无法继承，自然应当诉讼终结。如果是财产纠纷案件，那会产生继承问题，等待继承人是否参加诉讼时，应当诉讼中止；如果没有继承人或者继承人放弃继承权，那就要诉讼终结。法人和其他组织终结后不存在没有权利义务承受者的问题，因此不适用诉讼终结。

例6 甲起诉与乙离婚，一审法院判决不予准许。甲不服一审判决提起上诉，在甲将上诉状递交原审法院后第三天，乙遇车祸死亡。此时，原审法院尚未将上诉状转交给二审法院。关于本案的处理，下列哪一选项是正确的？

A. 终结诉讼

B. 驳回上诉

C. 不予受理上诉

D. 中止诉讼

提示：离婚案件一方当事人死亡，应当诉讼终结。甲将上诉状递交原审法院后第三天，乙遇车祸死亡，属于答题干扰信息。选项A正确。

例 7　法院对于诉讼中有关情况的处理，下列哪些做法是正确的？

C. 甲诉乙离婚案件，在案件审理中甲死亡。法院裁定按甲撤诉处理

D. 原告在诉讼中因车祸成为植物人，在原告法定代理人没有确定的期间，法院裁定中止诉讼

提示：离婚案件一方当事人死亡，应当诉讼终结，选项 C 错误；原告因车祸成为植物人，丧失诉讼行为能力后尚未确定法定代理人，应当诉讼中止，选项 D 正确。

第二十一章　简易程序

第一节　简易程序

重要法条及司法解释

《民事诉讼法》第157、159～161、163条。

《最高人民法院关于适用〈中华人民共和国民事诉讼法〉的解释》第256～258、261、268～270条。

《最高人民法院关于适用简易程序审理民事案件的若干规定》第19、21、23、27～29、31条。

命题分析

2012年《民事诉讼法》修正时对简易程序有所修改、《最高人民法院关于适用〈中华人民共和国民事诉讼法〉的解释》又对简易程序作出诸多新规定。这都为简易程序的命题提供了素材，也使本知识点成为高频考点。

从考查形式来看，本知识点全部以各类选择题形式命制。从考查内容来看，本知识点包括适用范围、开庭审理和宣判三个高频考点，以往试题主要围绕简易程序的适用范围、传唤方式等知识点进行命题。本知识点命制的考题均属于记忆类试题，考生熟悉简易程序的相关规定不难准确作答。

从命题趋势分析，本知识点在客观题中继续命题考查的可能性较大。考生在复习时，应全面梳理、总结民事诉讼法及司法解释中有关简易程序的规定，这才能达到事半功倍的效果。

知识点精讲

简易程序是指基层人民法院及其派出法庭审理简单民事案件，所适用的简便易行的诉讼程序。简易程序是对普通程序的简化，简易程序未作规定的，应适用普通程序相关规定进行审理。

一、简易程序的适用范围

（一）适用法院

基层人民法院及其派出法庭。由审判员独任审理。

> **特别提醒：**海事法院属于中级人民法院，但可以适用简易程序。

（二）适用审级

仅适用于第一审民事案件。

> **特别提醒：**二审程序、再审程序、发回重审案件均不可适用简易程序。

（三）适用案件

1. 事实清楚、权利义务关系明确、争议不大的简单的民事案件。

事实清楚是指当事人对争议的事实陈述基本一致，并能提供相应的证据，无须法院调查收集证据即可查明事实。

权利义务关系明确是指能明确区分谁是责任的承担者，谁是权利的享有者。

争议不大是指当事人对案件的是非、责任承担以及诉讼标的争执无原则分歧。

2. 本应适用普通程序审理的民事案件，当事人双方也可以约定适用简易程序（应当在开庭前提出）。已经按照普通程序审理的案件，在开庭后不得转为简易程序审理。

> **特别提醒：**当事人可以约定将普通程序案件适用简易程序审理，但不能约定将简易程序案件适用普通程序审理。

3. 禁用案件类型

（1）起诉时被告下落不明的；

（2）发回重审的；

（3）当事人一方人数众多的；

（4）适用审判监督程序的；

（5）涉及国家利益、社会公共利益的；

（6）第三人起诉请求改变或者撤销生效判决、裁定、调解书的（第三人撤销之诉）；

（7）其他不宜适用简易程序的案件。

> **特别提醒：**对于上述案件，法院不得适用简易程序审理，当事人也不能约定适用简易程序审理。

（四）简易程序转为普通程序

1. 法院依职权转化

法院在审理过程中，发现案件不宜适用简易程序，应当在审理期限届满前裁定转为普通程序。

2. 当事人申请转化

当事人就案件适用简易程序提出异议，法院经审查，异议成立的，裁定转为普通程序；

异议不成立的，口头告知当事人，并记入笔录。

> **注意：** 转为普通程序前，双方当事人已确认的事实，可以不再进行举证、质证；简易程序转为普通程序的，普通程序的审限自立案之日起计算。

例1 甲与乙因借款合同发生纠纷，甲向某区法院提起诉讼，法院受理案件后，准备适用普通程序进行审理。甲为了能够尽快结案，建议法院适用简易程序对案件进行审理，乙也同意适用简易程序。下列哪一选项是正确的？

A. 普通程序审理的案件不能适用简易程序，因此，法院不可同意适用简易程序

B. 法院有权将普通程序审理转为简易程序，因此，甲、乙的意见无意义

C. 甲、乙可以自愿协商选择适用简易程序，无须经法院同意

D. 甲、乙有权自愿选择适用简易程序，但须经法院同意

提示： 本应适用普通程序审理的民事案件，当事人双方也可以约定适用简易程序，无须法院同意。选项C正确。

二、起诉与答辩

简单民事案件，原告可以口头起诉。

双方当事人到庭后，被告同意口头答辩，法院可以当即开庭审理。即简易程序可以不确定答辩期。

三、审理前的准备

（一）诉状送达的特别规定

法院按照原告提供的被告送达地址或者其他联系方式无法通知被告应诉	原告提供了被告准确的送达地址，但法院无法向被告直接送达或者留置送达应诉通知书。	将案件转入普通程序审理。
	原告不能提供被告准确的送达地址，法院经查证后仍不能确定被告送达地址。	裁定驳回原告起诉。
被告到庭后拒绝提供自己的送达地址和联系方式	被告是自然人。	以其户籍登记中的住所地或者经常居住地为送达地址。
	被告是法人或者其他组织。	以其工商登记或者其他依法登记、备案中的住所地为送达地址。
因当事人自身原因导致诉讼文书未能被当事人实际接收	邮寄送达的。	邮件回执上注明的退回之日视为送达之日。
	直接送达的。	送达人当场在送达回证上记明情况之日视为送达之日。

（二）举证期限的特别规定

适用简易程序审理的民事案件，举证期限由法院确定，也可以由当事人双方协商一致并经法院批准，但不得超过15日。

（三）开庭方式的选择

当事人双方可以就开庭方式进行选择并向法院提出申请，由法院决定是否准许。经双方当事人同意，可以采用视听传输技术等方式开庭。

例2　下列哪一选项属于《民事诉讼法》直接规定、具有简易程序特点的内容？

A. 原告起诉或被告答辩时要向法院提供明确的送达地址

B. 适用简易程序审理的劳动合同纠纷在开庭审理时应先行调解

C. 在简易程序中，法院指定举证期限可以少于30天

D. 适用简易程序审理民事案件时，审判组织一律采用独任制

提示：选项A、B、C的内容均属《简易程序规定》的内容，民事诉讼法并无规定，选项D是正确答案。另外，选项C有瑕疵，简易程序的举证期限不得超过15日。

四、开庭审理

（一）传唤和送达方式

法院可以采取捎口信、电话、短信、传真、电子邮件等简便方式传唤双方当事人、通知证人和送达裁判文书以外的诉讼文书。

以简便方式送达的开庭通知，未经当事人确认或者没有其他证据证明当事人已经收到的，法院不得将其作为按撤诉处理和缺席判决的根据。

（二）告知当事人诉讼权利义务

开庭前已经书面或者口头告知当事人诉讼权利义务，或者当事人各方均委托律师代理诉讼的，审判人员除告知当事人申请回避的权利外，可以不再告知当事人其他的诉讼权利义务。

对没有委托律师、基层法律服务工作者代理诉讼的当事人，法院在庭审过程中可以对回避、自认、举证证明责任等相关内容向其作必要的解释或者说明，并在庭审过程中适当提示当事人正确行使诉讼权利、履行诉讼义务。

（三）法庭调查和辩论

一审必须开庭审理。

开庭时，审判人员可以根据当事人的诉讼请求和答辩意见归纳出争议焦点，经当事人确认后，由当事人围绕争议焦点举证、质证和辩论。

法院在进行法庭调查、法庭辩论时，可以不按法定顺序进行。

当事人对案件事实无争议的，审判人员可以在听取当事人就适用法律方面的辩论意见后径行判决、裁定。

适用简易程序审理的民事案件，应当一次开庭审结，但法院认为确有必要再次开庭的除外。

（四）审理期限

法院适用简易程序审理案件，应当在立案之日起 3 个月内审结。

审理期限到期后，双方当事人同意继续适用简易程序的，由本院院长批准，可以延长审理期限。延长后的审理期限累计不得超过 6 个月。

> **特别提醒：**（1）本院院长批准才可延长，审判长、合议庭等无权决定。
> （2）延长简易程序的审限，不得超过第一审普通程序的审限。

五、宣判

（一）宣判方式

简易程序，以当庭宣判为原则，以定期宣判为例外。

（二）判决书的送达

简易程序的判决书采用不同送达方式，送达日期的确认规则有所差异。

<table>
<tr><td rowspan="3">当庭宣判案件</td><td rowspan="2">法院告知领取裁判文书的期间和地点。</td><td>当事人在指定期间内领取。</td><td>领取之日即为送达之日。</td></tr>
<tr><td>当事人未在指定期间内领取。</td><td>指定领取期间届满之日即为送达之日。</td></tr>
<tr><td>当事人当庭要求邮寄送达裁判文书。</td><td>法院根据当事人自己提供的送达地址邮寄送达。</td><td>邮件回执上注明收到或者退回之日即为送达之日。</td></tr>
<tr><td>定期宣判案件</td><td colspan="3">定期宣判之日即为送达之日。</td></tr>
</table>

（三）判决书的简化

适用简易程序审理的案件，有下列情形之一的，法院在制作判决书、裁定书、调解书时，对认定事实或者裁判理由部分可以适当简化：

（1）当事人达成调解协议并需要制作民事调解书的；

（2）一方当事人明确表示承认对方全部或者部分诉讼请求的；

（3）涉及商业秘密、个人隐私的案件，当事人一方要求简化裁判文书中的相关内容，法院认为理由正当的；

（4）当事人双方同意简化的。

> **特别提醒：**庭审笔录不允许简化。

例 3 关于适用简易程序的表述，下列哪些选项是正确的？

A. 基层人民法院适用普通程序审理的民事案件，当事人双方可协议并经法院同意适用简易程序审理

B. 经双方当事人一致同意，法院制作判决书时可对认定事实或者判决理由部分适当简化

C. 法院可口头方式传唤当事人出庭

D. 当事人对案件事实无争议的，法院可不开庭径行判决

提示：本应适用普通程序审理的民事案件，当事人双方也可以约定适用简易程序，选项 A 正确；当事人双方同意简化，法院制作判决书时可对认定事实或者判决理由部分适当简化，选项 B 正确；简易程序法院可以口头传唤当事人出庭，选项 C 正确；简易程序属于一审程序，一审程序必须开庭审理，选项 D 错误。

第二节　小额诉讼程序

重要法条及司法解释

《民事诉讼法》第 162 条。

《最高人民法院关于适用〈中华人民共和国民事诉讼法〉的解释》第 271 ~ 283、426 条。

命题分析

小额诉讼程序是 2012 年《民事诉讼法》修正时新增制度，《最高人民法院关于适用〈中华人民共和国民事诉讼法〉的解释》又对小额诉讼程序予以专章细化规定，这都为小额诉讼程序的命题提供了素材。

从考查形式来看，本知识点全部以各类选择题形式命制。从考查内容来看，本知识点包括适用范围、特别规定等两个考点，以往试题主要围绕简易程序的适用范围进行命题。本知识点命制的考题绝大多数属于记忆类试题，考生熟悉小额诉讼程序的相关规定即可轻松作答。

从命题趋势分析，客观题考试对其继续命题的可能性较大。考生在复习时，应重点围绕《最高人民法院关于适用〈中华人民共和国民事诉讼法〉的解释》的新规定展开，要注意该程序与简易程序的适用关联性。

知识点精讲

一、小额诉讼程序的适用范围

（一）可以适用小额诉讼程序的案件类型

1. 买卖合同、借款合同、租赁合同纠纷；

2. 身份关系清楚，仅在给付的数额、时间、方式上存在争议的赡养费、抚育费、扶养费纠纷；

3. 责任明确，仅在给付的数额、时间、方式上存在争议的交通事故损害赔偿和其他人身损害赔偿纠纷；

4. 供用水、电、气、热力合同纠纷；

5. 银行卡纠纷；

6. 劳动关系清楚，仅在劳动报酬、工伤医疗费、经济补偿金或者赔偿金给付数额、时间、方式上存在争议的劳动合同纠纷；

7. 劳务关系清楚，仅在劳务报酬给付数额、时间、方式上存在争议的劳务合同纠纷；

8. 物业、电信等服务合同纠纷；

9. 其他金钱给付纠纷。

特别提醒：海事法院虽然是中级人民法院，但可以审理海事、海商小额诉讼案件。

（二）不适用小额诉讼程序的案件类型

1. 人身关系、财产确权纠纷；

2. 涉外民事纠纷；

3. 知识产权纠纷；

4. 需要评估、鉴定或者对诉前评估、鉴定结果有异议的纠纷；

5. 其他不宜适用一审终审的纠纷。

理论点拨：我国小额诉讼程序依附于简易程序而存在，因此不得适用小额诉讼程序审理的案件，除了上述5种之外，不适用简易程序审理的案件也不能适用小额诉讼程序。

二、小额诉讼程序的特别规定

（一）法院告知义务

法院受理小额诉讼案件，应当向当事人告知该类案件的审判组织、一审终审、审理期限、诉讼费用交纳标准等相关事项。

（二）期间制度

小额诉讼案件的举证期限由法院确定，也可以由当事人协商一致并经法院准许，但一般不超过7日。被告要求书面答辩的，法院可以在征得其同意的基础上合理确定答辩期间，但最长不得超过15日。当事人到庭后表示不需要举证期限和答辩期间的，法院可立即开庭审理。

知识拓展：法院确定的一审举证期限不得少于15日；当事人提供新的证据的第二审案件不得少于10日；简易程序不得超过15日。

（三）裁判效力

适用小额诉讼程序审理所作的判决，一审终审。

小额诉讼程序中管辖权异议裁定、驳回起诉裁定，均一审终审。

（四）程序转换

因当事人申请增加或者变更诉讼请求、提出反诉、追加当事人等，致使案件不符合小额诉讼案件条件的，应当适用简易程序的其他规定审理。

前款规定案件，应当适用普通程序审理的，裁定转为普通程序。

（五）程序异议的处理

当事人对按照小额诉讼案件审理有异议的，应当在开庭前提出。法院经审查，异议成立的，适用简易程序的其他规定审理；异议不成立的，告知当事人，并记入笔录。

（六）裁判文书简化

小额诉讼案件的裁判文书可以简化，主要记载当事人基本信息、诉讼请求、裁判主文等内容。

特别提醒：小额诉讼案件的裁判文书，可以简化事实认定和裁判理由部分。

（七）再审规定

对小额诉讼案件的判决、裁定，当事人以《民事诉讼法》第200条规定的事由向原审法院申请再审的，法院应当受理。申请再审事由成立的，应当裁定再审，组成合议庭进行审理。作出的再审判决、裁定，当事人不得上诉。

当事人以不应按小额诉讼案件审理为由向原审法院申请再审的，法院应当受理。理由成立的，应当裁定再审，组成合议庭审理。作出的再审判决、裁定，当事人可以上诉。

特别提醒：（1）无论何种原因申请再审，小额诉讼案件再审的审理法院均为原审法院，均应由合议庭审理。

（2）当事人对小额诉讼案件的裁判结果有异议申请再审，再审裁判不可上诉；而当事人对适用小额诉讼程序有异议申请再审，再审裁判可以上诉。

第二十二章　民事公益诉讼

重要法条及司法解释

《民事诉讼法》第55条。

《最高人民法院关于适用〈中华人民共和国民事诉讼法〉的解释》第284～291条。

《最高人民法院关于审理环境民事公益诉讼案件适用法律若干问题的解释》。

《最高人民法院关于审理消费民事公益诉讼案件适用法律若干问题的解释》。

命题分析

“公益诉讼”是2012年民事诉讼法修正的新增制度，2015年《最高人民法院关于适用〈中华人民共和国民事诉讼法〉的解释》又对其予以细化规定。新制度历来会获得命题人的“垂爱”，本知识点自设立以来迅速成为高频考点，除2016年之外每年都会对其命题考查。

从考查形式来看，本章知识点均以选择题形式命题。既有单独命题，也有作为选项进行考查。考查内容主要围绕公益诉讼的特殊程序规则展开。此类试题均在题干或选项中明确公益诉讼的考查内容，无须考生对考点作出判断。考生通过对比准确把握民事公益诉讼的特殊程序设置，可轻松应对本知识点试题。

从命题趋势分析，伴随司法解释对公益诉讼程序规则的不断完善，本知识点考查内容越来越细致。但本章知识点命制的试题基本属于法条识记类题目，不涉及对诉讼理论的考查，难度颇低。未来在客观题考试中仍可能以选择题形式对公益诉讼特殊程序规则予以考查。

知识点精讲

一、民事公益诉讼的特征

1. 诉讼目的特殊性

民事公益诉讼的目的在于维护社会公共利益，这与解决私人之间民事纠纷的普通民事诉讼存在本质区别。

2. 起诉主体的法定性与广泛性

法定性强调民事公益诉讼应当由获得法定授权的机关团体提起诉讼，在我国个人不是民事公益诉讼的适格原告。

广泛性强调民事公益诉讼的原告并非单一主体，法律规定的机关和组织会涉及诸多主体。

3. 并不以存在实际损害为起诉前提

民事公益诉讼可以针对为社会公众或不特定多数人造成潜在危害的不法行为提起。

二、民事公益诉讼的程序规定

1. 案件类型及起诉主体

（1）污染环境、破坏生态等损害社会公共利益的行为

依法在设区的市级以上人民政府民政部门登记、专门从事环境保护公益活动连续五年以上且无违法记录的社会组织有权提起公益诉讼。针对破坏生态环境和资源保护等损害社会公共利益的行为，上述社会组织未提起诉讼，检察院可以提起公益诉讼；上述社会组织已提起诉讼，检察院可以支持起诉。

（2）侵害众多消费者合法权益的行为

中国消费者协会以及在省、自治区、直辖市设立的消费者协会有权提起公益诉讼。针对食品药品安全领域侵害众多消费者合法权益等损害社会公共利益的行为，上述社会组织未提起诉讼，检察院可以提起公益诉讼；上述社会组织已提起诉讼，检察院可以支持起诉。

2. 管辖

公益诉讼案件由侵权行为地或者被告住所地中级人民法院管辖，但法律、司法解释另有规定的除外。因污染海洋环境提起的公益诉讼，由污染发生地、损害结果地或者采取预防污染措施地海事法院管辖。第一审环境民事公益诉讼案件由污染环境、破坏生态行为发生地、损害结果地或者被告住所地的中级以上法院管辖。

特别提醒：环境民事公益诉讼案件，中级人民法院可以报请高级人民法院批准，裁定将其管辖的案件交由基层人民法院审理。

3. 起诉和受理

民事公益诉讼案件的受理条件是：①有明确的被告；②有具体的诉讼请求；③有社会公共利益受到损害的初步证据；④属于法院受理民事诉讼的范围和受诉法院管辖。法院受理民事公益诉讼，应当公告案件受理情况。

4. 告知行政主管部门

法院受理公益诉讼案件后，应当在10日内书面告知相关行政主管部门。

5. 原告追加

法院受理公益诉讼案件后，依法可以提起诉讼的其他机关和有关组织，可以在一审开庭前（环境公益诉讼的时限是公告案件受理情况之日起30日内）向法院申请参加诉讼。法院准许参加诉讼的，列为共同原告。

特别提醒：法院应将其他有权提起公益诉讼的机关和组织列为共同原告，而非合并审理。

6. 与普通民事诉讼的关系

法院受理民事公益诉讼案件，不影响同一侵权行为的受害人依法提起普通民事诉讼。

7. 调解与和解

公益诉讼案件，当事人可以和解，法院可以调解。但法院应当将和解或者调解协议进行公告，公告期间不得少于30日。公告期满后，法院经审查和解或者调解协议不违反社会公共利益，应当出具调解书；和解或者调解协议违反社会公共利益，不予出具调解书，继续对案件进行审理并依法作出裁判。

总结：形成和解或调解协议后，法院应当先公告，再审查。

8. 撤诉

公益诉讼案件的原告应在法庭辩论终结前申请撤诉。例外，负有环境保护监督管理职责的部门依法履行监管职责而使原告诉讼请求全部实现，原告申请撤诉不受上述期间限制。

环境民事公益诉讼当事人以达成和解协议为由申请撤诉，法院不予准许。

9. 反诉

民事公益诉讼案件审理过程中，被告提出反诉，法院不予受理。

10. 既判力规则

公益诉讼案件的裁判发生法律效力后，其他依法具有原告资格的机关和有关组织就同一侵权行为另行提起公益诉讼的，法院裁定不予受理，但法律、司法解释另有规定的除外。

环境民事公益诉讼案件裁判生效后，前案原告的起诉被裁定驳回或者前案原告申请撤诉被裁定准许，有权提起诉讼的其他机关和社会组织就同一污染环境、破坏生态行为另行起诉，法院应予受理。

11. 释明制度

法院认为原告提出的诉讼请求不足以保护社会公共利益，可以向其释明变更或者增加停止侵害等诉讼请求。

12. 自认规则受限

原告在诉讼过程中承认的对己方不利的事实和认可的证据，法院认为损害社会公共利益的，应当不予确认。

第二十三章　第三人撤销之诉

重要法条及司法解释

《民事诉讼法》第56条第3款。

《最高人民法院关于适用〈中华人民共和国民事诉讼法〉的解释》第292～303条。

命题分析

“第三人撤销之诉”是2012年民事诉讼法修正的新增制度，《最高人民法院关于适用〈中华人民共和国民事诉讼法〉的解释》又对其予以专章细化规定。本知识点自设立以来迅速成为本学科的高频考点，其命题特点是“频率高、分值大”。

从考查形式看，本知识点命制题型多样，在三类选择题中均有考查。常见考查方式是让考生判断给定案例中案外人能否提起第三人撤销之诉以及它与其他案外人救济机制的适用关系，考查内容既涉及法律规范，还需要考生对民事诉讼法中案外人权利救济机制予以体系化掌握，具有较强的理论性，难度颇高。

从命题趋势分析，在客观题考试中，命题人仍可能会编制小案例考查第三人撤销之诉的适用条件、法院不予受理第三人撤销之诉的情形等知识。考生应围绕《最高人民法院关于适用〈中华人民共和国民事诉讼法〉的解释》的规定做好复习准备。

知识点精讲

一、第三人撤销之诉的概念

第三人撤销之诉是指当第三人因不可归责于己的事由而未参加原案审理，但原案的生效判决、裁定和调解书使其民事权益受到损害，其可以请求法院撤销或改变原案生效判决、裁定、调解书中对其不利部分的诉讼程序。

第三人撤销之诉属于一种事后救济机制。是在原案已经生成具备法律效力的判决、裁定、调解书之后，对非因自身原因而未能参加到原案诉讼程序中的第三人所提供的事后救济机制，以扭转其合法民事权益受损的局面。

第三人撤销之诉属于一种特殊的、非常态的救济机制。其特殊性主要在于对原裁判之既判力的冲击和挑战。鉴于此，在适用第三人撤销之诉的过程中，须有效平衡保护第三人民事权益与维护司法权威和秩序之间的关系，通过适当的程序配置来避免该救济路径被滥用，并进而最大限度地发挥该制度的预设功能。

二、第三人撤销之诉的适用条件

1. 提起主体只能是有独立请求权第三人或者无独立请求权第三人。

被遗漏的必要共同诉讼人无权提起第三人撤销之诉。因此，判断能否适用第三人撤销之诉，首先要确定案外人应当在原审中的诉讼地位，只有属于有独立请求权第三人或者无独立请求权第三人，才有权提起第三人撤销之诉。

2. 因不可归责于本人的事由未参加诉讼。

具体包括以下情形：①不知道诉讼而未参加；②申请参加未获准许；③知道诉讼，但因客观原因无法参加；④因其他不能归责于本人的事由未参加诉讼。

3. 发生法律效力的判决、裁定、调解书的全部或者部分内容错误。

具体而言，是指判决、裁定的主文，调解书中处理当事人民事权利义务的结果损害了第三人的民事权益。

4. 发生法律效力的判决、裁定、调解书内容错误损害其民事权益。

第三人未能获得充分的事前程序保障并非启动撤销之诉的唯一或核心事由，若第三人的民事权益并未受到原案判决、裁定、调解书的损害，则其无权提起第三人撤销之诉。

5. 自知道或者应当知道其民事权益受到损害之日起6个月内提出。

6个月为不变期间，不适用诉讼时效中止、中断、延长的规定。

6. 应当向作出生效判决、裁定、调解书的法院起诉。

作出生效判决、裁定、调解书的法院，可能是原一审法院，也可能是原二审法院，第三人撤销之诉不适用级别管辖的规定。这是和再审程序的重要区别之一。

其中，第2、3、4三个条件，第三人应当向法院提供证据材料证明其主张。

三、第三人撤销之诉的程序设置

（一）当事人确定

第三人撤销之诉的提起主体必须对原案的诉讼标的享有独立的请求权或者与原案的裁判结果有法律上的利害关系。第三人撤销之诉中当事人的确定如下：

原告	提起撤销之诉的第三人。
被告	生效判决、裁定、调解书的当事人。
第三人	生效判决、裁定、调解书中未承担责任的无独立请求权第三人。

（二）起诉与受理

法院应当在收到起诉状和证据材料之日起5日内送交对方当事人，对方当事人可以自收到起诉状之日起10日内提出书面意见。

法院应当对第三人提交的起诉状、证据材料以及对方当事人的书面意见进行审查。必要时，可以询问双方当事人。

经审查，符合起诉条件的，法院应当在收到起诉状之日起30日内立案。

不符合起诉条件的，应当在收到起诉状之日起30日内裁定不予受理。

知识拓展：第三人撤销之诉与民事诉讼法其他程序的立案期限明显不同，具体情况列举如下：

程序类型	立案期限	对方提出书面意见的期限
第一审普通程序。	7 日内。	
执行异议之诉。	15 日内。	
第三人撤销之诉。	30 日内。	10 日内。
当事人申请再审。	3 个月内。	15 日内。

（三）法院不受理第三人撤销之诉的情形

1. 适用特别程序、督促程序、公示催告程序、破产程序等非讼程序处理的案件；
2. 婚姻无效、撤销或者解除婚姻关系等判决、裁定、调解书中涉及身份关系的内容；
3. 《民事诉讼法》第 54 条规定的未参加登记的权利人对代表人诉讼案件的生效裁判；
4. 《民事诉讼法》第 55 条规定的损害社会公共利益行为的受害人对公益诉讼案件的生效裁判。

理论点拨：第三人撤销之诉以牺牲原裁判的既判力为代价，为了实现保护第三人民事权益与维护司法裁判权威性之间的平衡，其适用必须受到严格限制。易言之，案外人的权利如果可以通过其他常规性渠道获得救济，那就不允许提起第三人撤销之诉。这与审判监督程序有异曲同工之处。上述的第一、三、四项情形均属于此类，三类程序中的案外人均可通过另行起诉、申请法院作出新判决等其他方式实现权利的救济，那就不能提起第三人撤销之诉。而第二项情形中婚姻无效、撤销或者解除婚姻关系等判决、裁定、调解书一旦生效，婚姻关系即告消灭，当事人可以再行结婚。此时，根本没有必要提起第三人撤销之诉。这与此类案件不允许提起再审的原理相同。

（四）审理方式

法院对第三人撤销之诉案件，应当组成合议庭开庭审理。

特别提醒：（1）第三人撤销之诉不适用简易程序。
（2）第三人撤销之诉不能书面审理。

（五）中止执行

受理第三人撤销之诉案件后，原告提供相应担保，请求中止执行的，法院可以准许。

第三人提起撤销之诉后，未中止生效判决、裁定、调解书执行的，执行法院对第三人提出的执行标的异议应予审查。理由成立的，裁定中止对该标的的执行；理由不成立的，裁定驳回。

（六）裁判的作出

1. 请求成立且确认其民事权利的主张全部或部分成立，改变原判决、裁定、调解书内容的错误部分；

2. 请求成立，但确认其全部或部分民事权利的主张不成立，或者未提出确认其民事权利请求，撤销原判决、裁定、调解书内容的错误部分；

3. 请求不成立的，驳回诉讼请求。

第三人撤销之诉实行两审终审，对法院裁判结果不服，当事人可以上诉。

（七）与原裁判所涉及的案件再审的关系

第三人撤销之诉案件审理期间，法院对生效判决、裁定、调解书裁定再审的，受理第三人撤销之诉的法院应当裁定将第三人的诉讼请求并入再审程序。但有证据证明原审当事人之间恶意串通损害第三人合法权益的，法院应当先行审理第三人撤销之诉案件，裁定中止再审诉讼。

第三人诉讼请求并入再审程序审理的，按照下列情形分别处理：

（1）按照第一审程序审理的，法院应当对第三人的诉讼请求一并审理，所作的判决可以上诉；

（2）按照第二审程序审理的，法院可以调解，调解达不成协议的，应当裁定撤销原判决、裁定、调解书，发回一审法院重审，重审时应当列明第三人。

> **理论点拨**：第三人撤销之诉只能撤销、改变原裁判、调解书的错误部分，而再审可以全面对原审原告、被告和第三人的权利归属作出裁判。两相比较，显然再审程序纠错更为全面、彻底。因此，原则上应当将第三人撤销之诉并入再审程序，通过再审程序一并解决第三人提出的诉求。又因为再审程序并非独立的审级，其可适用一审或者二审程序进行审理。如果适用第一审程序（原裁判是一审程序），自然可以将第三人直接追加进诉讼中审理后作出裁判；如果适用第二审程序（原裁判是二审程序或者提审），为了维护第三人的审级利益，只能通过调解解决，如果不能达成调解协议，只能裁定发回重审，重审时再追加第三人。
>
> 规制虚假诉讼是我国设立第三人撤销之诉的直接目的。如果双方恶意串通损害第三人的权益，则该案件本就不应该存在，那该案件自然也不需要用再审纠错。为了保护第三人的合法权益，法院应当裁定中止再审程序，先通过第三人撤销之诉确定是否将原生效的裁判、调解书予以撤销。如果属于虚假诉讼，案件被撤销之后就无须再审救济了，此时应终结再审程序。如果不属于虚假诉讼，那就应当继续用再审程序纠错。

（八）与案外人申请再审的关系

提起第三人撤销之诉后，还可以提出执行异议。因为第三人撤销之诉不影响执行，欲让执行中止，可以同时提起执行异议。但执行异议被驳回后，不得申请再审。因为第三人撤销之诉与案外人申请再审适用的情形相同，均因原裁判存在错误损害其民事权益，因此两者不可并用。

执行异议是提起执行异议之诉和案外人申请再审的前置程序。具言之，案外人未提出执行异议，不能直接提起执行异议之诉或者申请再审。而案外人提出执行异议被驳回，如果原裁判确有错误，只能申请再审，而不能提出第三人撤销之诉。同样是因为第三人撤销之诉与案外人申请再审适用的情形相同，两者不可并用。

第二十四章　第二审程序

重要法条及司法解释

《民事诉讼法》第 164 ~ 176 条。

《最高人民法院关于适用〈中华人民共和国民事诉讼法〉的解释》第 317 ~ 321、323、325 ~ 329、332、337 ~ 342 条。

命题分析

“第二审程序”是考试的“重中之重”，甚至达到每年必考的程度。纵观历年试题，本知识点考题又集中在上诉的提起、上诉案件的调解、上诉的撤回以及上诉案件的裁判四个高频考点之上，四个考点的分值占到全部二审程序考题的 88%。

从考查形式来看，第二审程序主要以各类选择题形式命制，绝大多数试题采用单独命题模式，少部分作为选项与二审程序其他规定搭配考查。从考查内容来看，本知识点内容主要集中于二审当事人的确定、二审法院对一审裁判的处理方式、上诉中调解的适用、撤回上诉和撤回起诉的条件等知识点进行考查。

基于本知识点内容的重要性，在法考客观题中仍然会继续命题考查。本知识点涉及的内容多，可考查范围广，在复习中应重点关注。

知识点精讲

一、上诉的提起

（一）提起上诉的条件

1. 有法定的上诉对象

《民事诉讼法》规定可以上诉的对象包括：①地方各级法院适用普通程序和简易程序审理后作出的第一审判决；②第二审法院发回重审作出的判决；③按照第一审程序对案件再审后作出的判决（小额诉讼程序的判决、裁定除外）；④不予受理、驳回起诉、管辖权异议的裁定。

知识拓展：不可上诉的对象包括：①最高人民法院作出的一审判决、裁定；②小额诉讼程序的判决以及驳回起诉、管辖权异议裁定；③适用特别程序、督促程序、公示催告程序作出的判决、裁定、支付令；④除不予受理、驳回起诉、管辖权异议之外的其他裁定；⑤各级法院制作的调解书；⑥各级法院作出的决定书；⑦有关婚姻效力（认定婚姻关系有效、无效）的判决。

2. 有合法的上诉人和被上诉人

上诉人和被上诉人必须是参加第一审程序的诉讼当事人，包括：原告、被告、有独立请求权第三人、一审判决承担民事责任的无独立请求权第三人。

特别提醒：无民事行为能力人、限制民事行为能力人的法定代理人，可以代理当事人提起上诉。经过特别授权的委托代理人，有权代为提起上诉。此时的上诉人仍然是当事人，而非诉讼代理人。

二审程序中当事人诉讼地位的确定规则：提起上诉者是上诉人，上诉请求指向的对象是被上诉人；双方当事人和第三人均上诉时，均为上诉人。

必要共同诉讼中上诉人、被上诉人的确定规则：

（1）上诉仅对与对方当事人之间权利义务分担有意见，不涉及其他共同诉讼人利益的，对方当事人为被上诉人，未上诉的同一方当事人依原审诉讼地位列明；

（2）上诉仅对共同诉讼人之间权利义务分担有意见，不涉及对方当事人利益的，未上诉的同一方当事人为被上诉人，对方当事人依原审诉讼地位列明；

（3）上诉对双方当事人之间以及共同诉讼人之间权利义务承担有意见的，未提起上诉的其他当事人均为被上诉人。

解题秘籍：三步确定“二审当事人的诉讼地位”

第一步，确定一审中各方当事人的诉讼地位。

第二步，判断各方当事人是否享有上诉权，重点对无独立请求权第三人能否上诉作出判断。

第三步，根据二审当事人确定规则明确各方的诉讼地位。具言之，提起上诉者是上诉人，上诉请求指向的对象是被上诉人，其他当事人依原审地位列明。

例 1 丙承租了甲、乙共有的房屋，因未付租金被甲、乙起诉。一审法院判决丙支付甲、乙租金及利息共计10000元，分五个月履行，每月给付2000元。甲、乙和丙均不服该判决，提出上诉：乙请求改判丙一次性支付所欠的租金10000元。甲请求法院判决解除与丙之间租赁关系。丙认为租赁合同中没有约定利息，甲、乙也没有要求给付利息，一审法院不应当判决自己给付利息，请求判决变更一审判决的相关内容。关于二审中当事人地位的确定，下列选项正确的是：

A. 丙是上诉人，甲、乙是被上诉人

B. 甲、乙是上诉人，丙是被上诉人

C. 乙、丙是上诉人，甲是被上诉人

D. 甲、乙、丙都是上诉人

提示：双方当事人和第三人都提出上诉的，均列为上诉人。原告甲、乙和被告丙均提出了上诉，因此，甲、乙、丙都是上诉人。选项D正确。

3. 在法定期间内提起上诉

判决15日，裁定10日；从文书送达的第二日起计算。

当事人在不同时间签收裁判文书，各自的上诉期分别计算。但只有各方当事人的上诉期届满后均未提起上诉，裁判才会生效。

4. 必须提交上诉状

一审宣判时或者判决书、裁定书送达时，当事人口头表示上诉，法院应告知其必须在法定上诉期间内递交上诉状。未在法定上诉期间内递交上诉状的，视为未提起上诉，一审裁判生效。

例2 吴某被王某打伤后诉至法院，王某败诉。一审判决书送达王某时，其当即向送达人郑某表示上诉，但因其不识字，未提交上诉状。关于王某行为的法律效力，下列哪一选项是正确的？

A. 王某已经表明上诉，产生上诉效力

B. 郑某将王某的上诉要求告知法院后，产生上诉效力

C. 王某未提交上诉状，不产生上诉效力

D. 王某口头上诉经二审法院同意后，产生上诉效力

提示： 当事人口头表示上诉，未在法定上诉期间内递交上诉状，视为未提起上诉，一审裁判生效。选项C正确。

（二）提起上诉的途径

上诉状应当通过原审法院提出，并按照对方当事人或者代表人的人数提出副本。

当事人直接向第二审法院上诉的，第二审法院应当在5日内将上诉状移交原审法院。

理论点拨： 本规定的目的在于，便于当事人行使上诉权，也便于原审法院协助二审法院完成文书送达、卷宗整理等工作。

二、上诉案件的审理

1. 审判组织：上诉案件只能由审判员组成的合议庭审理。

2. 审理范围

第二审法院应当对上诉请求的有关事实和适用法律进行审查。

第二审法院应当围绕当事人的上诉请求进行审理。

当事人没有提出请求的，不予审理，但一审判决违反法律禁止性规定，或者损害国家利益、社会公共利益、他人合法权益的除外。

3. 审理方式

以开庭审理为原则，开庭审理既可以在本院进行，也可以到案件发生地或原审法院所在地进行。

在特殊情况下，经合议庭阅卷和调查、询问当事人，对没有提出新的事实、证据或者

理由的上诉案件，合议庭认为不需要开庭审理的，二审法院也可以不开庭审理。

二审法院不开庭审理的案件包括：

（1）不服不予受理、驳回起诉和管辖权异议裁定的；

（2）当事人提出的上诉请求明显不能成立的；

（3）原判决、裁定认定事实清楚但适用法律错误的；

（4）原判决严重违反法定程序，需要发回重审的。

三、上诉案件的调解

（一）二审程序中法院调解的适用

二审法院审理上诉案件，可以根据自愿、合法原则，主持双方当事人进行调解。

调解达成协议，应当制作调解书。调解书经上诉人、被上诉人双方签收后发生法律效力。

调解书送达当事人后，一审判决视为撤销。

特别提醒：（1）不同于第一审程序，二审程序中达成调解协议，法院必须制作调解书。因为二审法院的调解除解决民事纠纷外，还会对一审法院的判决效力产生影响。

（2）法院不能在调解书中写“撤销原判”。一审判决事实上因二审调解结案而失效，无须再将其撤销。

例3 二审案件调解的结果变更了一审判决内容的，应当在调解书中写明“撤销原判”。

提示：二审调解结案，调解书送达后，一审判决视为撤销，不能写明“撤销原判”。本说法错误。

例4 某借款纠纷案二审中，双方达成调解协议，被上诉人当场将欠款付清。关于被上诉人请求二审法院制作调解书，下列哪一选项是正确的？

A. 可以不制作调解书，因为当事人之间的权利义务已经实现

B. 可以不制作调解书，因为本案属于法律规定可以不制作调解书的情形

C. 应当制作调解书，因为二审法院的调解结果除解决纠纷外，还具有对一审法院的判决效力发生影响的功能

D. 应当制作调解书，因为被上诉人已经提出请求，法院应当予以尊重

提示：二审程序中达成调解协议，法院必须制作调解书。其理由就在于二审调解对一审判决会产生影响。选项C正确。

（二）二审中特殊情形的调解适用

二审程序中出现下列特殊情况，为了保护当事人的审级利益，法院不能直接裁判，但可以通过调解解决纠纷。

1. 当事人在第一审程序中已经提出的诉讼请求，原审法院未作审理、判决的，第二审法院可以根据当事人自愿的原则进行调解；调解不成的，发回重审。

例 5　某省海兴市的《现代企业经营》杂志刊登了一篇自由撰稿人吕某所写的报道，内容涉及同省龙门市甲公司的经营方式。甲公司负责人汪某看到该篇文章后，认为《现代企业经营》作为一本全省范围内发行的杂志，其所发文章内容严重失实，损害了甲公司的名誉，使公司的经营受到影响。于是甲公司向法院起诉要求《现代企业经营》杂志社和吕某赔偿损失 5 万元，并进行赔礼道歉。一审法院仅判决杂志社赔偿甲公司 3 万元，未对“赔礼道歉”的请求进行处理。杂志社认为赔偿数额过高，不服一审判决提起上诉。关于二审法院对本案的处理，下列选项正确的是：

A. 由于“赔礼道歉”的诉讼请求并不在上诉请求的范围之中，二审法院不得对其进行审理

B. 针对一审中“赔礼道歉”的诉讼请求，二审法院应根据当事人自愿的原则进行调解，调解不成的，发回重审

C. 针对一审中“赔礼道歉”的诉讼请求，二审法院应根据当事人自愿的原则进行调解，调解不成的，径行判决

D. 针对一审中“赔礼道歉”的诉讼请求，二审法院应根据当事人自愿的原则进行调解，调解不成的，告知甲公司另行起诉

提示：赔礼道歉是当事人在一审中已提出的诉讼请求，但一审法院未作审理、判决，第二审法院可以根据当事人自愿的原则进行调解；调解不成的，发回重审。选项 B 正确。

2. 必须参加诉讼的当事人或者有独立请求权的第三人，在第一审程序中未参加诉讼，第二审法院可以根据当事人自愿的原则予以调解；调解不成的，发回重审。

例 6　二审法院审理继承纠纷上诉案时，发现一审判决遗漏另一继承人甲。关于本案，下列哪一说法是正确的？

A. 为避免诉讼拖延，二审法院可依职权直接改判

B. 二审法院可根据自愿原则进行调解，调解不成的裁定撤销原判决发回重审

C. 甲应列为本案的有独立请求权第三人

D. 甲应是本案的共同原告

提示：遗漏继承人甲，属于一审判决遗漏必须参加诉讼的当事人，第二审法院可以根据当事人自愿的原则予以调解；调解不成的，发回重审。选项 B 正确。

3. 一审判决不准离婚的案件，上诉后，第二审法院认为应当判决离婚的，可以根据当事人自愿的原则，与子女抚养、财产问题一并调解；调解不成的，发回重审。

4. 在第二审程序中，原审原告增加独立的诉讼请求或者原审被告提出反诉的，第二审法院可以根据当事人自愿的原则就新增加的诉讼请求或者反诉进行调解；调解不成的，告知当事人另行起诉。

例7 丙承租了甲、乙共有的房屋，因未付租金被甲、乙起诉。一审法院判决丙支付甲、乙租金及利息共计10000元，分五个月履行，每月给付2000元。甲、乙和丙均不服该判决，提出上诉：乙请求改判丙一次性支付所欠的租金10000元。甲请求法院判决解除与丙之间租赁关系。丙认为租赁合同中没有约定利息，甲、乙也没有要求给付利息，一审法院不应当判决自己给付利息，请求判决变更一审判决的相关内容。丙还提出，为修缮甲、乙的出租房自己花费了3000元，请求抵销部分租金。关于丙提出用房屋修缮款抵销租金的请求，二审法院正确的处理办法是：

A. 查明事实后直接判决

B. 不予审理

C. 经当事人同意进行调解解决，调解不成的，发回重审

D. 经当事人同意进行调解解决，调解不成的，告知丙另行起诉

提示：本案甲乙起诉要求丙支付租金，丙提出用房屋修缮款抵销租金，其主张属于反诉。二审法院应经当事人同意进行调解，调解不成的，告知丙另行起诉；或者经过双方同意二审法院一并作出判决。选项D正确。

特别提醒：为了尊重当事人的程序选择权，上诉第3、4种情形，当事人同意由二审法院一并审理，第二审法院可以一并裁判。

上述规定可通过下表来理解和记忆：

<table>
<tr><th>调解不成的处理措施</th><th>适用情形</th><th>二审法院能否一并裁判</th></tr>
<tr><td rowspan="3">发回重审。</td><td>一审判决遗漏诉讼请求。</td><td rowspan="2">不可以一并裁判。</td></tr>
<tr><td>一审程序遗漏必须参加诉讼的当事人或者有独立请求权第三人。</td></tr>
<tr><td>一审判决不准离婚的案件，第二审法院认为应当判决离婚。</td><td rowspan="2">当事人同意可以一并裁判。</td></tr>
<tr><td>告知另行起诉。</td><td>原审原告增加独立的诉讼请求或者原审被告提出反诉。</td></tr>
</table>

四、上诉的撤回

撤回上诉是指上诉人在第二审法院受理案件后、二审判决宣告前，将其提起的上诉予以撤回的一种诉讼行为。

（一）撤回上诉的条件

1. 申请撤回上诉的主体：上诉人、上诉人的法定代理人；
2. 申请撤回上诉的时间：第二审判决宣告前提出；
3. 撤回上诉必须取得第二审法院同意。

（二）撤回上诉的法律后果

1. 如果对方当事人未上诉，第二审程序终结；

2. 如果对方当事人未上诉，第一审裁判生效；

3. 撤回上诉的一方承担第二审上诉费用，减半收取。

特别提醒：如果对方当事人上诉，二审程序不会因一方上诉人撤回上诉而终结，二审法院应当审理后作出判决，原则上二审判决应围绕未撤回上诉一方的上诉请求作出。

（三）二审中撤回起诉

1. 申请主体：原审原告。

2. 适用条件：①经其他当事人同意；②不损害国家利益、社会公共利益、他人合法权益。

3. 法律后果：①法院准许撤诉，应当一并裁定撤销一审裁判；②原审原告在第二审程序中撤回起诉后重复起诉，法院不予受理。

五、上诉案件的裁判

（一）对第一审判决提起上诉的裁判

1. 判决驳回上诉、维持原判

适用情形：原判事实认定清楚、法律适用正确。

2. 依法改判、撤销或变更原判决

适用情形：①原判决事实认定错误或者法律适用错误；②原判决认定的基本事实不清，可以查清事实后依法改判。

3. 裁定撤销原判、发回重审

适用情形：①原判决认定基本事实不清；②原判决遗漏当事人；③原判决严重违反法定程序。具体包括审判组织的组成不合法、应当回避的审判人员未回避、无诉讼行为能力人未经法定代理人代为诉讼、违法剥夺当事人辩论权利。

发回重审只能适用一次。发回重审应当按照一审程序另行组成合议庭审理，作出的判决可以上诉救济。二审裁定撤销一审判决发回重审的案件，当事人申请变更、增加诉讼请求或者提出反诉，第三人提出与本案有关的诉讼请求的，可以合并审理。

（二）对第一审裁定提起上诉的裁定

对第一审裁定不服上诉的处理，二审法院一律使用裁定。

对于原裁定事实认定清楚、法律适用正确，二审法院应裁定驳回上诉、维持原裁定。

第一审法院裁定不予受理错误，撤销原裁定后指令第一审法院立案；第一审法院驳回起诉裁定错误，撤销原裁定后指令第一审法院进行审理；第一审法院的管辖权异议裁定错误，撤销原裁定后指令第一审法院继续审理或者移送给有管辖权法院进行审理。

例 8　二审法院根据当事人上诉和案件审理情况，对上诉案件作出相应裁判。下列哪一选项是正确的？

A. 二审法院认为原判对上诉请求的有关事实认定清楚、适用法律正确，裁定驳回上

诉，维持原判

B. 二审法院认为原判对上诉请求的有关事实认定清楚，但适用法律有错误，裁定发回重审

C. 二审法院认为一审判决是在案件未经开庭审理而作出的，裁定撤销原判，发回重审

D. 原审原告增加独立的诉讼请求，二审法院合并审理，一并作出判决

提示：原判事实认定清楚、法律适用正确，二审法院应当判决驳回上诉、维持原判，不能用裁定，选项A错误。一审判决适用法律错误，二审法院应当直接改判，不能发回重审，选项B错误。未经开庭审理作判决，属于严重程序违法，应当裁定撤销原判，发回重审，选项C正确。原审原告增加独立的诉讼请求，第二审法院可以根据当事人自愿的原则就新增加的诉讼请求进行调解；调解不成的，告知当事人另行起诉。双方当事人同意由第二审法院一并审理的，第二审法院可以一并裁判。选项并未明确双方当事人是否同意，选项D错误。

（三）第二审裁判的效力

1. 不得对裁判再行上诉。

2. 不得重新起诉。但是，判决不准离婚、调解和好的离婚案件以及判决、调解维持收养关系的案件除外。

3. 具有强制执行的效力。对于二审法院作出的具有给付内容的裁判，如果义务人拒不履行义务的，对方当事人有权向法院申请强制执行；特殊情况下，法院也可以依职权采取强制执行措施，从而保护当事人合法权益的实现。

（四）第二审程序的审理期限

1. 二审法院审理不服判决的上诉案件，应当在二审法院立案之日起3个月内审结，有特殊情况需要延长的，报请本院院长批准。

2. 二审法院审理不服裁定的上诉案件，应当在二审法院立案之日起30日内作出终审裁定，有特殊情况需要延长的，报请本院院长批准。

第二十五章　审判监督程序

第一节　审判监督程序的启动

重要法条及司法解释

《民事诉讼法》第198~203、205~207条。

《最高人民法院关于适用〈中华人民共和国民事诉讼法〉的解释》第252、375~377、379~384、400~403、405~410、413、421~424条。

《最高人民法院关于适用〈中华人民共和国民事诉讼法〉审判监督程序若干问题的解释》第33条。

《最高人民法院关于民事审判监督程序严格依法适用指令再审和发回重审若干问题的规定》第8条。

命题分析

本节是审判监督程序的启动阶段，启动主体有法院、检察院和当事人。本节涉及的程序规定多，是每年必考的内容。

从考查内容来看，本知识点包括申请再审的条件、再审审理的审判程序、再审审理的特殊性三个高频考点，当事人申请再审考查最为频繁。以往试题主要围绕再审的主体、管辖法院等知识点作出考查。三个考点又分为若干个子考点，涉及面广，试题难度主要体现在广而非深。

从命题趋势分析，本知识点未来仍有可能每年必考。《最高人民法院关于适用〈中华人民共和国民事诉讼法〉的解释》对审判监督程序又作出许多新规定，考生在复习时应当予以重点关注。本节内容不涉及深奥的诉讼理论，难点在于涉及法律规范多，考生在备考时应注意梳理总结。

知识点精讲

一、法院启动再审

（一）适用条件

1. 提起理由：发生法律效力的判决、裁定、调解书确有错误。
2. 提起主体：各级法院院长及审委会，上级法院、最高人民法院。

3. 时限限制：不受时限限制，一般限于一次。

（二）适用程序

1. 本院提起再审：本院院长提交审委会讨论决定。

2. 上级法院提起再审：应当提审。

二、检察院抗诉或提出检察建议

（一）程序启动

1. 启动方式：当事人向检察院申请抗诉或检察建议；检察院依职权发现错误裁判。

2. 当事人申请抗诉或检察建议的情形：①法院驳回再审申请的；②法院逾期未对再审申请作出裁定的；③再审判决、裁定有明显错误的。

3. 检察院审查程序：

检察院对当事人的申请应当在3个月内进行审查，作出提出或者不予提出检察建议或者抗诉的决定。根据需要，检察院可以向当事人或者案外人调查核实有关情况。

4. 当事人申请次数：只能申请1次，遵循“先找法院，后找检察院”的规则。

（二）检察监督适用情形及理由

1. 生效判决、裁定有错误：

检察院抗诉的理由和当事人申请再审相同，此处不赘述，参见当事人申请再审部分。

2. 生效调解书损害国家利益、社会公共利益。

3. 再审程序以外的其他审判程序中审判人员的违法行为。

特别提醒：前两种情形，既可以由同级检察院发出检察建议，也可以由上级检察院抗诉；后一种情形只能由同级检察院发出检察建议。

（三）检察监督的期限

检察院提起抗诉或者检察建议，不受时间限制。检察院抗诉，法院应当再审。

知识拓展：抗诉和检察建议的区别

不同点	抗诉	检察建议
适用对象。	生效裁判有《民事诉讼法》第200条规定情形之一；调解书损害国家利益、社会公共利益。	生效裁判有《民事诉讼法》第200条规定情形之一；调解书损害国家利益、社会公共利益；审判监督程序以外的其他审判程序中审判人员的违法行为。
具体程序。	提请上级检察院向其同级法院提出。	向同级法院提出，并报上级检察院备案。
审查内容。	只进行形式审查。	除形式审查外，还要对再审事由进行实质审查。

总结：抗诉上抗下，抗诉书同级提；检察建议同级提，但报上级检察院备案。抗诉必然启动再审，接受抗诉的法院应当在30日内直接作出再审裁定。

三、当事人申请再审的条件

（一）主体必须合法

1. 原审中的当事人

原审中的原告、被告、有独立请求权第三人和判决其承担义务的无独立请求权第三人、上诉人和被上诉人。

2. 权利义务承继者

因当事人死亡或者终止，其权利义务承继者可以申请再审。但判决、调解书生效后，当事人将判决、调解书确认的债权转让，债权受让人不得对该判决、调解书申请再审。

特别提醒：权利义务承继者不属于案外人。

例1 2010年7月，甲公司不服A市B区法院对其与乙公司买卖合同纠纷的判决，上诉至A市中级人民法院，A市中级人民法院经审理维持原判决。2011年3月，甲公司与丙公司合并为丁公司。之后，丁公司法律顾问在复查原甲公司的相关材料时，发现上述案件具备申请再审的法定事由。关于该案件的再审，下列哪一说法是正确的？

A. 应由甲公司向法院申请再审

B. 应由甲公司与丙公司共同向法院申请再审

C. 应由丁公司向法院申请再审

D. 应由丁公司以案外人身份向法院申请再审

提示：本案申请再审的对象是甲公司与乙公司之间买卖合同案的判决，申请再审人本应是甲公司或者乙公司，但是由于甲公司已与丙公司合并为丁公司，原审案件当事人甲公司已终止，应由其权利义务承受人丁公司继受甲公司的权利义务，申请再审并参加再审诉讼。丁公司并非本案的案外人而是权利义务承受人具有当事人地位。选项C正确。

例2 三合公司诉两江公司合同纠纷一案，经法院审理后判决两江公司败诉。此后，两江公司与海大公司合并成立了大江公司。在对两江公司财务进行审核时，发现了一份对前述案件事实认定极为重要的证据。关于该案的再审，下列哪一说法是正确的？

A. 应当由两江公司申请再审并参加诉讼

B. 应当由海大公司申请再审并参加诉讼

C. 应当由大江公司申请再审并参加诉讼

D. 应当由两江公司申请再审，但必须由大江公司参加诉讼

提示：两江公司与海大公司合并成立了大江公司，原审案件当事人两江公司已终止，

应由其权利义务承受人大江公司继受两江公司的诉讼地位，由大江公司申请再审并参加诉讼。选项C正确。

3. 案外人

适用情形：①必须共同进行诉讼的当事人因不能归责于本人或者其诉讼代理人的事由未参加诉讼的，可以自知道或者应当知道之日起6个月内申请再审；②案外人对原判决、裁定、调解书确定的执行标的物主张权利，且无法提起新的诉讼解决争议的，可以自执行异议裁定送达之日起6个月内向作出原判决、裁定、调解书的法院申请再审。

（二）对象是已经发生法律效力的判决、裁定和调解书

1. 可以申请再审的判决

包括各级法院制作的生效的一审判决和终审判决，小额诉讼的判决亦可。

2. 可以申请再审的裁定

包括：①不予受理裁定；②驳回起诉裁定；③违反海事案件专门管辖的管辖权异议裁定。

3. 可以申请再审的调解书

包括一审法院或二审法院依调解协议制作的调解书。

4. 不可申请再审的情形

（1）适用特别程序、督促程序、公示催告程序、破产程序等非讼程序审理的案件；

（2）对已经发生法律效力的解除婚姻关系的判决、调解书。

5. 当事人可以就离婚案件中的财产分割问题申请再审

（1）如涉及判决中已分割的财产，符合再审条件的，应当裁定再审；

（2）如涉及判决中未作处理的夫妻共同财产，应当告知当事人另行起诉。

例3 根据《民事诉讼法》以及相关司法解释，关于离婚诉讼，下列哪些选项是正确的？

C. 判决生效后，不允许当事人申请再审

提示：对已经发生法律效力的解除婚姻关系的判决、调解书，当事人不可申请再审。但是离婚诉讼还可能会涉及财产分割问题，对此当事人可申请再审。选项C错误。

（三）符合法定事实和理由

1. 对于生效的判决、裁定

（1）有新的证据，足以推翻原判决、裁定的；

（2）原判决、裁定认定的基本事实缺乏证据证明的；

（3）原判决、裁定认定事实的主要证据是伪造的；

（4）原判决、裁定认定事实的主要证据未经质证的；

（5）对审理案件需要的主要证据，当事人因客观原因不能自行收集，书面申请法院调查收集，法院未调查收集的；

（6）原判决、裁定适用法律确有错误的；

（7）审判组织的组成不合法或者依法应当回避的审判人员没有回避的；

（8）无诉讼行为能力人未经法定代理人代为诉讼或者应当参加诉讼的当事人，因不能归责于本人或者其诉讼代理人的事由，未参加诉讼的；

（9）违反法律规定，剥夺当事人辩论权利的；

（10）未经传票传唤，缺席判决的；

（11）原判决、裁定遗漏或者超出诉讼请求的；

（12）据以作出原判决、裁定的法律文书被撤销或者变更的；

（13）审判人员审理该案件时有贪污受贿，徇私舞弊，枉法裁判行为的。

> **特别提醒**：第（1）～（5）项属于事实和证据瑕疵；第（6）项属于法律适用问题；第（7）～（11）项属于程序性错误；第（12）、（13）项则属特殊事由。

2. 对于生效的调解书

当事人提出证据证明调解违反自愿原则或者调解协议的内容违反法律的，可以申请再审。

> **知识拓展**：法院对调解书启动再审的理由是调解书确有错误；检察院对调解书抗诉或提出检察建议的理由是调解书违反国家或社会公共利益。

3. 向法院申请再审一次性原则

法院不予受理下列情形的当事人再审申请：①再审申请被驳回后再次提出申请的；②对再审判决、裁定提出申请的；③在人民检察院对当事人的申请作出不予提出再审检察建议或者抗诉决定后又提出申请的。

> **理论点拨**：审判监督程序中，当事人可以向法院申请再审，也可以申请检察院抗诉或者提出检察建议。其适用规则是：向法院、检察院申请一次性原则，且当事人应当先找法院，未获支持后再去找检察院。因此，上述1、2种情形，法院应当告知当事人可以向检察院申请再审检察建议或者抗诉，但因检察院提出再审检察建议或者抗诉而再审作出的判决、裁定除外。

（四）在法定期限内提出

当事人申请再审，应当在判决、裁定、调解书发生法律效力后6个月内提出，该期间不适用中止、中断和延长的规定。

但下列情形，自知道或者应当知道之日起6个月内提出：①有新的证据，足以推翻原判决、裁定的；②原判决、裁定认定事实的主要证据是伪造的；③据以作出原判决、裁定的法律文书被撤销或者变更的；④审判人员审理该案件时有贪污受贿，徇私舞弊，枉法裁判行为的。

（五）向有管辖权的法院提出

原则规定：当事人应当向原审法院的上一级法院申请再审。

例外规定：当事人一方人数众多或者当事人双方为公民的案件，也可以向原审法院申请再审。

当事人一方人数众多或者当事人双方为公民的案件，当事人分别向原审法院和上一级法院申请再审且不能协商一致的，由原审法院受理。

（六）应当提交必要的材料

当事人申请再审，应当提交再审申请诉，原审判决书、裁定书、调解书，身份证明及相关证据材料，并按对方当事人人数提供申请书副本。

四、再审申请的审查程序

（一）审查主体

应由审判员组成的合议庭，围绕再审事由是否成立进行审查。

（二）审查方式

1. 径行裁定。主要适用于明显不符合再审申请条件，可以直接驳回再审申请的情形。

2. 调卷审查。这是最主要的审查方式。法院通过调取、查阅原审卷宗，再认定再审申请事由是否成立。

3. 询问当事人。对于“有新的证据足以推翻原判决、裁定”为由提出的再审申请，法院必须询问当事人。既可以单方询问，也可以双方同时到场。

（三）审查的结果

1. 法院认为申请再审理由不成立，应裁定驳回再审申请。裁定一经送达，即发生法律效力。

2. 法院认为申请再审理由成立，应裁定再审，并指定再审的审理法院。

3. 如申请人主动撤回再审申请，或经传票传唤，无正当理由拒不接受询问，法院可以裁定准予撤回再审申请，或按撤回再审申请处理，终结审查程序。

4. 发生下列情形，法院可以裁定终结审查：①再审申请人死亡或者终止，无权利义务承继者或者权利义务承继者声明放弃再审申请；②在给付之诉中，负有给付义务的被申请人死亡或者终止，无可供执行的财产，也没有应当承担义务的人；③当事人达成和解协议且已履行完毕，但当事人在和解协议中声明不放弃申请再审权利的除外；④他人未经授权以当事人名义申请再审；⑤原审或者上一级法院已经裁定再审；⑥不符合再审申请以一次为限的申请。

（四）审查的竞合

1. 与检察监督权的竞合。法院在审查当事人的再审申请期间，检察院又对该案提出抗诉，法院应终结对再审申请的审查，作出再审裁定。在再审审理时，应将申请再审人提出的具体再审请求纳入审理范围。

2. 与诉权的竞合。法院审查一方当事人的再审申请期间，案件其他当事人也提出再审申请，法院应当将双方都列为申请再审人，对双方的再审申请一并审查。

（五）审查的期限

法院应在自收到再审申请书之日起3个月内审查完毕，但公告期间、当事人和解期间等不计入审查期限。如有特殊情况无法在3个月内审查完毕，需要延长审查期限，须由本院院长批准。

第二节 再审案件的审判程序

重要法条及司法解释

《民事诉讼法》第204、206、207、211条。

《最高人民法院关于适用〈中华人民共和国民事诉讼法〉的解释》第252、400~403、405~410、418条。

《最高人民法院关于适用〈中华人民共和国民事诉讼法〉审判监督程序若干问题的解释》第33条。

《最高人民法院关于民事审判监督程序严格依法适用指令再审和发回重审若干问题的规定》第2、3、8条。

命题分析

本考点是审判监督程序的后半阶段，涉及再审案件如何进行审理。本考点以往考查频率较高，几乎达到每年必考的程度。

从考查形式看，本节考点从未单独命题，均与其他制度搭配考查。从考查内容来看，虽然本考点涉及知识点较多，但考查内容较为集中，主要围绕再审审理的审判程序、再审审理范围等知识点予以命题。

鉴于本考点涉及内容非常多，程序规则较为复杂，且容易和一审、二审程序配合命题，在未来法考客观题中考查的可能性依然较高。复习时一定要注意再审程序和一审、二审的适用关系，即再审不是一个独立的审级，如无特殊规定，应适用一审或二审的相关规定。

知识点精讲

一、再审审理的法院

再审审理的案件管辖权，归属于作出再审裁定提起再审的法院。具体为：

1. 法院自行启动再审的案件：裁定再审的法院。
2. 检察院抗诉启动再审案件：受理抗诉并裁定再审的法院。

> **例外情形：**具有《民事诉讼法》第200条第（一）至（五）项情形，可以交下一级法院审理，但经该下一级法院再审的除外。

3. 当事人申请再审案件：审查再审申请并裁定再审的法院。

> **例外情形**：最高人民法院、高级人民法院裁定再审的案件，由本院再审或者指令原审法院以及其他下级法院重新审理。

最高人民法院、高级人民法院可以指令原审法院再审的情形：

（1）依据《民事诉讼法》第200条第（四）、（五）、（九）项裁定再审的；

（2）发生法律效力的判决、裁定、调解书是由第一审法院作出的；

（3）当事人一方人数众多或者当事人双方为公民的；

（4）经审判委员会讨论决定的其他情形。

> **特别提醒**：中级人民法院无权将案件指定或指令给基层人民法院再审。

4. 符合上述指令原审法院再审条件，但上级法院应当提审的情形：

（1）原判决、裁定系经原审法院再审审理后作出的；

（2）原判决、裁定系经原审法院审判委员会讨论作出的；

（3）原审审判人员在审理该案件时有贪污受贿，徇私舞弊，枉法裁判行为的；

（4）原审法院对该案无再审管辖权的；

（5）需要统一法律适用或裁量权行使标准的；

（6）其他不宜指令原审法院再审的情形。

二、再审审理的审判程序

法院审理再审案件，并无独立程序，应根据原审案件的审理程序和再审审理法院的审级来确定审判程序。

原审案件的审理程序	再审的审判程序
生效判决、裁定由第一审法院作出。	适用第一审程序审理，可以上诉救济。
生效判决、裁定由第二审法院作出。	适用第二审程序审理，不可以上诉救济。
上级法院按审判监督程序提审。	适用第二审程序审理，不可以上诉救济。

> **特别提醒**：为躲避命题"陷阱"，建议再审中一定要先判断是否存在提审情形。

例1 甲公司诉乙公司合同纠纷案，南山市S县法院进行了审理并作出驳回甲公司诉讼请求的判决，甲公司未提出上诉。判决生效后，甲公司因收集到新的证据申请再审。下列哪些选项是正确的？

A. 甲公司应当向S县法院申请再审

B. 甲公司应当向南山市中级人民法院申请再审

C. 法院应当适用一审程序再审本案

D. 法院应当适用二审程序再审本案

提示： 当事人一方人数众多或者当事人双方为公民的案件，可以向原审法院申请再审。本案双方当事人均为法人，应当向原审法院的上一级法院申请再审，选项 A 错误，选项 B 正确；上一级法院经审查认为申请再审事由成立的，一般由本院提审。按照审判监督程序提审的，应当适用第二审程序审理。选项 C 错误，选项 D 正确。

三、再审审理的特殊性

（一）裁定中止执行

1. 原则规定：无论通过何种渠道启动再审程序，只要法院决定再审，就应当作出再审裁定的同时，中止原判决、裁定、调解书的执行。

2. 例外规定：追索赡养费、扶养费、抚育费、抚恤金、医疗费用、劳动报酬等案件，可以不中止执行。

> **特别提醒：**（1）再审中止执行的时间点是法院决定再审。当事人申请再审时，法院不应中止执行。
>
> （2）法院决定再审时，应裁定中止执行，而非撤销原判决。撤销原判决要等到再审程序审理结束后才可能会作出。
>
> （3）上述案件类型与可以申请先予执行的案件类型相同，即“四费一金一酬”案件。

例 2　林某诉张某房屋纠纷案，经某中级人民法院一审判决后，林某没有上诉，而是于收到判决书 20 日后，向省高级人民法院申请再审。其间，张某向中级人民法院申请执行判决。省高级人民法院经审查，认为一审判决确有错误，遂指令作出判决的中级人民法院再审。下列哪些说法是正确的？

A. 高级人民法院指令再审的同时，应作出撤销原判决的裁定

B. 中级人民法院再审时应作出撤销原判决的裁定

C. 中级人民法院应裁定中止原裁判的执行

D. 中级人民法院应适用一审程序再审该案

提示： 再审程序分为启动和审理两个阶段，撤销原判决是再审程序审理阶段结束时的处理方式。本案尚处于启动阶段，法院决定再审时，应当裁定中止执行。因此，选项 C 正确，选项 A、B 错误。中级人民法院作为一审法院依照审判监督程序再审林某诉张某房屋纠纷案时，应适用一审程序再审该案。选项 D 正确。

（二）审判组织

1. 再审程序只能由合议庭审理，不适用独任制。

2. 如果原审法院再审的，应当另行组成合议庭。

（三）再审审理范围

1. 原则上，法院审理再审案件应当围绕再审请求进行。当事人的再审请求超出原审诉讼请求的，不予审理；符合另案诉讼条件的，告知当事人可以另行起诉。

2. 被申请人及原审其他当事人在庭审辩论结束前提出的再审请求，符合再审的法定期限规定，法院应当一并审理。

3. 涉及国家利益、社会公共利益，或者当事人在原审诉讼中已经依法要求增加、变更诉讼请求，原审未予审理且客观上不能形成其他诉讼的除外。

4. 再审发回重审的案件，应当围绕当事人原诉讼请求进行审理。当事人变更其在原审中的诉讼主张、质证和辩论意见，应说明理由并提交相应证据，理由不成立或证据不充分，法院不予支持。但是发回重审时当事人申请变更、增加诉讼请求或者提出反诉，符合下列情形之一的，法院应当准许：

（1）原审未合法传唤缺席判决，影响当事人行使诉讼权利的；

（2）追加新的诉讼当事人的；

（3）诉讼标的物灭失或者发生变化致使原诉讼请求无法实现的；

（4）当事人申请变更、增加的诉讼请求或者提出的反诉，无法通过另诉解决的。

（四）再审中当事人的确定

1. 民事再审案件的当事人应为原审案件的当事人，原审案件当事人死亡或终止的，其权利义务承受人可以申请再审并参加再审程序。

2. 再审过程中，法院发现原审判决遗漏应当参加的当事人，如果适用第一审程序再审，应当追加其为当事人，作出新的判决；如果适用第二审程序再审，经调解不能达成协议的，应当撤销原判决，发回重审。

3. 案外人属于必要的共同诉讼当事人，申请而裁定再审，应根据再审的审理程序分别确定：①按照第一审程序再审，应当追加其为当事人，作出新的判决、裁定；②按照第二审程序再审，经调解不能达成协议的，应当撤销原判决、裁定，发回重审，重审时应追加其为当事人。

例3 赵某与黄某因某项财产所有权发生争议，赵某向法院提起诉讼，经一、二审法院审理后，判决该项财产属赵某所有。此后，陈某得知此事，向二审法院反映其是该财产的共同所有人，并提供了相关证据。二审法院经审查，决定对此案进行再审。关于此案的说法，下列哪一选项是正确的？

A. 陈某不是本案一、二审当事人，不能参加再审程序

B. 二审法院可以直接通知陈某参加再审程序，并根据自愿原则进行调解，调解不成的，告知陈某另行起诉

C. 二审法院可以直接通知陈某参加再审程序，并根据自愿原则进行调解，调解不成的，裁定撤销一、二审判决，发回原审法院重审

D. 二审法院只能裁定撤销一、二审判决，发回原审法院重审

提示：案外人陈某属于必须共同进行诉讼的当事人，本案的生效判决作出法院是二审

法院，再审时应当用第二审程序，二审法院应当通知陈某参加再审程序，并根据自愿原则进行调解，调解不能达成协议，裁定撤销原判决，发回原审法院重审。选项C正确。

（五）再审审理方式

原则规定：法院审理再审案件一般应当开庭审理。

例外规定：按照第二审程序审理，有特殊情况或者双方当事人已经通过其他方式充分表达意见，且书面同意不开庭审理的除外。

法院开庭审理抗诉案件：应当在开庭3日前通知人民检察院、当事人和其他诉讼参与人。同级人民检察院或者提出抗诉的人民检察院应当派员出庭。人民检察院因履行法律监督职责向当事人或者案外人调查核实的情况，应当向法庭提交并予以说明，由双方当事人进行质证。

（六）撤回抗诉、撤回再审申请和撤回起诉

再审程序可能因为检察院撤回抗诉、当事人撤回再审申请或撤回起诉而告终结，但三者的适用情形、法律后果不尽相同。

<table>
<tr><th>具体类型</th><th>适用情形（条件）</th><th>法律后果</th></tr>
<tr><td rowspan="2">撤回抗诉</td><td>检察院撤回抗诉（法院应当准许）。</td><td rowspan="2">终结再审程序，法院裁定中止执行的原生效判决自动恢复执行。</td></tr>
<tr><td>申请抗诉的当事人经传票传唤，无正当理由拒不到庭的，或者未经法庭许可中途退庭，如果不损害国家利益、社会公共利益或者他人合法权益。</td></tr>
<tr><td rowspan="2">撤回再审申请</td><td>再审申请人在再审期间撤回再审申请（是否准许由法院裁定）。</td><td rowspan="2">终结再审程序，法院裁定中止执行的原生效判决自动恢复执行。
再审申请人再次申请再审，不予受理［《民事诉讼法》第200条第（一）、（三）、（十二）、（十三）项情形除外］。</td></tr>
<tr><td>再审申请人经传票传唤，无正当理由拒不到庭，或者未经法庭许可中途退庭，可裁定按自动撤回再审申请处理。</td></tr>
<tr><td>撤回起诉</td><td>一审原告在再审审理程序中申请撤回起诉，经其他当事人同意，且不损害国家利益、社会公共利益、他人合法权益的，经法院准许。</td><td>裁定准许撤诉的，应当一并撤销原判决；撤回起诉后重复起诉的，法院不予受理。</td></tr>
</table>

知识拓展：第一审程序，当事人撤诉后仍可以再次起诉；但二审、再审程序中，原审原告撤回起诉后不得再次重复起诉。

例4　关于再审程序的说法，下列哪些选项是正确的？

A. 在再审中，当事人提出新的诉讼请求的，原则上法院应根据自愿原则进行调解，调解不成的告知另行起诉

B. 在再审中，当事人增加诉讼请求的，原则上法院应根据自愿原则进行调解，调解不成的裁定发回重审

C. 按照第一审程序再审案件时，经法院许可原审原告可撤回起诉

D. 在一定条件下，案外人可申请再审

提示：原则上法院审理再审案件应当围绕再审请求进行，当事人的再审请求超出原审诉讼请求的，不予审理。当事人增加诉讼请求、提出新的诉讼请求，均超出了原审诉讼请求范围，法院不应受理，选项A、B错误；再审程序中，原审原告可以申请撤回起诉，选项C正确；符合特定条件，案外人可以申请再审，选项D正确。

（七）再审的裁判方式

1. 对民事裁判文书的再审

对民事裁定、判决的再审，法院根据原审判决、裁定的不同情形，作出不同的裁判。

适用情形	处理决定
原判决、裁定认定事实清楚、适用法律正确。	维持原判。
原判决、裁定认定事实、适用法律虽有瑕疵，但裁判结果正确。	纠正瑕疵后维持原判。
原判决、裁定认定事实、适用法律错误，导致裁判结果错误。	依法改判、撤销或者变更。
不符合民事诉讼法规定的起诉条件或者属于不予受理情形。	驳回起诉（适用二审程序再审）。
原审法院严重违反法定程序或者未对基本事实进行审理。	发回重审（适用二审程序再审）。

2. 对民事调解书的再审

对民事调解书的再审，应围绕调解协议是否违背自愿合法原则作出不同的处理。

原调解协议违背自愿合法原则	作出新的裁判。
	再次调解，重新达成调解协议后制作调解书。
原调解协议不违背自愿合法原则	裁定驳回再审申请，终结再审程序。

知识拓展：第一审程序中调解，原则上应当制作调解书；而二审程序、再审程序中达成调解协议，必须制作调解书。

（八）裁定终结再审

再审审理期间，有下列情形之一的，可以裁定终结再审程序：

（1）再审申请人在再审期间撤回再审请求，法院准许的；

（2）再审申请人经传票传唤，无正当理由拒不到庭的，或者未经法庭许可中途退庭，按撤回再审请求处理的；

（3）人民检察院撤回抗诉的；

（4）再审申请人死亡或者终止，无权利义务承继者或者权利义务承继者声明放弃再审申请的；

（5）在给付之诉中，负有给付义务的被申请人死亡或者终止，无可供执行的财产，也没有应当承担义务的人的；

（6）当事人达成和解协议且已履行完毕的，但当事人在和解协议中声明不放弃申请再审权利的除外；

（7）他人未经授权以当事人名义申请再审的。

第二十六章　特别程序

重要法条及司法解释

《民事诉讼法》第 177～197 条。

《最高人民法院关于适用〈中华人民共和国民事诉讼法〉的解释》第 343～374 条。

命题分析

从本程序的命名即可见其“特别”之处，它由本不属于民事案件的选民资格案件和其他五类民事非讼程序构成。其中，确认调解协议和实现担保物权是 2012 年民事诉讼法修正时新增的程序，这直接使本章内容近年来较为频繁地命题考查。

从考查形式看，既有单一考点选择题，也有多考点搭配命题。考查内容主要集中在特别程序的特点、确认调解协议案件的申请与受理等知识点。本章内容的重点是理解特别程序的特点，它对于特别程序的学习可起到提纲挈领的作用。复习本章内容，应重点关注各类程序的特殊规定。

知识点精讲

一、特别程序概述

特别程序是指法院审理特定类型的民事非讼案件和选民资格案件所适用的程序。

特别程序的特点：

（一）程序目的特殊

特别程序目的不是解决双方当事人之间的民事权益冲突，而是确认法律事实或权利状态。

特别提醒：（1）特别程序不适用辩论原则、调解原则，也不存在诉的合并、反诉等制度。

（2）法院发现特别程序案件具有民事权益争议，应当裁定终结特别程序，并告知利害关系人另行起诉。

（二）审判组织特殊

以独任制审判为原则，以合议制审判为例外。特别程序中的合议庭只能由审判员组成，陪审员不能参加。

特别提醒：选民资格案件、重大疑难案件、实现担保物权案件中担保财产标的额超过基层人民法院管辖范围的，由审判员组成的合议庭审理。

（三）审理期限短

除选民资格案件必须在选举日前审结之外，其他案件应当在立案之日起 30 日内或公告期满后 30 日内审结，有特殊情况需要延长的，由本院院长批准。

（四）审级制度特殊

实行一审终审制，不能上诉。

（五）救济方式特殊

特别程序不适用审判监督程序。当事人、利害关系人认为特别程序判决、裁定有错误，可以向其作出法院提出异议。法院经审查，异议成立或者部分成立的，作出新的判决、裁定，撤销或者改变原判决、裁定。

（六）适用法院特殊

审理和裁判特别程序的法院只能是基层人民法院。

例 1 关于《民事诉讼法》规定的特别程序的表述，下列哪一选项是正确的？

A. 适用特别程序审理的案件都是非讼案件

B. 起诉人或申请人与案件都有直接的利害关系

C. 适用特别程序审理的案件都是一审终审

D. 陪审员通常不参加适用特别程序案件的审理

提示：特别程序中的选民资格案件并不是非讼案件，选项 A 错误；特别程序只确认某种事实和权利状态，不必要求起诉人或者申请人与本案有直接的利害关系，选项 B 错误。特别程序审理的案件均实行一审终审，选项 C 正确；特别程序采用合议庭审理时，陪审员不能参加“通常不参加”不够准确，选项 D 错误。

二、选民资格案件

1. 起诉人：只能是公民，不能是法人或其他组织。但该公民不要求与案件有直接利害关系。

2. 前置程序：起诉人向法院起诉前，必须先向选举委员会提出申诉。

3. 起诉时间：选举日的 5 日前。

4. 管辖法院：选区所在地基层人民法院起诉。

5. 审判组织：由审判员组成的合议庭审理。

6. 开庭审理：审理时，起诉人、选举委员会的代表和有关公民必须参加；必须在选举日前审结。

7. 判决：法院判决书，应当在选举日前送达选举委员会和起诉人，并通知有关公民。判决书一经送达，立即生效。

例 2　在基层人大代表换届选举中，村民刘某发现选举委员会公布的选民名单中遗漏了同村村民张某的名字，遂向选举委员会提出申诉。选举委员会认为，刘某不是本案的利害关系人无权提起申诉，故驳回了刘某的申诉，刘某不服诉至法院。下列哪一选项是错误的？

A. 张某、刘某和选举委员会的代表都必须参加诉讼

B. 法院应该驳回刘某的起诉，因刘某与案件没有直接利害关系

C. 选民资格案件关系到公民的重要政治权利，只能由审判员组成合议庭进行审理

D. 法院对选民资格案件作出的判决是终审判决，当事人不得对此提起上诉

提示：首先应确定本案是选民资格案件。《民事诉讼法》第 182 条第 2 款规定，法院审理选民资格案件时，起诉人、选举委员会的代表和有关公民必须参加。选项 A 正确。《民事诉讼法》第 181 条规定，公民不服选举委员会对选民资格的申诉所作的处理决定，可以在选举日的 5 日以前向选区所在地基层人民法院起诉。此处的公民并不需要与案件有直接利害关系，选项 B 表述错误。《民事诉讼法》第 178 条规定，依照特别程序审理的案件，实行一审终审。选民资格案件或者重大、疑难的案件，由审判员组成合议庭审理，选项 C、选项 D 表述正确。

三、宣告失踪、死亡案件

异同点	申请宣告失踪	申请宣告死亡
适用情形。	公民下落不明已满 2 年。	公民下落不明已满 4 年；因意外事故下落不明已满 2 年；因意外事故下落不明，经有关机关证明不可能生还。
公告期间。	3 个月。	1 年；3 个月。
法律后果。	为失踪人指定财产代管人。	原婚姻关系消灭；继承开始。
启动方式。	有利害关系人向法院提出申请。	
申请形式。	书面申请。	
管辖法院。	下落不明公民住所地的基层人民法院。	
重新出现的处理。	被宣告失踪人或被宣告死亡人出现后的处理，由该公民或利害关系人向作出宣告判决的法院提出申请，法院作出新判决，撤销原判决。	

四、认定公民无、限制民事行为能力

1. 必须由利害关系人向法院提出书面申请。

2. 申请事由只能是被申请人由于病理原因导致其无民事行为能力或者具有限制民事行为能力。

3. 应由该公民住所地的基层人民法院管辖。

认定公民的行为能力，必须由法院指定或聘请有关专门机构进行鉴定。

根据被认定为无、限制民事行为能力人或他的监护人申请，证实其无、限制民事行为能力原因已消除的，应当作出新判决，撤销原判决。

五、认定财产无主案件

1. 被认定的无主财产应为有形财产。

2. 申请理由是被认定财产的权利主体不明。

3. 财产所有权人不明的状态持续一定期间。

4. 申请人向财产所在地基层人民法院提出书面申请。

法院受理案件后，应当发出财产认领公告，公告期为1年。公告期满无人认领，判决认定财产无主，收归国家或者集体所有。

公告期间，有人对该财产提出请求，法院应当裁定终结特别程序，告知申请人另行起诉，适用普通程序审理。

六、确认调解协议案件的审理

（一）申请条件

1. 双方共同向调解组织所在地基层人民法院提出申请。

2. 在法定期限内提出申请。自调解协议生效之日起30日内提出申请。

3. 以书面或口头形式提出申请。

> **特别提醒**：非讼程序中只有确认调解协议案件，可以口头提出申请。

（二）审理与裁判

1. 审判组织：审判员独任审理。

2. 处理结果：①作出确认调解协议有效的裁定。一方不履行，对方当事人可以申请强制执行。②裁定驳回申请。

3. 救济方式：当事人对裁定不服的，应当自收到裁定之日起15日内提出异议；利害关系人对裁定不服的，应当自知道或者应当知道权益受损之日起6个月内提出异议。

（三）不予受理与驳回确认申请的情形

处理方式	适用情形
不予受理确认申请。	不属于法院受理范围。
	不属于收到申请的法院管辖。
	申请确认身份关系无效、有效或者解除。
	涉及适用其他特别程序、公示催告程序、破产程序审理。
	内容涉及物权、知识产权确权。
驳回确认申请。	违反法律强制性规定。
	损害国家利益、社会公共利益、他人合法权益。
	违背公序良俗。
	违反自愿原则。
	内容不明确。

七、实现担保物权案件的审理

（一）申请条件

1. 申请主体。包括抵押权人、质权人、留置权人、抵押人、出质人、财产被留置的债务人或者所有权人。

2. 向担保财产所在地或者担保物权登记地基层人民法院提出书面申请。

（二）审判组织

实现担保物权案件可以由审判员一人独任审查；但担保财产标的额超过基层人民法院管辖范围的，应当组成合议庭进行审查。

> **特别提醒：**担保财产标的额只影响审判组织形式，不影响管辖法院级别。

（三）处理方式

1. 当事人对实现担保物权有实质性争议的，裁定驳回申请，并告知申请人向法院起诉。

2. 对于准许拍卖、变卖担保财产的裁定，当事人可以根据该裁定申请法院强制执行。

3. 当事人有异议的，应当自收到裁定之日起 15 日内提出异议；利害关系人对裁定不服的，自知道或者应当知道权益受损之日起 6 个月内提出异议。

第二十七章　督促程序

重要法条及司法解释

《民事诉讼法》第 214 ~ 217 条。

《最高人民法院关于适用〈中华人民共和国民事诉讼法〉的解释》第 427 ~ 443 条。

命题分析

“督促程序”并非本学科传统意义上的重点，但命题人却对其青眼有加，曾连续五年命题考查，使其成为当之无愧的高频考点。在法考中，本考点已连续两年命题考查。

从命题形式看，本知识点中的三个考点全部以表述类或案例类选择题形式考查，除偶尔就某个考点单独命制选择题外，往往会在选择题中“组团”综合考查。从考查内容来看，本知识点包括支付令的发出、支付令异议的提出与审查、异议成立的法律后果三个高频考点，以往试题主要围绕支付令的送达方式、支付令异议的后果等进行考查，这无疑是考生复习法考时需要重点掌握的知识。

从命题趋势分析，本知识点已连续七年命题考查，司考时代试题考查内容重复多次；但法考中对其考查角度更为细致，着重对以往未考查内容进行命题。应首先把握督促程序的非讼性质，在此基础上再对本章的重点知识点进行复习。

知识点精讲

一、督促程序概述

督促程序是指债务人住所地基层人民法院根据债权人的申请，向债务人发出支付令，催促债务人在法定期限内向债权人清偿债务的法律程序。

督促程序属于非讼程序，其具有以下特点：

1. 适用范围受限

案件类型：仅适用于债权人请求债务人给付金钱和有价证券的案件。

适用法院：仅适用于基层人民法院（不受债权金额限制），中级以上法院不得适用。

2. 程序非讼性

督促程序不解决当事人之间债权债务关系的争议。督促程序依债权人申请而启动，法院对申请进行书面审查，符合条件即发出支付令。该程序不存在双方当事人辩论与质证环节，债务人提出有效的异议后，程序即告终结。

3. 审理过程简便

法院适用督促程序，无须开庭，审判员一人书面审查，一审终审。

二、支付令的发出

1. 法院发出支付令的条件

法院经书面审查，申请人的支付令申请符合法定条件，应当在受理申请之日起 15 日内向债务人发出支付令。

申请支付令的法定条件包括：①债权人请求债务人给付的标的必须是金钱和有价证券；②请求给付的金钱或有价证券已到期且数额确定；③债权人与债务人之间不存在对待给付义务；④债务人在我国境内且未下落不明，支付令能够送达债务人；⑤债权人未向法院申请诉前保全。

2. 支付令的送达方式

支付令应向债务人本人直接送达，债务人拒绝接收，法院可以留置送达。

> **特别提醒：**支付令可以留置送达，但不适用公告送达。

3. 支付令送达的法律后果

（1）债务人应当自收到支付令之日起 15 日内清偿债务，或者向法院提出书面异议；

（2）债务人在法定期间内既不提出异议又不履行支付令，债权人可以向法院申请强制执行。

> **特别提醒：**支付令自送达之日起即发生法律效力，但此时并无强制执行效力。只有当 15 日的异议期届满，债务人未提出异议，也未清偿债务，支付令才产生强制执行效力。

4. 支付令效力的拘束对象

对设有担保的债务的主债务人发出的支付令，对担保人没有拘束力。

三、支付令异议的提出与审查

对支付令的异议，是指债务人认为支付令有错误，以书面形式向法院提出不应履行支付令所载给付义务的意思表示。

1. 支付令异议的条件

（1）债务人应在 15 日内提出异议的，自债务人收到支付令之日起计算；

（2）债务人必须以书面形式提出异议。

法院对债务人在法定期间提出的书面异议，只进行形式审查，无须审查异议是否属实。

2. 债务人无效异议的情形

（1）债务人对债务本身无异议，仅提出缺乏清偿能力、延缓债务清偿期限、变更债务清偿方式等，不影响支付令效力。

（2）债务人口头异议无效。

（3）债务人超过法定期间提出异议无效。

（4）债务人未在法定期间内提出书面异议，向其他法院起诉，不影响支付令效力。

特别提醒：债务人未在法定期间内提出书面异议，而向发出支付令法院起诉，支付令失效。

例1 甲公司因乙公司拖欠货款向A县法院申请支付令，经审查甲公司的申请符合法律规定，A县法院向乙公司发出支付令。乙公司收到支付令后在法定期间没有履行给付货款的义务，而是向A县法院提起诉讼，要求甲公司承担因其提供的产品存在质量问题的违约责任。关于本案，下列哪些选项是正确的?

A. 支付令失效

B. 甲公司可以持支付令申请强制执行

提示：债务人乙公司未在法定期间内提出书面异议或者清偿债务，而向发出支付令的A县法院起诉，支付令失效。选项A正确，选项B错误。

例2 甲公司向乙公司购买了5万元的苹果，甲公司以乙公司提供的苹果不符合约定为由拒绝付款。为此，乙公司向法院申请支付令，要求甲公司支付货款。在支付令异议期间，甲公司既不提出异议又不履行义务，而是向另一法院提起诉讼，要求退货。下列说法中哪一项是正确的?

A. 甲公司的起诉行为使支付令失去效力

B. 甲公司的起诉行为不能阻止支付令的效力

C. 甲公司的起诉行为产生债务人异议的法律后果

D. 甲公司起诉后，受理支付令申请的法院应裁定终结督促程序

提示：债务人未在法定期间内提出书面异议，向其他法院起诉，不影响支付令效力。选项B正确。

(5) 债权人有多项独立的支付请求，债务人仅就其中某一项请求提出异议，该异议对其他支付请求无效。

(6) 债权人基于同一债权债务关系，就可分之债向多个债务人提出支付请求，多个债务人中的一人或者几人提出异议，该异议对其他请求无效。

3. 异议的撤回

法院作出终结督促程序或者驳回异议裁定前，债务人请求撤回异议，应当裁定准许。债务人对撤回异议反悔的，法院不予支持。

四、异议成立的法律后果

1. 终结督促程序

法院应使用裁定终结督促程序，一经作出即发生法律效力。

2. 支付令失效

债务人提出书面异议成立，支付令自行失效，不能成为执行根据。

3. 督促程序与诉讼程序的衔接

支付令失效后，法院应将案件转为诉讼程序审理。但申请支付令的一方当事人自收到终结督促程序裁定之日起 7 日内明确表示不同意提出诉讼的除外。（未反对即视为同意）

债权人提出支付令申请的时间，即为向法院起诉的时间。

理论点拨：债务人提出有效的支付令异议后，意味着双方对债权债务关系存在争议。作为非讼程序的督促程序，根本就不解决纠纷。因此，法院应当裁定终结督促程序，并将案件转入诉讼程序审理。

例 3 关于支付令，下列哪些说法是正确的？

A. 法院送达支付令债务人拒收的，可采取留置送达

B. 债务人提出支付令异议的，法院无须审查异议理由客观上是否属实

C. 债务人收到支付令后不在法定期间提出异议而向法院起诉的，不影响支付令的效力

D. 支付令送达后即具有强制执行力

提示：支付令可以留置送达，选项 A 正确；对于债务人的异议，法院仅作形式审查，无须审查异议理由客观上是否属实，选项 B 正确；债务人在法定期限内向发出支付令的法院起诉，支付令失效，选项 C 错误；只有当 15 日的异议期届满，债务人未提出异议也未履行债务，支付令才产生强制执行效力，选项 D 错误。

五、支付令错误的救济

法院院长发现本院已经发生法律效力的支付令确有错误，认为需要撤销的，应当提交本院审判委员会讨论决定后，裁定撤销支付令，驳回债权人的申请。

第二十八章　公示催告程序

重要法条及司法解释

《民事诉讼法》第218～223条。

《最高人民法院关于适用〈中华人民共和国民事诉讼法〉的解释》第444～461条。

命题分析

公示催告程序也属于非讼程序的一种，本程序中“申报权利”是高频考点。本程序分为“公示催告”和“除权判决”两个阶段，其审理组织、启动方式均存在特殊性，这也是命题人主要考查的内容。

从考查形式看，本知识点全部以选择题形式命制。试题主要采用单独命题形式，偶尔将公示催告程序的多个考点搭配考查。从考查内容来看，以往试题主要围绕申报权利的期限、权利申报的审查方式以及法律后果等知识点进行考查。复习本章内容应首先领会其非讼性质，然后再掌握相关特殊规定。本章试题基本属于识记类考题，难度较低，分数绝对不容错过。

知识点精讲

一、公示催告程序概述

（一）概念

公示催告程序是指在票据持有人的票据被盗、遗失或者灭失的情况下，法院根据当事人的申请，以公告方式催告利害关系人在一定期间内申报权利，如果逾期无人申报，根据申请人的申请，依法作出除权判决所适用的程序。

（二）特征

1. 程序的非讼性

公示催告程序并不解决当事人之间的民事权益纠纷；

公示催告程序没有双方当事人，只有申请人一方；

公示催告案件实行一审终审，且不适用再审程序。

2. 适用范围的特定性

（1）按规定可以背书转让的票据被盗、遗失或者灭失；

（2）依法律规定可以申请公示催告的其他事项。

3. 程序制度的独特性

公示催告程序由公示催告和除权判决两个阶段构成。两个阶段均应由申请人申请启动；

两个阶段可以由两个不同的审判组织进行审理，公示催告是独任制，除权判决用合议庭；公示催告程序主要适用书面审查和公告的方式进行审理。

二、公示催告的申请

1. 申请人必须是享有申请权的票据持有人。
2. 应当向票据支付地基层人民法院提出书面申请。
3. 具有合法的申请对象和事由。
4. 相对利害关系人处于不明确状态。

特别提醒： 申请公示催告时如果存在明确的利害关系人，应当通过普通审判程序解决，而不能申请公示催告。

三、公示催告案件的审理

法院决定受理申请，应当同时通知支付人停止支付，并在3日内发布公告，催促利害关系人申报权利。

公示催告期间的长短，由法院根据案件的具体情况决定，但不得少于60日，且公示催告期间届满日不得早于票据付款日后15日。

公示催告期间，转让票据权利的行为无效。

四、申报权利

申报权利是指受公示催告的利害关系人在指定期间内，向法院主张票据权利的行为。

申报权利一般应在法院指定的公示催告期间内进行。但是在作出除权判决前申报，法院也应当准许。

特别提醒： 申报权利并不受公示催告期间限制，在法院除权判决作出前，利害关系人均可申报权利。

法院对权利人的申报仅作形式审查，并邀请申请人到场查验利害关系人申报的票据。

1. 利害关系人提出的票据和公示催告的票据一致，法院应当裁定终结公示催告程序，并通知申请人和支付人。支付人收到法院公示催告终结通知后，应恢复支付。

2. 利害关系人提出的票据和公示催告的票据不一致，法院应当裁定驳回利害关系人的申报。

公示催告程序因利害关系人申报权利而终结后，申请人或申报人可以按普通程序向法院起诉。

理论点拨： 当利害关系人提出的票据和公示催告的票据一致，意味着就该票据的归属双方存在纠纷。而作为非讼程序的公示催告程序并不解决纠纷，因此，法院只能终结公示催告程序，双方转而通过诉讼程序解决该票据纠纷。

例 1 甲公司因票据遗失向法院申请公示催告。在公示催告期间届满的第 3 天，乙向法院申报权利。下列哪一说法是正确的？

A. 因公示催告期间已经届满，法院应当驳回乙的权利申报

B. 法院应当开庭，就失票的权属进行调查，组织当事人进行辩论

C. 法院应当对乙的申报进行形式审查，并通知甲到场查验票据

D. 法院应当审查乙迟延申报权利是否具有正当事由，并分别情况作出处理

提示： 申报权利最迟可以在除权判决作出前，乙申报权利时虽然公示催告期间已届满，但尚未作出除权判决，乙有权申报权利。选项 A 错误，选项 C 正确。公示催告程序是非讼程序，无须开庭组织当事人辩论，选项 B 错误。法院对利害关系人的权利申报仅作形式审查，不应审查理由是否正当，选项 D 错误。

五、除权判决

除权判决是指法院作出的宣告票据无效的判决。根据在指定期间内无人申报权利的事实，推定票据权利归申请人所有。

1. 除权判决的条件

（1）公示催告期间届满，无人申报权利，或虽有人申报权利，但被法院裁定驳回申报。

> **特别提醒：** 在除权判决作出之前有人申报权利，即使申请人请求作出除权判决，法院也不能作出除权判决，而只能裁定终结公示催告程序。

（2）申请人在法定期间（公告期届满后 1 个月内）请求法院作出除权判决。

> **特别提醒：** 除权判决必须由申请人自公告期间届满后 1 个月内提出申请，法院才能启动除权判决程序，法院不能依职权主动作出除权判决。

2. 审判组织

适用公示催告程序审理案件，由审判员一人独任审理；判决宣告票据无效的，应当组成合议庭审理。

3. 判决效力

除权判决自公告之日起发生法律效力，当事人也不得提起上诉。除权判决生效后，申请人以外的人对票据丧失权利，即使是票据灭失后的善意取得者也不例外。同时，申请人被确认对票据享有权利，并自判决公告之日起，有权向支付人请求支付。

4. 利害关系人的救济

利害关系人在除权判决生效后，自知道或者应当知道判决公告之日起 1 年内，可以向作出判决的法院起诉，法院可按票据纠纷适用普通程序审理。

六、公示催告程序的终结

1. 法院裁定驳回公示催告申请。

2. 申请人在公示催告前撤回申请。

3. 利害关系人在法定期限内申报权利。

4. 申请人未申请法院作出除权判决。

5. 法院作出除权判决（自然终结）。

例 2　甲公司因遗失汇票，向 A 市 B 区法院申请公示催告。在公示催告期间，乙公司向 B 区法院申报权利。关于本案，下列哪些说法是正确的？

A. 对乙公司的申报，法院只就申报的汇票与甲公司申请公示催告的汇票是否一致进行形式审查，不进行权利归属的实质审查

B. 乙公司申报权利时，法院应当组织双方当事人进行法庭调查与辩论

C. 乙公司申报权利时，法院应当组成合议庭审理

D. 乙公司申报权利成立时，法院应当裁定终结公示催告程序

提示：法院对利害关系人的权利申报，仅作形式审查，不对权利归属作实质审查，选项 A 正确；公示催告程序是非讼程序，不存在诉讼程序的法庭调查和辩论阶段，选项 B 错误；公示催告程序的公示催告阶段适用独任制，除权判决则由合议庭作出。申报权利尚在公示催告阶段，不应由合议庭审理，选项 C 错误；利害关系人权利申报成立的后果是裁定终结公示催告程序，选项 D 正确。

第二十九章　民事裁判

重要法条及司法解释

《民事诉讼法》第 152 ~ 156 条。

命题分析

本章包括民事判决、裁定、决定三项内容。解决程序问题的民事裁定获得命题人更多的关注，“民事裁定的概念”也顺理成章成为高频考点。

从命题形式看，本章知识点全部以选择题形式命制。有的试题采用单独命题形式，也有作为选项与其他民事诉讼制度搭配考查。从考查内容来看，以往试题主要围绕民事裁定的适用范围、民事裁定和判决的区别进行考查，这无疑是考生复习法考时需要重点掌握的知识。

在接下来的客观题考试中，本章知识点命题形式和考查内容不会发生大的变动。本知识点理论性不强，全部属于记忆性内容，只要准确掌握相关知识点可以轻松得分。

知识点精讲

一、民事判决

（一）概念

民事判决是指法院审理民事案件，根据案件事实和法律规定，以国家审判机关的名义，对案件中的民事实体权利义务争议作出权威性的判定。

（二）民事判决书的内容

1. 案由、诉讼请求、争议的事实和理由。
2. 判决认定的事实、理由和适用的法律依据。
3. 判决结果和诉讼费用的负担。
4. 上诉期限和上诉法院。

（三）民事判决的法律效力

法院判决的效力，包括对人的拘束力、对事的确定力和执行力。

判决对人的拘束力，包括对当事人、法院和社会的效力。判决一经生效，即具有普遍的拘束力。当事人必须遵守，法院不能随意改变，社会也应当尊重。

判决的确定力分为形式意义上的确定力和实质意义上的确定力。前者是指判决一经生效，当事人就不得以此法律上的事实提起诉讼或者提起上诉。后者是指判决确定的实体权利义务不得争执，不容改变。

执行力一般是针对给付判决而言，没有给付内容的判决，不具有执行力。

二、民事裁定

（一）概念

民事裁定是指法院在审理民事案件时，对发生的程序上应解决的事项，所作出的具有法律意义的意思表示。

（二）适用范围

①不予受理；②对管辖权有异议的；③驳回起诉；④保全和先予执行；⑤准许或者不准许撤诉；⑥中止或者终结诉讼；⑦补正判决书中的笔误；⑧中止或者终结执行；⑨撤销或者不予执行仲裁裁决；⑩不予执行公证机关赋予强制执行效力的债权文书；⑪其他需要裁定解决的事项。

特别提醒：（1）上述裁定，只有不予受理、驳回起诉和管辖权异议可以上诉救济。

（2）判决书中出现误写、漏写、误算等笔误，应当用裁定补正，不能重新制作判决书。但判决书出现事实认定错误、法律适用错误等实质错误，不能用裁定补正，应当通过上诉或者再审救济。

例 1　对财产保全和先予执行的裁定，当事人不可以上诉，但可以申请复议一次。

提示：财产保全和先予执行的裁定不可上诉，当事人对财产保全或者先予执行的裁定不服的，可以申请复议一次。复议期间不停止裁定的执行。本说法正确。

（三）法律效力

民事裁定具有法律上的拘束力，拘束对象通常只及于当事人、诉讼参与人和审判人员，裁定对社会一般不具有拘束力。

个别具有给付内容的裁定还具有执行力，如诉讼保全和先予执行的裁定。

（四）民事裁定与民事判决的区别

判决和裁定都是法院解决民事纠纷过程中所作出的意思表示，都是根据案件事实和法律规范，按照法定程序所作的结果性处理意见。但两者存在诸多差别。

不同点	民事裁定	民事判决
适用的事项。	程序性事项。	实体权利义务问题。
作出的依据。	民事诉讼法。	民事实体法。
形式。	口头或书面形式。	必须用书面形式。
可上诉范围。	除不予受理、驳回起诉和管辖权异议裁定之外，其余均不可上诉救济。	除最高人民法院作的一审判决、小额诉讼案件、非讼案件的判决之外，均可上诉救济。

续表

不同点	民事裁定	民事判决
上诉期限。	10 日内。	15 日内。
法律效力。	随程序性事实的改变，可作出相应改变。	非经法定程序不得改变。

例 2 王某以借款纠纷为由起诉吴某。经审理，法院认为该借款关系不存在，王某交付吴某的款项为应支付的货款，王某与吴某之间存在买卖关系而非借用关系。法院向王某作出说明，但王某坚持己见，不予变更诉讼请求和理由。法院遂作出裁定，驳回王某的诉讼请求。关于本案，下列哪一说法是正确的？

B. 法院适用裁判形式错误

提示：法院审理后认为王某与吴某之间不存在借款关系，因此不能支持王某的诉讼请求。换言之，法院确认原告的实体权利不存在，应当用判决驳回王某的诉讼请求，法院用裁定驳回诉讼请求错误。选项 B 正确。

三、民事决定

（一）概念

民事决定是指在诉讼进行中，为了保证法院能够正确地审理民事案件，维护正常的诉讼秩序，正确处理法院内部工作关系，法院对诉讼中发生的某些特定事项所作的判断。

（二）适用范围

①回避；②延期审理；③罚款、拘留；④缓交、减交、免交诉讼费用。

（三）法律效力

民事决定一经作出，立即发生法律效力，有些决定可以申请复议一次，但复议期间并不影响其效力。

第三十章　执行程序

第一节　执行程序中的一般性制度

重要法条及司法解释

《民事诉讼法》第224~233条。

《最高人民法院关于适用〈中华人民共和国民事诉讼法〉的解释》第304~316、462、466~471、508~512条。

《最高人民法院关于适用〈中华人民共和国民事诉讼法〉执行程序若干问题的解释》第2、3、8~10、14条。

《最高人民法院关于执行和解若干问题的规定》第2、4、8~16、19条。

《最高人民法院关于执行担保若干问题的规定》第11条。

命题分析

执行程序向来是考试重点之一，《最高人民法院关于适用〈中华人民共和国民事诉讼法〉的解释》又对执行异议之诉予以专章细化规定，这直接促成近年来对本知识点的高频次考查。本知识点内容庞杂，可考查面广，多重因素使其成为民事诉讼法学科考查频率最高的考点。

本知识点以往曾以各类选择题形式命制。从考查内容来看，本知识点由11个子考点构成，除执行机构和执行回转从未考查之外，其余9个子考点均已命题，其中尤以案外人对执行标的的异议及案外人异议之诉、许可执行之诉考查频率最高。相对而言，执行异议和执行异议之诉理论性较强，需要考生深入理解把握，其余内容多以记忆性知识为主。

从命题趋势分析，本知识点以往每年必考，2018年最高人民法院发布《最高人民法院关于执行和解若干问题的规定》《最高人民法院关于执行担保若干问题的规定》两部司法解释，这无疑为本知识点命题提供了新素材，考生在复习时应当重点关注。本知识点整体上理论性不强，多属于记忆性知识，只要系统掌握相关内容不难准确作答。

知识点精讲

一、执行机构

执行机构是指法院内部设置的负责执行工作、实现执行任务的专门职能机构。具体而言，法院设立的执行庭或执行局就是专门的执行机构，其成员包括执行员、书记员，必要时还有司法警察参加。

二、执行根据

执行根据是指能够据以执行的法律文书。执行根据包括如下类型：

1. 法院制作的具有执行内容的生效法律文书。

具体包括民事判决、裁定、调解书和支付令；刑事和行政裁判中的财产部分。

2. 其他机关制作的由法院执行的法律文书。

具体包括公证机构依法赋予强制执行效力的债权文书、仲裁机构制作的依法由法院执行的仲裁裁决书和调解书。

3. 法院制作的承认并执行外国法院判决、裁定或者外国仲裁机构裁决的裁定书。

> **特别提醒**：审判并非获得执行根据的唯一途径，因此，审判程序是执行程序的前提和基础的说法错误。

三、执行管辖

（一）管辖法院的确定

1. 发生法律效力的民事判决、裁定，以及刑事判决、裁定中的财产部分，由第一审法院或者与第一审法院同级的被执行的财产所在地法院执行。

2. 法律规定由法院执行的其他法律文书，由被执行人住所地或者被执行的财产所在地法院执行。

3. 发生法律效力的实现担保物权裁定、确认调解协议裁定、支付令，由作出裁定、支付令的法院或者与其同级的被执行财产所在地的法院执行。认定财产无主的判决，由作出判决的法院将无主财产收归国家或者集体所有。

（二）共同管辖的处理

两个以上法院都有管辖权的执行案件，法院在立案前发现其他有管辖权的法院已经立案的，不得重复立案。立案后发现其他有管辖权的法院已经立案的，应当撤销案件；已经采取执行措施的，应当将控制的财产交先立案的执行法院处理。

> **知识拓展**：对于诉讼案件，后立案的法院发现其他有管辖权的法院已先立案，应当裁定将案件移送给先立案的法院。

（三）执行管辖异议

1. 提出时间：自收到执行通知书之日起 10 日内提出。

2. 审查结果：异议成立的，应当撤销执行案件，并告知当事人向有管辖权的法院申请执行；异议不成立的，裁定驳回。

3. 救济措施：当事人对裁定不服，可以向上一级法院申请复议。

4. 对执行的影响：管辖权异议审查和复议期间，不停止执行。

知识拓展：管辖权异议和执行管辖异议的区别

不同点	管辖权异议	执行管辖异议
提出的时间。	提交答辩状期间。	收到执行通知书之日起 10 日内。
异议成立的法律后果。	裁定将案件移送有管辖权的法院审理或者裁定驳回起诉。	撤销执行案件，告知当事人向有管辖权的法院申请执行。
异议不成立的救济方式。	10 内向上一级法院提出上诉。	向上一级法院申请复议。
是否影响诉讼活动。	异议审查和上诉期间，法院不得对案件行使审判权。	异议审查和复议期间，不停止执行。

（四）向上一级法院申请执行

法院自收到申请执行书之日起超过 6 个月未执行的，申请执行人可以向上一级法院申请执行。上一级法院经审查，可以责令原法院在一定期限内执行，也可以决定由本院执行或者指令其他法院执行。

6 个月期间，不应当计算执行中的公告期间、鉴定评估期间、管辖争议处理期间、执行争议协调期间、暂缓执行期间以及中止执行期间。

例 1 关于现行民事执行制度，下列哪些选项是正确的？

A. 发生法律效力的判决的执行法院，包括案件的第一审法院和与第一审法院同级的被执行财产所在地的法院

B. 案外人对执行标的异议的裁定不服的，可以根据执行标的的不同情况，选择提起诉讼或通过审判监督程序进行救济

C. 申请执行人与被申请执行人达成和解协议的，在和解协议履行期间，执行程序终结

D. 申请执行的期限因申请人与被申请人为自然人或法人而不同

提示：《民事诉讼法》第 224 条规定，发生法律效力的民事判决、裁定，以及刑事判决、裁定中的财产部分，由第一审法院或者与第一审法院同级的被执行的财产所在地法院执行。选项 A 正确。《民事诉讼法》第 227 条的规定，执行过程中，案外人对执行标的提出书面异议的，法院应当自收到书面异议之日起 15 日内审查，理由成立的，裁定中止对该标的的执行；理由不成立的，裁定驳回。案外人、当事人对裁定不服，认为原判决、裁定错误的，依照审判监督程序办理；与原判决、裁定无关的，可以自裁定送达之日起 15 日内向法院提起诉讼。选项 B 正确。《最高人民法院关于适用〈中华人民共和国民事诉讼法〉的解释》第 466 条规定，申请执行人与被执行人达成和解协议后请求中止执行或者撤回执行申请的，法院可以裁定中止执行或者终结执行。选项 C 错误。《民事诉讼法》第 239 条规定，申请执行的期间为两年，不再区分申请主体，选项 D 错误。

四、对执行行为的异议

对执行行为的异议是指当事人、利害关系人对法院的执行行为提出书面质疑，从而要

求法院变更或停止执行行为的请求。

（一）适用条件

1. 异议的对象：法院的执行行为在程序上违反法律法规或司法解释规定。

2. 异议提出主体：当事人和利害关系人。

利害关系人是指当事人以外认为执行法院的程序性事项存在违法性，且损害其利益的人。

3. 异议管辖法院：执行法院。

4. 异议形式：书面异议。

（二）法院处理

法院应当自收到书面异议之日起15日内审查，理由成立的，裁定撤销或者改正；理由不成立的，裁定驳回。

（三）救济方式

当事人、利害关系人对裁定不服的，可以自裁定送达之日起10日内向上一级法院申请复议。

上一级法院应当组成合议庭进行审查。应当自收到复议申请之日起30日内审查完毕，并作出裁定。有特殊情况需要延长的，经本院院长批准，可以延长，延长的期限不得超过30日。

（四）对执行的影响

执行异议审查和复议期间，不停止执行。

被执行人、利害关系人提供充分、有效的担保请求停止相应处分措施的，法院可以准许；申请执行人提供充分、有效的担保请求继续执行的，应当继续执行。

五、案外人对执行标的的异议及案外人异议之诉、许可执行之诉

（一）案外人对执行标的的异议

1. 异议主体：案外人。

2. 异议理由：案外人对执行标的财产的全部或者部分主张实体权利。

主张实体权利是指案外人认为自己对执行标的享有阻止执行的民事权利，不同意该标的作为执行对象。对执行标的享有足以阻止执行的实体权利，通常体现为所有权或者其他足以组织该标的转让、交付的租赁权、抵押权等。

> **特别提醒**：案外人对执行行为和执行标的同时提出异议，执行标的异议吸收执行行为异议。

3. 异议形式：书面形式。

4. 异议期间：执行过程中。

5. 异议处理：法院应当自收到书面异议之日起15日内审查，理由成立的，裁定中止对该标的的执行；理由不成立的，裁定驳回。

6. 裁定的救济措施：原判决、裁定错误，依照审判监督程序办理；与原判决、裁定无关，可以自裁定送达之日起15日内向法院提起执行异议之诉（包括案外人异议之诉和许可执行之诉）。

解题秘籍：案外人申请再审和案外人异议之诉的识别

如果法院生效判决主文确定的给付内容就是执行标的物，案外人对执行标的主张权利，这属于“原判决、裁定错误”，应适用案外人申请再审救济。

如果法院生效判决主文确定的给付内容不涉及执行标的物，案外人对执行标的的主张权利，这属于“与原判决、裁定无关”，应适用案外人异议之诉救济。

例2　关于执行行为异议与案外人对执行标的异议的比较，下列哪一选项是错误的？

A. 异议都是在执行过程中提出

B. 异议都应当向执行法院提出

C. 申请异议当事人有部分相同

D. 申请异议人对法院针对异议所作裁定不服，可采取的救济手段相同

提示：执行行为异议和案外人对执行标的异议，都是在执行过程中提出，选项A不选；两者均应当向执行法院提出，选项B不选；执行行为异议的当事人是当事人和利害关系人，案外人对执行标的的异议的主体是案外的利害关系人，选项C不选；对于执行行为异议的裁定，自裁定送达之日起10日内向上一级法院申请复议，案外人对执行标的的异议的裁定，自裁定送达之日起15日内向法院提起执行异议之诉，选项D为正确答案。

例3　张某诉江某财产所有权纠纷案经判决进入执行程序，案外人李某向法院主张对该项财产享有部分权利。关于本案，下列哪一说法是错误的？

A. 李某有权向法院申请再审

B. 李某有权向法院起诉

C. 如法院启动了再审程序，应当追加李某为当事人

D. 李某有权向法院提出执行异议

提示：案外人李某主张对原审诉讼标的物（某财产）享有部分权利，即李某认为原审法院对该财产所有权纠纷的判决有误，其依法有权向法院申请再审，选项A不选；李某认为原审法院判决有错误，损害其民事权益，可以提起第三人撤销之诉，选项B不选；李某可能是该项财产的共有产权人，法院启动再审后，无论适用何种程序，均应当追加李某为当事人，选项C不选；在执行程序中，案外人对执行标的主张部分权利，有权提出执行异议，选项D不选。本题原来答案是选项B，目前无答案。

例4　根据《民事诉讼法》和相关司法解释规定，关于执行程序中的当事人，对下列哪些事项可享有异议权？

A. 法院对某案件的执行管辖权

B. 执行法院的执行行为的合法性

C. 执行标的的所有权归属

提示：执行程序当事人有权对案件的执行管辖权提出异议，选项A正确；执行程序当事人有权对法院的执行行为提出异议，选项B正确；对执行标的的所有权归属，只有案外人有权提出异议，选项C错误。

（二）案外人异议之诉

1. 管辖法院：执行法院。

2. 起诉条件：

（1）案外人的执行异议申请已经被法院裁定驳回；

（2）有明确的排除对执行标的执行的诉讼请求，且诉讼请求与原判决、裁定无关；

（3）自执行异议裁定送达之日起15日内提起。

除上述条件外，还需要满足民事诉讼起诉条件的规定。

3. 当事人确定：案外人是原告，申请执行人为被告。被执行人反对案外人异议的，被执行人为共同被告；被执行人不反对案外人异议的，可以列被执行人为第三人。

4. 审理程序：适用普通程序审理。

5. 判决结果：

（1）案外人就执行标的享有足以排除强制执行的民事权益的，判决不得执行该执行标的，执行异议裁定失效；

（2）案外人就执行标的不享有足以排除强制执行的民事权益的，判决驳回诉讼请求。案外人同时提出确认其权利的诉讼请求，法院可以在判决中一并作出裁判。

例5 甲公司申请强制执行乙公司的财产，法院将乙公司的一处房产列为执行标的。执行中，丙银行向法院主张，乙公司已将该房产抵押贷款，并以自己享有抵押权为由提出异议。乙公司否认将房产抵押给丙银行。经审查，法院驳回丙银行的异议。丙银行拟向法院起诉，关于本案被告的确定，下列哪一选项是正确的？

A. 丙银行只能以乙公司为被告起诉

B. 丙银行只能以甲公司为被告起诉

C. 丙银行可选择甲公司为被告起诉，也可选择乙公司为被告起诉

D. 丙银行应当以甲公司和乙公司为共同被告起诉

提示：丙公司的异议属于执行异议，被驳回后，有权提出案外人异议之诉。申请执行人甲公司为被告，被执行人如果反对案外人异议，列为共同被告。乙否认将房产抵押给丙银行，应将乙列为共同被告。选项D正确。

（三）许可执行之诉

1. 管辖法院：执行法院。

2. 起诉条件：

（1）依案外人执行异议申请，法院裁定中止执行；

（2）有明确地对执行标的继续执行的诉讼请求，且诉讼请求与原判决、裁定无关；

（3）自执行异议裁定送达之日起 15 日内提起。

除上述条件外，还需要满足民事诉讼起诉条件的规定。

3. 当事人确定：申请执行人为原告，案外人为被告。被执行人反对申请执行人主张的，以案外人和被执行人为共同被告；被执行人不反对申请执行人主张的，可以列被执行人为第三人。

4. 审理程序：适用普通程序审理。

5. 判决结果：

（1）案外人就执行标的不享有足以排除强制执行的民事权益的，判决准许执行该执行标的。执行异议裁定失效，执行法院可以根据申请执行人的申请或者依职权恢复执行。

（2）案外人就执行标的享有足以排除强制执行的民事权益的，判决驳回诉讼请求。

> **知识拓展：**1. 我国执行异议之诉分为案外人异议之诉和许可执行之诉，但被执行人无权提起执行异议之诉。
>
> 2. 无论是案外人或者申请执行人提起执行异议之诉，案外人应当就其对执行标的享有足以排除强制执行的民事权益承担证明责任。
>
> 3. 案外人执行异议之诉审理期间，法院不得对执行标的进行处分。申请执行人请求法院继续执行并提供相应担保的，法院可以准许。
>
> 4. 申请执行人因被执行人与案外人恶意串通，通过执行异议、执行异议之诉妨害执行受到损害，可以起诉要求被执行人、案外人赔偿。

六、委托执行

（一）适用条件

被执行人或者被执行的财产在外地，可以委托当地法院代为执行。

> **特别提醒：**执行法院也可以直接到当地执行，并可要求当地法院协助执行。

（二）适用程序

委托法院应当发出委托函件，并附生效的法律文书。受委托法院收到委托函件后，必须在 15 日内开始执行，不得拒绝。执行完毕后，应当将执行结果及时函复委托法院；在 30 日内如果还未执行完毕，也应当将执行情况函告委托法院。

受委托法院自收到委托函件之日起 15 日内不执行的，委托法院可以请求受委托法院的上级法院指令受委托法院执行。

七、执行和解

执行和解是指在执行过程中，申请执行人和被执行人自愿协商，达成协议，并经法院审查批准后，结束执行程序的行为。执行和解是当事人行使处分权的产物。

（一）执行和解的主体

当事人、法定代理人和经特别授权的委托代理人。

（二）执行和解协议

在执行中，双方当事人自行和解达成协议的，执行员应当将协议内容记入笔录，由双方当事人签名或者盖章。

> **特别提醒：**执行程序可以和解，但不可以调解。因此，法院不能根据和解协议制作调解书。

例6 法院受理甲出版社、乙报社著作权纠纷案，判决乙赔偿甲10万元，并登报赔礼道歉。判决生效后，乙交付10万元，但未按期赔礼道歉，甲申请强制执行。执行中，甲、乙自行达成口头协议，约定乙免于赔礼道歉，但另付甲1万元。关于法院的做法，下列哪一选项是正确的?

A. 不允许，因协议内容超出判决范围，应当继续执行生效判决

B. 允许，法院视为申请人撤销执行申请

C. 允许，将当事人协议内容记入笔录，由甲、乙签字或盖章

D. 允许，根据当事人协议内容制作调解书

提示：甲乙约定乙免于赔礼道歉，但另付甲1万元，这属于执行和解。在执行中，双方当事人自行和解达成协议的，执行员应当将协议内容记入笔录，由双方当事人签名或者盖章。选项C正确。

（三）执行和解的效力

1. 和解协议达成后，有下列情形之一的，法院可以裁定中止执行：①各方当事人共同向法院提交书面和解协议的；②一方当事人向法院提交书面和解协议，其他当事人予以认可的；③当事人达成口头和解协议，执行人员将和解协议内容记入笔录，由各方当事人签名或者盖章的。

2. 申请执行人与被执行人达成和解协议后请求撤回执行申请，法院可以裁定终结执行。

3. 执行和解协议履行完毕的，法院作执行结案处理。

（四）恢复执行

1. 适用情形：申请执行人因受欺诈、胁迫与被执行人达成和解协议，或者当事人不履行和解协议。

2. 适用前提：当事人向法院申请恢复执行。

3. 申请期间：申请恢复执行的期间为2年。当事人不履行执行和解协议，自执行和解协议约定履行期间的最后一日起计算。

4. 恢复执行后，申请执行人再就履行执行和解协议提起诉讼，法院不予受理。

（五）不予恢复执行

有下列情形之一的，法院裁定不予恢复执行：

（1）执行和解协议履行完毕后申请恢复执行的；

（2）执行和解协议约定的履行期限尚未届至或者履行条件尚未成就的，但符合《合同法》第108条规定情形的除外；

（3）被执行人一方正在按照执行和解协议约定履行义务的；

（4）其他不符合恢复执行条件的情形。

当事人、利害关系人认为恢复执行或者不予恢复执行违反法律规定，可以提出执行行为异议。

（六）有关执行和解的诉讼

1. 被执行人不履行执行和解协议，申请执行人可以就履行执行和解协议向执行法院提起诉讼。执行法院受理该诉讼后，可以裁定终结原生效法律文书的执行。执行中的查封、扣押、冻结措施，自动转为诉讼中的保全措施。

2. 执行和解协议履行完毕，申请执行人因被执行人迟延履行、瑕疵履行遭受损害的，可以向执行法院另行提起诉讼。

3. 当事人、利害关系人认为执行和解协议无效或者应予撤销，可以向执行法院提起诉讼。执行和解协议被确认无效或者撤销后，申请执行人可以据此申请恢复执行。被执行人以执行和解协议无效或者应予撤销为由提起诉讼的，不影响申请执行人申请恢复执行。

> **总结：**有关执行和解的诉讼，管辖法院均为执行法院。

（七）被执行人对执行和解协议提出执行行为异议的处理

执行过程中，被执行人根据当事人自行达成但未提交法院的和解协议，或者一方当事人提交法院但其他当事人不予认可的和解协议，提出执行行为异议，法院按照下列情形，分别处理：

（1）和解协议履行完毕的，裁定终结原生效法律文书的执行；

（2）和解协议约定的履行期限尚未届至或者履行条件尚未成就的，裁定中止执行，但符合《合同法》第108条规定情形的除外；

（3）被执行人一方正在按照和解协议约定履行义务的，裁定中止执行；

（4）被执行人不履行和解协议的，裁定驳回异议；

（5）和解协议不成立、未生效或者无效的，裁定驳回异议。

例7 甲乙双方合同纠纷，经仲裁裁决，乙须偿付甲货款100万元，利息5万元，分5期偿还。乙未履行该裁决。甲据此向法院申请执行，在执行过程中，双方达成和解协议，约定乙一次性支付货款100万元，甲放弃利息5万元并撤回执行申请。和解协议生效后，乙反悔，未履行和解协议。关于本案，下列哪一说法是正确的？

A. 对甲撤回执行的申请，法院裁定中止执行

B. 甲可向法院申请执行和解协议

C. 甲可以乙违反和解协议为由提起诉讼

D. 甲可向法院申请执行原仲裁裁决，法院恢复执行

提示：申请人撤回申请，法院应当裁定执行终结，而不是执行中止，所以选项A错误。当事人不履行和解协议的，申请人可以向法院申请恢复对原生效法律文书的执行，和解协议不能成为法院执行的依据，所以选项B错误，选项D正确。对于甲乙之间的债权债务关系已经经过仲裁裁决予以实体裁决，不能再起争执，所以选项C错误。

八、执行担保

执行担保是指在执行过程中，经执行权利人的同意，执行义务人或第三人为实现法律文书所确定的权利而向法院提供保证，由法院决定暂缓执行的制度。

（一）适用条件

1. 必须由执行义务人向法院提出申请；
2. 被执行人向法院提供担保（财产担保、第三人担保）；
3. 须征得执行权利人同意；
4. 须经法院许可。

（二）法律效力

1. 法院决定暂缓执行及暂缓执行的期限；
2. 如果担保有期限，暂缓执行的期限应当与担保期限一致，但最长不得超过1年。

（三）被执行人逾期不履行的后果

暂缓执行期限届满后被执行人仍不履行义务，或者暂缓执行期间担保人有转移、隐藏、变卖、毁损担保财产等行为的，法院可以恢复执行，并直接裁定执行担保财产或者保证人的财产，不得将担保人变更、追加为被执行人。

执行担保财产或者保证人的财产，以担保人应当履行义务部分的财产为限。被执行人有便于执行的现金、银行存款的，应当优先执行该现金、银行存款。

特别提醒：（1）法院决定暂缓执行期届满后被执行人仍不履行义务，法院可直接执行担保财产或者执行担保人的财产，无须申请执行人起诉后再申请执行担保财产。

（2）执行担保后恢复执行的启动方式，《最高人民法院关于执行担保若干问题的规定》和《最高人民法院关于适用〈中华人民共和国民事诉讼法〉的解释》规定不同。《最高人民法院关于适用〈中华人民共和国民事诉讼法〉的解释》第469、471条规定法院可以依职权恢复强制执行，而《最高人民法院关于执行担保若干问题的规定》第11条则规定法院可以依申请执行人的申请恢复执行。既然用的是“可以”，可将两个司法解释的规定视为补充关系。即执行担保后恢复执行既可以依职权启动，也可以依申请启动。

例8 在民事执行中，被执行人朱某申请暂缓执行，提出由吴某以自有房屋为其提供担保，申请执行人刘某同意。法院作出暂缓执行裁定，期限为6个月。对于暂缓执行期限届满后朱某仍不履行义务的情形，下列哪一选项是正确的？

A. 刘某应起诉吴某，取得执行依据可申请执行吴某的担保房产

B. 朱某财产不能清偿全部债务时刘某方能起诉吴某，取得执行依据可申请执行吴某的担保房产

C. 朱某财产不能清偿刘某债权时法院方能执行吴某的担保房产

D. 法院可以直接裁定执行吴某的担保房产

提示：被执行人在法院决定暂缓执行的期限届满后仍不履行义务，法院可以直接执行担保财产，或者裁定执行担保人的财产。选项D正确。

九、执行承担

执行承担是指在执行程序中由于出现法定情况，债权人的权利应由其他主体享有，或者债务人的义务应由其他主体履行，法院可以变更、追加相关主体进入执行程序。

（一）适用原因

1. 原执行根据确定的当事人已经失去权利能力，由相应的主体来承担其权利义务。主要表现为自然人死亡或宣告死亡、法人或其他组织分立、合并、更名等。

2. 原执行根据确定的债权经法定程序转移给第三人，该第三人可以被申请变更为申请执行人。主要表现为公民离婚、申请执行人将生效法律文书确定的债权依法转让给第三人、作为申请执行人的法人或其他组织清算或破产等。

3. 依法应当对执行根据确定的义务承担清偿责任的人，在被执行人的财产不足以清偿债务时，可以被申请变更为被执行人。如合伙企业的普通合伙人、个人独资企业的投资人、有限责任公司未足额缴纳出资或抽逃出资的股东、有限合伙企业的未按期足额缴纳出资的有限合伙人等。

（二）适用程序

执行承担原则上应当由申请人申请启动。除事实清楚、权利义务关系明确、争议不大的案件外，执行法院应当组成合议庭审查并公开听证。经审查，理由成立的，裁定变更、追加；理由不成立的，裁定驳回。

当事人不服该裁定，对于前两种原因，可以自裁定书送达之日起10日内向上一级法院申请复议；对于第三种原因，应当在裁定送达之日起15日内，通过执行异议之诉解决。被申请人提起执行异议之诉的，以申请人为被告。申请人提起执行异议之诉的，以被申请人为被告。

复议期间、执行异议之诉期间，法院不得对其争议范围内的财产进行处分。申请人请求法院继续执行并提供相应担保的，法院可以准许。

知识拓展：民事诉讼中，当事人向上一级法院复议救济的情形有罚款、拘留、执行行为异议、执行管辖异议、执行承担。

十、参与分配

参与分配是指在执行过程中，因债务人的财产不足以清偿多个债权人的债权，申请执行人以外的其他债权人凭借有效的执行根据加入已经开始的执行过程中，使各个债权能够公平受偿的制度。

（一）适用条件

1. 被执行人的财产无法清偿所有债权。
2. 被执行人为自然人或其他组织。

特别提醒：对于法人，不适用参与分配制度，应当用破产制度解决。

3. 有多个申请人对同一被申请人享有债权。
4. 申请人必须取得生效的执行根据，起诉后尚未获得生效判决的债权人不具备参与分配的资格。

知识拓展：对法院查封、扣押、冻结的财产享有优先权、担保物权的债权人，可以直接申请参与分配，主张优先受偿权。

5. 参与分配的债权只限于金钱债权。
6. 参与分配必须发生在执行程序开始后，被执行人的财产执行终结之前。

例9 执行程序的参与分配制度对适用条件作了规定。下列哪一选项不属于参与分配适用的条件？

A. 被执行人的财产无法清偿所有的债权
B. 被执行人为法人或其他组织而非自然人
C. 有多个申请人对同一被申请人享有债权
D. 参与分配的债权只限于金钱债权

提示：参与分配制度不适用于法人，选项B为正确答案。

（二）程序规则

1. 适用方式

参与分配应当由申请执行人向法院提出申请。申请人应当提交申请书。申请书应当写明参与分配和被执行人不能清偿所有债权的事实、理由，并附有执行依据。

2. 管辖法院

主持参与分配的法院是对债务人首先采取查封、扣押或冻结措施的法院。

3. 分配方案异议

执行法院制作财产分配方案，送达各债务人和被执行人；债权人或者被执行人对分配方案有异议，应当自收到分配方案之日起15日内向执行法院提出书面异议。法院无须进行实质审查，直接通知未提出异议的债权人或被执行人即可。

（1）未提出异议的债权人或被执行人收到通知之日起 15 日内未提出反对意见，执行法院依异议人的意见对分配方案审查修正后进行分配；

（2）提出反对意见，通知异议人。异议人自收到通知之日起 15 日内，提起分配方案异议之诉。异议人逾期未起诉，执行法院依原分配方案进行分配。

上述规定可通过下表来理解和记忆：

<table>
<tr><td rowspan="3">债权人或被执行人对分配方案提出书面异议（15 日内）</td><td rowspan="2">其他人未提出反对意见。</td><td>修正分配方案后进行分配。</td></tr>
<tr><td>异议人提起分配方案异议之诉（15 日内）。</td></tr>
<tr><td>其他人提出反对意见。</td><td>异议人未起诉，按原分配方案进行分配（15 日内）。</td></tr>
</table>

4. 分配方案异议之诉

管辖法院：执行法院。

原告：分配方案异议人。

被告：提出反对意见的债权人、被执行人。

诉讼期间进行分配的，执行法院应当提存与争议债权数额相应的款项。

十一、执行回转

执行回转是指执行完毕后，原据以执行的判决、裁定和其他法律文书确有错误而被依法撤销，对已被执行的财产，法院重新采取措施，使其恢复执行程序开始前的状态。

（一）适用情形

1. 法院制作的判决、裁定、调解书在执行完毕后，依审判监督程序被撤销；
2. 法院制作的先予执行裁定在执行完毕后，被后续的生效判决所撤销；
3. 其他制作的法律文书在执行完毕后，被制作机关及其上级机关或法院依法撤销。

（二）成立条件

1. 具有否定原执行根据的新的生效法律文书；
2. 原执行根据已经执行完毕，原执行程序已经终结；
3. 依原执行根据获得财产的人拒绝返还财产。

（三）适用程序

原执行法院根据当事人的申请，或依职权，启动执行程序，重新立案，并依法制作裁定，责令取得财产的人返还；拒不返还的，强制执行。如果原物无法返还，应当以同等数量和质量的种类物返还，或予以折价返还。

> **特别提醒：**执行回转并非只能依当事人申请启动，法院可以依职权适用。

例 10　关于现行民事执行制度，下列哪些选项是正确的？

A. 发生法律效力的判决的执行法院，包括案件的第一审法院和与第一审法院同级的被

执行财产所在地的法院

B. 案外人对执行标的异议的裁定不服的，可以根据执行标的的不同情况，选择提起诉讼或通过审判监督程序进行救济

C. 申请执行人与被申请执行人达成和解协议的，在和解协议履行期间，执行程序终结

D. 申请执行的期限因申请人与被申请人为自然人或法人而不同

提示：发生法律效力的民事判决、裁定，以及刑事判决、裁定中的财产部分，由第一审法院或者与第一审法院同级的被执行的财产所在地法院执行，选项 A 正确；案外人对执行异议裁定不服，如果原判决、裁定错误，应当用审判监督程序解决；如果与原判决、裁定无关，应当提起执行异议之诉，选项 B 正确；申请执行人与被执行人达成和解协议，请求撤回执行申请，法院可以裁定终结执行，选项 C 错误；申请执行的期限是 2 年，与申请人的类型无关，选项 D 错误。

第二节　执行开始

重要法条及司法解释

《民事诉讼法》第 236 ~ 240 条。

《最高人民法院关于适用〈中华人民共和国民事诉讼法〉的解释》第 481 ~ 484 条。

命题分析

本节涉及内容少，以往鲜有考查。从考查内容看，主要围绕执行的启动方式、代位申请执行进行命题。客观而言，本节在客观题中考查的可能性不高。复习时，只要掌握执行启动方式、申请执行的适用条件等重点内容即可。

知识点精讲

一、执行的启动

法院执行以申请执行为原则，以移送执行为例外。

（一）申请执行

1. 执行根据已经生效，且已过执行根据确定的清偿期限；
2. 申请执行人必须是执行根据确定的权利人或合法继承、承受该权利的继受人；
3. 应当向有执行管辖权的法院申请执行；
4. 应当在申请执行时效（2 年）内提出申请。

（二）移送执行

1. 具有给付赡养费、扶养费、抚育费内容的法律文书；
2. 民事制裁决定书；

3. 刑事附带民事判决、裁定、调解书。

二、执行通知

执行员接到申请执行书或者移交执行书，应当在 10 内向被执行人发出执行通知，并可以立即采取强制措施。

三、代位申请执行

被执行人不能清偿债务，但是对第三人享有到期债权，经申请执行人或被执行人申请，向第三人（次债务人）发出履行到期债务的通知。

（一）成立条件

1. 被执行人不能清偿债务，但对第三人享有到期债权；

2. 经申请执行人或者被执行人申请。

（二）履行通知的效力

1. 应当收到通知后 15 日内向申请执行人履行债务，并不得向被执行人清偿；

2. 如果对债权债务关系有异议，在收到通知后 15 日内提出异议；

3. 既不履行债务，又不提出异议，法院可以裁定强制执行。

（三）关于第三人的异议

1. 原则上要求书面异议，但也允许口头异议。

2. 第三人在 15 日内提出异议的，不能对第三人强制执行，法院对异议不审查；但是第三人提出自己没有履行能力或者自己与申请执行人无直接法律关系的，不属于异议。

3. 第三人提出部分异议的，对其没有提出异议的部分，可以执行；提出异议部分，不审查，不能强制执行。

（四）对第三人的措施

1. 强制执行：第三人收到履行通知后不提出异议，也不履行的；

2. 第三人收到向申请执行人履行到期债务通知后，擅自向被执行人履行，造成已经履行部分不能追回，第三人应在已履行的财产范围内与被执行人承担连带责任，并可以追究其妨碍执行的责任。

（五）不得再代位执行

对该第三人作出强制执行的裁定后，第三人确无可供执行的财产，不得就第三人对他人享有的到期债权强制执行。

第三节 执行措施

重要法条及司法解释

《民事诉讼法》第 241～255 条。

《最高人民法院关于适用〈中华人民共和国民事诉讼法〉的解释》第485～507条。

命题分析

执行对象不同，采取的执行措施也有所差异。除了直接强制执行措施外，还包括保障性强制执行措施。本节内容以往时有考查。

从命题形式看，主要以小案例形式考查执行措施的选择。解答此类题目，一定要注意考查的执行对象，根据执行对象再来选择具体执行措施。在“基本解决执行难”的背景下，要提防命题人考查执行措施。

知识点精讲

一、对财产的执行措施

1. 扣押、冻结、划拨、变价被执行人的存款、股票、基金等金融资产。

2. 扣留、提取被执行人的收入。

3. 查封、扣押、拍卖、变卖被执行人的财产。

4. 强制被执行人交付法律文书指定的财物或票据。

5. 对共有物的执行。

（1）法院对于共有物可以查封、扣押、冻结，但应及时通知共有人。

（2）对共有财产的分割，可以采用协议分割和诉讼分割两种方式。

①协议分割：共有人可以自行协议对共有物进行分割，但必须经债权人认可，法院可以认定有效。

②诉讼分割：共有人和申请执行人均有权提起析产诉讼；诉讼期间应中止对共有财产的执行。

例1 执行法院对下列哪些财产不得采取执行措施？

A. 被执行人未发表的著作

B. 被执行人及其所扶养家属完成义务教育所必须的物品

C. 金融机构交存在中国人民银行的存款准备金和备付金

D. 金融机构的营业场所

提示：根据《查封、扣押、冻结财产规定》第5条规定，法院对被执行人及其所扶养家属完成义务教育所必需的物品、未公开的发明或者未发表的著作不得查封、扣押、冻结。选项A、B正确；根据《最高人民法院关于人民法院执行工作若干问题的规定（试行）》第34条规定，被执行人为金融机构的，对其交存在人民银行的存款准备金和备付金不得冻结和扣划，但对其在本机构、其他金融机构的存款，及其在人民银行的其他存款可以冻结、划拨，并可对被执行人的其他财产采取执行措施，但不得查封其营业场所。选项C、D正确。

二、对行为的执行措施

1. 强制被执行人迁出房屋或退出土地。

2. 强制被执行人履行法律文书指定的行为。

（1）如果是可替代完成的行为，由他人替代完成，代履行费用由债务人承担；

（2）如果是不可替代的行为，可采用罚款、拘留等间接执行方法。

三、保障性执行措施

1. 查询被执行人的身份信息和财产信息。
2. 搜查被执行人的财产。
3. 强制被执行人支付迟延履行期间的债务利息及迟延履行金。

特别提醒：迟延履行期间的债务利息适用于金钱给付，迟延履行金适用于非金钱给付。

4. 办理财产权证照转移手续。
5. 报告财产。
6. 限制出境。
7. 纳入失信名单。
8. 媒体公布不履行义务信息。
9. 限制被执行人消费。

例2 如果法院作出终审判决，杂志社赔偿甲公司1万元，并登报进行赔礼道歉。杂志社履行了赔偿义务，但拒绝赔礼道歉。如果甲公司要求法院强制执行，法院可以采取的措施有：

A. 采取公告、登报等方式，将判决的主要内容公布于众，费用由杂志社承担

B. 对杂志社负责人予以罚款、拘留

C. 由杂志社支付迟延履行金

D. 如果构成犯罪，可以追究杂志社负责人刑事责任

提示：杂志社拒绝登报赔礼道歉，属于行为给付，本题考查对行为的强制执行。根据《最高人民法院关于人民法院执行工作若干问题的规定（试行）》第60条规定，被执行人拒不履行生效法律文书中指定的行为的，法院可以强制其履行。对于可以替代履行的行为，可以委托有关单位或他人完成，因完成上述行为发生的费用由被执行人承担。登报赔礼道歉属于可替代履行的行为，选项A正确。《最高人民法院关于适用〈中华人民共和国民事诉讼法〉的解释》第507条规定，被执行人未按判决、裁定和其他法律文书指定的期间履行非金钱给付义务的，无论是否已给申请执行人造成损失，都应当支付迟延履行金。选项C正确。根据《民事诉讼法》第111条的规定，法院对拒不履行法院已经发生法律效力的判决、裁定的单位，可以对其主要负责人或者直接责任人员予以罚款、拘留；构成犯罪的，依法追究刑事责任。选项B、D正确。

第四节　暂缓执行、执行中止和执行终结

重要法条及司法解释

《民事诉讼法》第231、256～258条。

《最高人民法院关于适用〈中华人民共和国民事诉讼法〉的解释》第469、520～521条。

命题分析

本节涉及内容较少，以往偶有考查。从考查内容看，主要围绕执行中止予以命题。从考查形式看，本节内容从未单独命题，而是与其他执行制度搭配考查。本节内容在客观题中考查的可能性不大。法考复习时，只要掌握执行中止和执行终结的适用情形等重点内容即可。

知识点精讲

一、暂缓执行

在执行中，被执行人向法院提供担保，并经申请执行人同意的，法院可以决定暂缓执行及暂缓执行的期限。被执行人逾期仍不履行的，法院有权执行被执行人的担保财产或者担保人的财产。

二、执行中止

1. 申请人表示可以延期执行的；
2. 案外人对执行标的提出确有理由的异议的；
3. 作为一方当事人的公民死亡，需要等待继承人继承权利或承担义务；
4. 作为一方当事人的法人或者其他组织中止，尚未确定权利义务承受人；
5. 法院认为应当中止的其他情形。

三、执行终结

1. 申请人撤销申请；
2. 据以执行的法律文书被撤销的；
3. 作为被执行人的公民死亡，无遗产可供执行，又无义务承担人的；
4. 追索赡养费、扶养费、抚育费案件的权利人死亡的；
5. 被执行人（公民）因生活困难无力偿还借款，又无收入来源，丧失劳动能力；
6. 法院认为应当终结的其他情形。

例　根据《民事诉讼法》和相关司法解释规定，关于执行程序中的当事人，对下列哪些事项可享有异议权？

A. 法院对案件的执行管辖权

B. 执行法院的执行行为的合法性

C. 执行标的的所有权归属

D. 执行法院作出的执行中止的裁定

提示：当事人有权对执行管辖权提出异议，选项 A 正确；当事人有权对法院的执行行为提出异议，选项 B 正确；对于执行标的的所有权的归属问题，是可以提出异议的，但是提出异议的主体是案外人，而非当事人，选项 C 错误；对执行中止的裁定，当事人不能提出异议，选项 D 错误。

第三十一章　涉外民事诉讼程序

重要法条及司法解释

《民事诉讼法》第259~270、276~283条。

《最高人民法院关于适用〈中华人民共和国民事诉讼法〉的解释》第522~551条。

命题分析

涉外民事诉讼程序是对国内民事诉讼程序的补充和特殊规定，以往偶有考查。从命题形式看，前些年主要单独考查，近几年则与国内相关规定搭配命题。考查内容主要集中于涉外期间和送达的适用主体、外国人在我国诉讼能否担任诉讼代理人等知识点。本章涉及内容不多，没有理论难点，复习时掌握涉外案件相比于国内民事诉讼程序的特殊规定和适用对象，当可满足客观题考查所需。

知识点精讲

一、涉外民事诉讼程序概述

涉外民事诉讼程序是指法院审理具有涉外因素的民事案件所适用程序。

涉外因素，包括当事人的国籍或者经常居住地在国外；标的物在国外；产生、变更或者消灭民事关系的法律事实发生在国外。

二、涉外民事诉讼程序的一般原则

1. 适用我国民事诉讼法原则

外国人、无国籍人或者外国企业和组织在我国起诉、应诉，适用我国民事诉讼法。

2. 委托中国律师代理诉讼原则

外国人、无国籍当事人或外国企业和组织在我国起诉、应诉，需要委托律师代理诉讼的，只能委托中国律师代理诉讼，外国律师不能以律师身份参加诉讼。

特别提醒：外国人可以担任诉讼代理人，但不能以律师身份担任。

3. 使用我国通用语言文字的原则

法院审理涉外民事案件，应当使用中华人民共和国通用的语言、文字。当事人要求提供翻译的，可以提供，费用由当事人承担。

三、涉外民事诉讼管辖

我国涉外民事诉讼管辖原则上依然适用国内民事诉讼管辖的规则，仅在下列两类情形下适用特殊规则：

（一）牵连管辖

因合同纠纷或者其他财产权益纠纷，对在我国领域内没有住所的被告提起的诉讼，如果合同在我国领域内签订或者履行，或者诉讼标的物在我国领域内，或者被告在我国领域内有可扣押的财产，或者被告在我国领域内设有代表机构，可以由合同签订地、合同履行地、诉讼标的物所在地、可供扣押财产所在地、侵权行为地或者代表机构住所地法院管辖。

（二）专属管辖

因在中国领域内履行中外合资经营企业合同、中外合作经营企业合同、中外合作勘探开发自然资源合同发生纠纷提起的诉讼，由中国法院管辖。但是，双方当事人可以通过协议仲裁的方式，选择由外国仲裁机构仲裁解决。

四、涉外民事诉讼期间

1. 答辩期：被告在中华人民共和国领域内没有住所的，法院应当将起诉状副本送达被告，并通知被告在收到起诉状副本后30日内提出答辩状。被告申请延期的，是否准许，由法院决定。

2. 上诉期：在我国领域内没有住所的当事人，不服第一审法院判决、裁定的，有权在判决书、裁定书送达之日起30日内提起上诉。被上诉人在收到上诉状副本后，应当在30日内提出答辩状。当事人不能在法定期间提起上诉或者提出答辩状，申请延期的，是否准许，由法院决定。

> **特别提醒：**是否适用涉外期间规定，不看当事人国籍，而是看当事人在我国境内是否有住所。

3. 审理期限：法院审理所有涉外民事案件，不受第一审普通程序、第二审审理期限和再审审查期限的限制。

五、涉外民事诉讼送达

在涉外民事诉讼中，如果当事人在我国领域内有住所，适用民事诉讼法关于送达的一般规定。如果当事人不在我国领域内居住，则应适用民事诉讼法关于涉外民事诉讼程序中关于送达的特别规定。

1. 依照受送达人所在国与中华人民共和国缔结或者共同参加的国际条约中规定的方式送达。

2. 通过外交途径送达。

3. 对具有中华人民共和国国籍的受送达人，可以委托中华人民共和国驻受送达人所在国的使领馆代为送达。

4. 向受送达人委托的有权代其接受送达的诉讼代理人送达。

5. 向受送达人在中华人民共和国领域内设立的代表机构或者有权接受送达的分支机构、业务代办人送达。

6. 受送达人所在国的法律允许邮寄送达的，可以邮寄送达，自邮寄之日起满3个月，送达回证没有退回，但根据各种情况足以认定已经送达的，期间届满之日视为送达。

7. 采用传真、电子邮件等能够确认受送达人收悉的方式送达。

> **特别提醒：** 与国内电子送达相比，无须当事人同意，送达文书类型也不作限制。

8. 不能用上述方式送达的，公告送达，自公告之日起满3个月，即视为送达。

> **特别提醒：** 是否适用涉外送达方式，不看当事人国籍，而是看当事人在我国境内是否有住所。

例1 住所位于我国A市B区的甲公司与美国乙公司在我国M市N区签订了一份买卖合同，美国乙公司在我国C市D区设有代表处。甲公司因乙公司提供的产品质量问题诉至法院。关于本案，下列哪些选项是正确的?

A. M市N区法院对本案有管辖权

B. C市D区法院对本案有管辖权

C. 法院向乙公司送达时，可向乙公司设在C市D区的代表处送达

D. 如甲公司不服一审判决，应当在一审判决书送达之日起15日内提起上诉

提示： 中国甲公司与美国乙公司的买卖合同纠纷的管辖适用牵连管辖的规定，即M市N区为合同签订地，C市D区为美国公司在中国的代表机构住所地，这两地法院均有管辖权，选项A、B正确。根据《民事诉讼法》第267条的规定，法院对在中华人民共和国领域内没有住所的当事人送达诉讼文书，可以向受送达人在中华人民共和国领域内设立的代表机构或者有权接受送达的分支机构、业务代办人送达。选项C正确。甲公司的住所地在我国领域内，适用国内上诉期的规定，上诉期为15天，选项D正确。

六、司法协助

1. 一般司法协助（代为送达文书，调查取证）

外国驻中华人民共和国的使领馆可以向该国公民送达文书和调查取证，但不得违反中华人民共和国的法律，并不得采取强制措施。

我国法院提供司法协助，依照我国法律规定的程序进行。外国法院请求采用特殊方式的，也可以按照其请求的特殊方式进行，但请求采用的特殊方式不得违反我国法律。

2. 对外国法院裁判的承认与执行

可以由当事人直接向我国有管辖权的中级人民法院申请承认和执行，也可以由外国法院依照该国与我国缔结或者参加的国际条约的规定或者按照互惠原则，请求我国法院承认和执行。

请求承认与执行的外国法院裁判必须是生效的确定裁判，且该裁判必须在中国领域内执行。

我国法院应当组成合议庭进行审查。申请审查通过后，发出执行令；申请裁定被驳回后，当事人可以向我国法院起诉。

3. 对外国仲裁裁决的承认与执行

国外仲裁机构的裁决，需要中华人民共和国法院承认和执行的，应当由当事人直接向被执行人住所地或者其财产所在地的中级人民法院申请，法院应当依照中华人民共和国缔结或者参加的国际条约，或者按照互惠原则办理。

4. 我国法院裁判和仲裁裁决在国外的承认和执行

当事人请求外国法院对我国法院裁判的承认和执行，既可以直接向有管辖权的外国法院申请承认和执行，也可以向我国法院提出申请，由我国法院按照我国缔结或者参加的国际条约的规定，或者根据互惠原则，向外国法院请求予以承认和执行。

当事人请求外国法院对我国仲裁裁决承认和执行，只能直接向有管辖权的外国法院申请。

例2 中国公民甲与外国公民乙因合同纠纷诉至某市中级人民法院，法院判决乙败诉。判决生效后，甲欲请求乙所在国家的法院承认和执行该判决。关于甲可以利用的途径，下列哪些说法是正确的?

A. 可以直接向有管辖权的外国法院申请承认和执行

B. 可以向中国法院申请，由法院根据我国缔结或者参加的国际条约，或者按照互惠原则，请求外国法院承认和执行

C. 可以向司法行政部门申请，由司法行政部门根据我国缔结或者参加的国际条约，或者按照互惠原则，请求外国法院承认和执行

D. 可以向外交部门申请，由外交部门向外国中央司法机关请求协助

提示：《民事诉讼法》第280条第1款规定，法院作出的发生法律效力的判决、裁定，如果被执行人或者其财产不在中华人民共和国领域内，当事人请求执行的，可以由当事人直接向有管辖权的外国法院申请承认和执行，也可以由法院依照中华人民共和国缔结或者参加的国际条约的规定，或者按照互惠原则，请求外国法院承认和执行。据此，甲可以直接向有管辖权的外国法院申请承认和执行；也可以向中国法院申请，由法院根据我国缔结或者参加的国际条约或者按照互惠原则，请求外国法院承认和执行。选项A、B正确。

第三十二章　仲裁制度概述

重要法条及司法解释

《仲裁法》第2～10条。

命题分析

本章涉及内容不多，以往不属于高频考点，但在法考中有所考查。从考查内容看，以往试题主要围绕仲裁和诉讼的关系进行考查。近几年均未单独命题，只是在个别选项中有所涉及。客观题复习时，重点掌握仲裁与民事诉讼的关系、仲裁适用范围和仲裁机构设置即可。

知识点精讲

一、仲裁概述

仲裁是指发生争议的双方当事人，根据其在争议发生前或争议发生后所达成的协议，自愿将该争议提交中立的第三者进行裁判的争议解决制度和方式。

知识拓展：仲裁与民事诉讼的区别

	仲　　裁	民事诉讼
性质	民间性。	司法属性。
机构性质	民间机构。	司法审判机构。
案件管辖权的基础	双方当事人达成仲裁协议。	法律明文规定。
具体程序	一裁终局。	原则上两审终审。

补充说明：在仲裁与诉讼之间，当事人之间发生的争议只能由双方在仲裁或诉讼中择一采用。有效的仲裁协议排除法院对案件的管辖权，只有在没有仲裁协议或者仲裁协议无效的情况下，法院才可以行使司法管辖权予以审理。

例1　关于法院与仲裁庭在审理案件有关权限的比较，下列哪些选项是正确的？

A. 在一定情况下，法院可以依职权收集证据，仲裁庭也可以自行收集证据

B. 对专门性问题需要鉴定的，法院可以指定鉴定部门鉴定，仲裁庭也可以指定鉴定部门鉴定

C. 当事人在诉讼中或仲裁中达成和解协议的，法院可以根据当事人的申请制作判决书，仲裁庭也可以根据当事人的申请制作裁决书

D. 当事人协议不愿写明争议事实和判（裁）决理由的，法院可以在判决书中不予写明，仲裁庭也可以在裁决书中不予写明

提示：《民事诉讼法》第64条规定，法院认为审理案件需要的证据，法院应当调查收集。《仲裁法》第43条规定，仲裁庭认为有必要收集的证据，可以自行收集。选项A正确。《民事诉讼法》第76条规定，当事人可以就查明事实的专门性问题向法院申请鉴定。当事人申请鉴定的，由双方当事人协商确定具备资格的鉴定人；协商不成的，由法院指定。当事人未申请鉴定，法院对专门性问题认为需要鉴定的，应当委托具备资格的鉴定人进行鉴定。《仲裁法》第44条规定，仲裁庭对专门性问题认为需要鉴定的，可以交由当事人约定的鉴定部门鉴定，也可以由仲裁庭指定的鉴定部门鉴定，选项B正确。根据《仲裁法》第49条规定，仲裁庭可根据仲裁中的和解协议制作裁决书。但是，法院却不得根据和解协议内容制作判决书，选项C错误。《仲裁法》第54条规定，当事人协议不愿写明争议事实和裁决理由的，可以不写。但《民事诉讼法》第152条规定，判决书应当写明案由、诉讼请求、争议的事实和理由。即使根据《最高人民法院关于适用〈中华人民共和国民事诉讼法〉的解释》第270条规定，当事人对简化裁判文书达成一致时，也只是简化事实认定和判决理由部分，并非不予写明，选项D错误。

例2 关于民事仲裁与民事诉讼的区别，下列哪一选项是正确的？

A. 具有给付内容的生效判决书都具有执行力，具有给付内容的生效裁决书没有执行力

B. 诉讼中当事人可以申请财产保全，在仲裁中不可以申请财产保全

C. 仲裁不需对案件进行开庭审理，诉讼原则上要对案件进行开庭审理

D. 仲裁机构是民间组织，法院是国家机关

提示：具有给付内容的仲裁裁决书具有强制执行效力，选项A错误；仲裁中也可以申请财产保全，选项B错误；原则上仲裁应当开庭进行，选项C错误；仲裁机构是民间组织，而法院是国家机关，选项D正确。

二、仲裁范围

适用范围：平等主体的公民、法人和其他组织之间发生的合同纠纷和其他财产权益纠纷。

不适用案件类型：①婚姻、收养、监护、扶养、继承等身份关系纠纷；②依法应当由行政机关处理的行政争议。

三、仲裁委员会的设立机制

仲裁委员会可以在省、自治区、直辖市人民政府所在地的市设立，也可根据需要在其他设区的市设立，不按行政区划层层设立。

依法可以设立仲裁委员会的市只能组建一个统一的仲裁委员会，不得按照不同专业设立不同的专业仲裁委员会或者专业仲裁庭。

特别提醒：区、县及以下不能设立仲裁机构。

第三十三章　仲裁协议

重要法条及司法解释

《仲裁法》第16～20条。

《最高人民法院关于适用〈中华人民共和国仲裁法〉若干问题的解释》第1～13条。

《最高人民法院关于适用〈中华人民共和国民事诉讼法〉的解释》第215、216条。

《最高人民法院关于仲裁司法审查案件报核问题的有关规定》第2条。

命题分析

本章涉及内容颇多，几乎属于每年必考的内容，其中“仲裁协议效力的确认机构及程序”是以往仲裁部分考查频率最高的考点。

从命题形式看，本考点主要以各类选择题形式命制，有的试题采用单独命题形式，也有作为选项与其他仲裁制度搭配考查。从考查内容来看，本考点以往试题主要围绕特殊情形下仲裁委员会的确定规则、仲裁协议效力确认机构的选择、仲裁协议效力异议提出时间等进行考查。本考点试题均属于识记类题目，难度较低，考生准确记忆相关知识点当可轻松拿分。

从命题趋势分析，2017年底最高人民法院发布《最高人民法院关于审理仲裁司法审查案件若干问题的规定》《最高人民法院关于仲裁司法审查案件报核问题的有关规定》，对申请确认仲裁协议效力案件的管辖法院、报核程序作出修正，这为本考点的命题提供了素材。复习时需要关注仲裁条款的独立性、仲裁协议效力的确认机构及程序等重点内容。

知识点精讲

一、仲裁协议概述

仲裁协议是指双方当事人自愿将它们之间已经发生或者可能发生的争议提交仲裁解决的书面协议，是双方当事人所表达的采用仲裁方式解决纠纷意愿的法律文书。

1. 仲裁协议是双方当事人共同的意思表示。
2. 仲裁协议的内容具有特殊性。
3. 仲裁协议既约束双方当事人，也约束法院。
4. 仲裁协议必须以书面形式订立。

二、仲裁协议的内容

（一）请求仲裁的意思表示

请求仲裁的意思表示是仲裁协议的首要内容，要求明确、肯定。具体要求是：

1. 以仲裁方式解决纠纷必须是双方当事人共同的意思表示，不能是一方当事人的意思表示；

2. 必须是双方当事人在协商一致的基础上的真实意思表示，不能是受外界的影响或者强制下的虚假意思；

3. 必须是双方当事人自己的意思表示，不是他人的意思表示。

特别提醒：当事人约定争议可以向法院起诉也可以申请仲裁的，原则上仲裁协议无效，但管辖协议并不当然无效。

例1 甲公司与乙公司签订了一份钢材购销合同，约定因该合同发生纠纷双方可向A仲裁委员会申请仲裁，也可向合同履行地B法院起诉。关于本案，下列哪些选项是正确的？

A. 双方达成的仲裁协议无效

C. 如甲公司向A仲裁委员会申请仲裁，乙公司在仲裁庭首次开庭前未提出异议，A仲裁委员会可对该案进行仲裁

提示：《最高人民法院关于适用〈中华人民共和国仲裁法〉若干问题的解释》第7条规定，当事人约定争议可以向仲裁机构申请仲裁也可以向法院起诉的，仲裁协议无效。但一方向仲裁机构申请仲裁，另一方未在仲裁庭首次开庭前提出异议的除外。甲公司与乙公司约定因该合同发生纠纷，双方既可向A仲裁委员会申请仲裁，又可向合同履行地B法院起诉，所以该份仲裁协议无效，选项A正确。但如果甲公司向A仲裁委员会申请仲裁，乙公司在仲裁庭首次开庭前未提出异议，A仲裁委员会可对该案进行仲裁，选项C正确。

（二）仲裁事项

1. 争议事项具有可仲裁性

仲裁立法允许用仲裁方式解决的争议事项，才能提交仲裁，否则会导致仲裁协议无效。

2. 仲裁事项的明确性

仲裁协议对仲裁事项没有约定或者约定不明确，如果达不成补充协议，仲裁协议无效。

（三）选定的仲裁委员会

1. 仲裁委员会的选定原则

仲裁没有法定管辖规定，仲裁委员会应由当事人自主选定。

仲裁委员会的选定，原则上应当明确、具体。

双方当事人在仲裁协议中可以选定任一仲裁委员会进行仲裁，不受当事人住所及合同履行地、签订地、财产所在地等因素的限制。

2. 特殊情形下仲裁委员会的确定规则

（1）仲裁委员会名称不准确

仲裁协议约定的仲裁机构名称不准确，但能够确定具体的仲裁机构的，应当认定选定了仲裁机构。

（2）只约定纠纷适用的仲裁规则

仲裁协议仅约定纠纷适用的仲裁规则的，视为未约定仲裁机构，但当事人达成补充协议或者按照约定的仲裁规则能够确定仲裁机构的除外。

（3）约定2个以上仲裁委员会

仲裁协议约定2个以上仲裁机构的，当事人可以协议选择其中的一个仲裁机构申请仲裁；当事人不能就仲裁机构选择达成一致的，仲裁协议无效。

仲裁协议约定由某地的仲裁机构仲裁且该地仅有一个仲裁机构的，该仲裁机构视为约定的仲裁机构。该地有2个以上仲裁机构的，当事人可以协议选择其中的一个仲裁机构申请仲裁；当事人不能就仲裁机构选择达成一致的，仲裁协议无效。

理论点拨：上述三类情形，有关仲裁委员会的约定均有瑕疵，不符合明确、具体的要求，但不能轻率认为仲裁协议因此无效。凡是能通过补救或者推定对仲裁机构予以确认的，仲裁协议有效。

例2 武当公司与洪湖公司签订了一份钢材购销合同，同时约定，因合同效力或合同的履行发生纠纷提交A仲裁委员会或B仲裁委员会仲裁解决。合同签订后，洪湖公司以本公司具体承办人超越权限签订合同为由，主张合同无效。关于本案，下列哪一说法是正确的？

A. 因当事人约定了2个仲裁委员会，仲裁协议当然无效

提示：如果当事人同时约定2个以上仲裁委员会，当事人可以协议选择其中一个申请仲裁，当事人就仲裁委员会的选择不能达成一致的，仲裁协议无效。据此，当事人约定两个以上仲裁委员会，仲裁协议并不当然无效，选项A错误。

三、仲裁条款的独立性

仲裁条款的独立性是指仲裁条款不因主合同的无效而无效，不因主合同的被撤销而失效，也不因合同未成立而影响其效力，仲裁机构仍可以依据该仲裁条款取得和行使仲裁管辖权。主要适用情形如下：

（1）合同未成立、成立后未生效或者被撤销的，不影响仲裁协议的效力。

（2）当事人订立仲裁协议后合并、分立的，仲裁协议对其权利义务的继受人有效，但当事人订立仲裁协议时另有约定的除外。

（3）当事人订立仲裁协议后死亡的，仲裁协议对承继其仲裁事项中的权利义务的继承人有效，但当事人订立仲裁协议时另有约定的除外。

（4）债权债务全部或者部分转让的，仲裁协议对受让人有效，但当事人另有约定、在受让债权债务时受让人明确反对或者不知有单独仲裁协议的除外。

四、仲裁协议的效力

（一）仲裁协议的法律效力

一项有效的仲裁协议的法律效力包括对双方当事人的约束力、对法院的约束力和对仲

裁机构的约束力。

1. 对双方当事人的法律效力——约束双方当事人对纠纷解决方式的选择权

仲裁协议一经有效成立，即对双方当事人产生法律效力，发生纠纷后，当事人只能通过向仲裁协议中所确定的仲裁机构申请仲裁的方式解决纠纷，而丧失了就该纠纷向法院提起诉讼的权利。

如果一方违背仲裁协议向法院起诉，另一方当事人有权依据仲裁协议要求法院停止诉讼程序，法院也应当驳回当事人的起诉。

债权债务全部或部分转让的，仲裁协议对受让人有效，但当事人另有约定、在受让债权债务时受让人明确反对或者不知有单独仲裁协议的除外。

2. 对法院的法律效力——排除法院的司法管辖权

当事人达成仲裁协议，一方向法院起诉未声明有仲裁协议的，法院受理后，另一方在首次开庭前提交仲裁协议的，法院应当驳回起诉，但仲裁协议无效的除外。

3. 对仲裁机构的法律效力——授予仲裁机构仲裁管辖权并限定仲裁范围

没有仲裁协议，一方申请仲裁的，仲裁委员会不予受理。

仲裁庭只能对当事人在仲裁协议中约定的争议事项进行仲裁，而对仲裁协议约定范围以外的其他争议事项无权仲裁。

（二）仲裁协议效力的确认机构及程序

1. 当事人对仲裁协议的效力有异议，可以请求仲裁委员会作出决定或者请求法院作出裁定。

> **知识拓展：**当事人约定2个以上仲裁委员会，只要当事人能够合意作出选择，理论上，每个仲裁委员会均有权确认仲裁协议效力。

2. 仲裁协议约定的仲裁机构所在地、仲裁协议签订地、申请人住所地、被申请人住所地的中级人民法院或者专门法院管辖。

对当事人申请，法院应在7日内审查决定是否受理。

> **特别提醒：**除了国内仲裁的财产保全和证据保全由基层人民法院管辖外，其余仲裁情形都为中级人民法院。

3. 被申请人对管辖权有异议的，应自收到法院通知之日起15日内提出。法院审查后作出裁定，当事人对裁定不服，可以上诉。

> **特别提醒：**《最高人民法院关于审理仲裁司法审查案件若干问题的规定》发布后，确认国内仲裁协议效力和涉外仲裁协议效力的管辖法院完全相同。且仲裁协议约定的仲裁机构是否明确，对管辖法院并无影响。

4. 法院审理仲裁协议效力确认案件，应当组成合议庭进行审查，并询问当事人。

5. 当事人对仲裁协议的效力有异议，应当在仲裁庭首次开庭前提出。

当事人在仲裁庭首次开庭前没有对仲裁协议的效力提出异议，而后向法院申请确认仲裁协议无效的，法院不予受理。

当事人在仲裁程序中未对仲裁协议的效力提出异议，在仲裁裁决作出后以仲裁协议无效为由主张撤销仲裁裁决或者提出不予执行抗辩的，法院不予支持。

理论点拨：当事人逾期对仲裁协议效力提出异议，法院均不予支持。

6. 确认机构的选择

（1）原则上法院确认优先

一方请求仲裁委员会作出决定，另一方请求法院作出裁定的，由法院裁定。

如果仲裁机构接受申请后尚未作出决定，法院应予受理，同时通知仲裁机构终止仲裁。

（2）法院确认优先的例外

如果仲裁机构先于法院接受申请并已作出决定，法院不予受理。

特别提醒：仲裁机构是否有权确认的时间节点是仲裁机构是否作出决定。作出决定前，法院均应受理；作出决定后，法院不予受理。

（3）两个机构不能重复确认

仲裁机构对仲裁协议的效力作出决定后，当事人向法院申请确认仲裁协议效力或者申请撤销仲裁机构的决定的，法院不予受理。

7. 申请仲裁时对方对仲裁协议效力提出异议

一方当事人就合同纠纷或者其他财产权益纠纷申请仲裁，另一方当事人对仲裁协议的效力有异议，请求法院确认仲裁协议无效并就合同纠纷或者其他财产权益纠纷起诉的，法院受理后应当通知仲裁机构中止仲裁。法院依法作出仲裁协议有效或者无效的裁定后，应当将裁定书副本送达仲裁机构，由仲裁机构根据法院的裁定恢复仲裁或者撤销仲裁案件。

8. 确认程序

中级人民法院以及专门法院经审查拟认定仲裁协议无效，应当向本辖区所属高级人民法院报核，待高级人民法院审核后，方可依高级人民法院的审核意见作出裁定。若当事人住所地跨省级行政区域或者以违背社会公共利益为由不予执行或者撤销我国内地仲裁机构的仲裁裁决，应当向最高人民法院报核。

特别提醒：（1）中级人民法院认定仲裁协议有效，可直接作出裁定，无须报核。

（2）涉外涉港澳台案件应当向省高级人民法院、最高人民法院两级报核；除此之外的案件，原则上只需向省高级人民法院报核。

法院对仲裁协议效力作出的裁定，除不予受理、驳回申请、管辖权异议的裁定外，一经送达即发生法律效力。当事人申请复议、提出上诉或者申请再审，法院不予受理。

五、仲裁协议的无效与失效

（一）仲裁协议无效的法定情形

1. 以口头形式订立仲裁协议；

2. 约定的仲裁事项超出法律规定的仲裁范围；

3. 无民事行为能力人或者限制民事行为能力人订立的仲裁协议；

4. 一方采取胁迫手段，迫使对方订立仲裁协议；

5. 仲裁协议对仲裁事项没有约定或者约定不明确，或者仲裁协议对仲裁委员会没有约定或者约定不明确并无法加以确定，当事人对此达不成补充协议。

理论点拨：选择仲裁必须是双方当事人基于其自由意志，意思表示一致的合意行为。同时，必须符合法律约束力所要求的条件和形式。

例3　甲、乙因遗产继承发生纠纷，双方书面约定由某仲裁委员会仲裁。后甲反悔，向遗产所在地法院起诉。法院受理后，乙向法院声明双方签订了仲裁协议。关于法院的做法，下列哪一选项是正确的？

A. 裁定驳回起诉

B. 裁定驳回诉讼请求

C. 裁定将案件移送某仲裁委员会审理

D. 法院裁定仲裁协议无效，对案件继续审理

提示：本题中甲乙双方因继承发生的纠纷不能仲裁，甲乙双方达成的仲裁协议因约定的仲裁事项超出法律规定的仲裁范围而无效。乙在法院受理甲的诉讼后向法院声明双方签订了仲裁协议，法院应依法裁定该仲裁协议无效，对案件继续审理。选项D正确。

（二）仲裁协议的失效

1. 仲裁庭基于仲裁协议作出的仲裁裁决已被当事人自觉履行或者被法院强制执行。

2. 当事人协议放弃已签订的仲裁协议。

具体形式：①书面放弃仲裁协议；②书面变更纠纷解决方式；③默示行为变更纠纷解决方式。

3. 附期限的仲裁协议因期限届满而失效。

4. 仲裁庭基于仲裁协议作出的仲裁裁决被法院裁定撤销或不予执行。

（三）仲裁协议无效、失效的法律后果

仲裁协议无效或者失效使仲裁协议不再具有法律约束力。具体表现为：

对当事人而言：双方当事人之间的纠纷既可通过起诉解决，也可以重新达成仲裁协议通过仲裁解决。

对法院而言：法院对案件具有管辖权。

对仲裁机构而言：不能对双方当事人的纠纷进行审理并作出裁决。

第三十四章　仲裁程序

重要法条及司法解释

《仲裁法》第 21 ~ 57 条。

《最高人民法院关于适用〈中华人民共和国仲裁法〉若干问题的解释》第 14 条。

命题分析

本章是仲裁部分涉及内容最多的考点，以往几乎达到每年必考的程度。本考点以往选择题大多采用单独命题形式，考查内容主要涉及仲裁员的回避与更换、仲裁的和解与调解、仲裁裁决等知识点。客观题复习时应围绕仲裁保全、仲裁庭的组成形式和程序、仲裁审理方式和裁决效力等本章重点内容展开。

知识点精讲

一、仲裁保全

仲裁程序中仍然适用财产保全、行为保全和证据保全制度，其类型划分、适用情形、适用条件大体与诉讼保全制度相同。重复部分此处不再赘述，仅就仲裁保全的特殊规定予以阐述。

仲裁委员会属于社会机构，无权采取保全措施。因此，当事人在仲裁中向仲裁委员会申请保全后，仲裁委员会只能将当事人申请提交法院，由法院作出裁定并采取保全措施。

> **特别提醒：**（1）当事人在仲裁中申请保全，只能向仲裁委员会提出申请。（2）仲裁保全不存在依职权作出的情形，只能依申请启动。

二、仲裁庭的组成

（一）仲裁庭组成形式

1. 合议仲裁庭

由 3 名仲裁员组成的仲裁庭，设首席仲裁员。当仲裁庭不能形成多数意见时，应以首席仲裁员的意见为准作出仲裁裁决。

2. 独任仲裁庭

由 1 名仲裁员组成的仲裁庭。

（二）仲裁庭的组成程序

1. 约定仲裁庭的组成形式

对于仲裁案件，当事人可以约定合议仲裁庭，也可以约定独任仲裁庭。

当事人未在仲裁规则规定的期限内约定仲裁庭组成形式，由仲裁委主任指定。

2. 确定仲裁员

（1）合议仲裁庭

由双方当事人各自选定或者各自委托仲裁委主任指定 1 名仲裁员，第三名仲裁员由当事人共同选定或者共同委托仲裁委主任指定，第三名仲裁员是首席仲裁员。

（2）独任仲裁庭

由当事人共同选定或者共同委托仲裁委主任指定独任仲裁员。

特别提醒：仲裁委主任不能直接指定仲裁员，要么是当事人委托，要么是在规定期限内当事人未能选定。

（三）仲裁员的回避与更换

1. 回避的法定情形

（1）是本案当事人或者当事人、代理人的近亲属；

（2）与本案有利害关系；

（3）与本案当事人、代理人有其他关系，可能影响公正仲裁的；

（4）私自会见当事人、代理人，或者接受当事人、代理人的请客送礼的。

2. 回避的形式

（1）自行回避；

（2）申请回避。

当事人提出回避申请，应当说明理由，在首次开庭前提出。回避事由在首次开庭后知道的，可以在最后一次开庭终结前提出。

3. 回避的决定主体

仲裁员的回避，由仲裁委员会主任决定；仲裁委员会主任担任仲裁员的回避，由仲裁委员会集体决定。

知识拓展：确定回避决定主体的逻辑类似于诉讼回避，即审判人员的回避由院长决定，院长担任审判长的回避由审判委员会决定。

4. 回避的法律后果

仲裁员因回避或者其他原因不能履行职责的，应当依照本法规定重新选定或者指定仲裁员。

因回避而重新选定或者指定仲裁员后，当事人可以请求已进行的仲裁程序重新进行，是否准许，由仲裁庭决定；仲裁庭也可以自行决定已进行的仲裁程序是否重新进行。

特别提醒：（1）仲裁员回避后，应当重新选定或指定仲裁员，而非重新组成仲裁庭。

（2）仲裁员回避后，仲裁委员会主任不能直接指定新的仲裁员。

（3）尽管当事人有权提出申请，但仲裁庭对于仲裁员回避后仲裁程序是否重新进行享有最终决定权。

例1 某仲裁委员会在开庭审理甲公司与乙公司合同纠纷一案时，乙公司对仲裁庭中的一名仲裁员提出了回避申请。经审查后，该仲裁员依法应予回避，仲裁委员会重新确定了仲裁员。关于仲裁程序如何进行，下列哪一选项是正确的？

A. 已进行的仲裁程序应当重新进行

B. 已进行的仲裁程序有效，仲裁程序应当继续进行

C. 当事人请求已进行的仲裁程序重新进行的，仲裁程序应当重新进行

D. 已进行的仲裁程序是否重新进行，仲裁庭有权决定

提示：仲裁员回避后，仲裁程序是否重新进行，当事人有权提出申请，但仲裁庭才享有决定权。选项D正确。

5. 仲裁员的更换

除了回避之外，因仲裁员死亡、生病、被除名以及拒绝履行职责等情形，仲裁员应予以更换。仲裁员更换的法律后果是，重新选定或指定仲裁员。

三、仲裁审理

（一）仲裁审理的方式

仲裁以不公开开庭审理为原则，以书面审理为例外。

当事人协议公开审理的，可以公开进行，但涉及国家秘密的除外。

当事人协议不开庭的，仲裁庭可以根据仲裁申请书、答辩书以及其他材料作出裁决。

（二）撤回仲裁申请

1. 当事人撤回仲裁申请

（1）撤回仲裁申请必须由仲裁申请人或被申请人（限于反请求部分）、申请人的法定代理人以及经过特别授权的委托代理人通过书面方式或者口头方式提出。

（2）撤回仲裁申请必须在仲裁过程中。

特别提醒：撤回仲裁申请后反悔的，仲裁协议仍然有效，可以依据原仲裁协议重新仲裁。

2. 仲裁庭按撤回仲裁申请处理

（1）申请人经仲裁庭书面通知，无正当理由拒不到庭。

（2）申请人未经仲裁庭许可中途退庭。

（三）延期开庭

1. 当事人有正当理由不能到庭。可在法定期间内提出申请，但是否延期，由仲裁庭决定。

2. 当事人临时提出回避请求。

3. 仲裁员不能履行职责。

4. 需要通知新的证人参加庭审，调取新证据，重新鉴定或勘验，或者需要补充调查。

（四）缺席裁决

1. 被申请人经书面通知，无正当理由不到庭。

2. 被申请人未经仲裁庭许可中途退庭。

此外，在仲裁被申请人提出仲裁反请求时，如果仲裁申请人经书面通知无正当理由不到庭或者未经仲裁庭许可中途退庭时，仲裁庭可以基于仲裁反请求对仲裁申请人作出缺席裁决。

四、仲裁中的和解、调解和裁决

（一）仲裁和解

当事人申请仲裁后，可以自行和解。

当事人达成和解协议的，可以请求仲裁庭根据和解协议作出调解书，也可以请求仲裁庭根据和解协议作出裁决书，还可以撤回仲裁申请。如果当事人撤回仲裁申请后反悔的，则仍可以根据原仲裁协议申请仲裁。

例 2 南沙公司与北极公司因购销合同发生争议，南沙公司向仲裁委员会申请仲裁，在仲裁中双方达成和解协议，南沙公司向仲裁庭申请撤回仲裁申请。之后，北极公司拒不履行和解协议。下列哪一选项是正确的？

A. 南沙公司可以根据原仲裁协议申请仲裁

B. 南沙公司应与北极公司重新达成仲裁协议后，才可以申请仲裁

C. 南沙公司可以直接向法院起诉

D. 仲裁庭可以裁定恢复仲裁程序

提示：如果当事人撤回仲裁申请后对方当事人拒不履行和解协议，此时原仲裁协议仍然有效，仍可以根据原仲裁协议申请仲裁。选项 A 正确。

（二）仲裁调解

仲裁庭在作出裁决前，可以先行调解。当事人自愿调解的，仲裁庭应当调解。调解不成的，应当及时作出裁决。

1. 经仲裁庭调解，双方当事人达成协议的，仲裁庭应当制作调解书。调解书要写明仲裁请求和当事人协议的结果，并由仲裁员签名，加盖仲裁委员会印章。

仲裁调解书经双方当事人签收后即发生法律效力。

2. 仲裁庭除了可以制作仲裁调解书之外，也可以根据调解协议制作裁决书。调解书与

裁决书具有同等法律效力。

特别提醒：不同于诉讼调解，仲裁调解达成协议后，必须制作调解书或者裁决书，不存在当事人在调解协议上签字后生效的情形。

例3 关于仲裁调解，下列哪些表述是正确的？

A. 仲裁调解达成协议的，仲裁庭应当根据协议制作调解书或根据协议结果制作裁决书

B. 对于事实清楚的案件，仲裁庭可依职权进行调解

C. 仲裁调解达成协议的，经当事人、仲裁员在协议上签字后即发生效力

D. 仲裁庭在作出裁决前可先行调解

提示：《仲裁法》第51条第2款规定，调解达成协议的，仲裁庭应当制作调解书或者根据协议的结果制作裁决书。选项A正确。《仲裁法》第51条第1款规定，仲裁庭在作出裁决前，可以先行调解。当事人自愿调解的，仲裁庭应当调解。法律规定并无事实清楚的条件限制，选项B错误。仲裁调解达成协议后，必须制作调解书或者裁决书，当事人签收后发生法律效力。选项C错误。《仲裁法》第51条第1款规定，仲裁庭在作出裁决前，可以先行调解。选项D正确。

（三）仲裁裁决

1. 仲裁裁决的作出方式

仲裁裁决由仲裁庭作出：独任仲裁庭审理，由独任仲裁员作出仲裁裁决；合议仲裁庭审理，由3名仲裁员集体作出仲裁裁决。

（1）按多数仲裁员意见作出仲裁裁决

仲裁通常适用的裁决方式是，少数服从多数原则，即仲裁裁决应当按照多数仲裁员的意见作出，少数仲裁员的不同意见可以记入笔录。

（2）按首席仲裁员意见作出仲裁裁决

仲裁庭不能形成多数意见时，裁决应当按照首席仲裁员的意见作出。

特别提醒：这与司法裁判完全不同，裁判只能依据少数服从多数原则作出。

2. 仲裁裁决的类型

（1）先行裁决

仲裁庭仲裁纠纷时，其中一部分事实已经清楚，可以就该部分先行裁决。

（2）最终裁决

最终裁决是指仲裁庭在查明事实、分清责任的基础上，就当事人申请仲裁的全部争议事项作出的终局性裁定。

（3）缺席裁决

被申请人经书面通知，无正当理由不到庭或者未经仲裁庭许可中途退庭的，可以缺席

裁决。

(4) 合意裁决

合意裁决是指仲裁庭根据双方当事人达成协议的内容作出的仲裁裁决。作出仲裁裁决的依据包括当事人自行和解达成的协议以及经仲裁庭调解双方达成的协议。

3. 仲裁裁决书

(1) 具体内容

裁决书应当写明仲裁请求、争议事实、裁决理由、裁决结果、仲裁费用的负担和裁决日期。当事人协议不愿写明争议事实和裁决理由的，可以不写。

(2) 签名规则

裁决书由仲裁员签名，加盖仲裁委员会印章。对裁决持不同意见的仲裁员，可以签名，也可以不签名。

特别提醒：司法裁判必须由独任法官或者合议庭全体成员署名作出。

4. 仲裁裁决书的补正

对裁决书中的文字、计算错误或者仲裁庭已经裁决但在裁决书中遗漏的事项，仲裁庭应当补正；当事人自收到裁决书之日起30内，可以请求仲裁庭补正。

特别提醒：(1) 裁决书事实认定错误、遗漏裁决事项、超出仲裁协议范围裁决、裁决结果错误等实质性瑕疵，不能通过补正方式予以纠正。

(2) 裁决书补正方式：仲裁庭自行补正或者当事人申请补正。

例4 根据《仲裁法》，仲裁庭作出的裁决书生效后，在下列哪一情形下仲裁庭不可进行补正？

A. 裁决书认定的事实错误

B. 裁决书中的文字错误

C. 裁决书中的计算错误

D. 裁决书遗漏了仲裁评议中记录的仲裁庭已经裁决的事项

提示：根据《仲裁法》的规定，对裁决书中的文字、计算错误或者仲裁庭已经裁决但在裁决书中遗漏的事项，仲裁庭应当补正。据此，选项A为正确答案。

5. 仲裁裁决的效力

(1) 生效时间

裁决书自作出之日起发生法律效力。

(2) 法律效力

仲裁裁决书具有强制执行力；当事人不得就已裁决事项再行申请仲裁，也不得提起诉讼；仲裁机构不得随意变更已生效的仲裁裁决。

五、简易程序

简易程序是指在仲裁过程中，仲裁机构审理简单仲裁案件所适用的简便易行的审理程序。

（一）特点

1. 仲裁庭的组成方式简便，由独任仲裁员组成仲裁庭进行仲裁。

2. 审理方式灵活，既可以开庭审理，也可以书面审理。

3. 期限较短。

（二）适用简易程序的条件

1. 争议标的金额在规定数额以下。

根据《中国国际经济贸易仲裁委员会仲裁规则》，仲裁适用简易程序分为经双方当事人默示或者书面同意两种方式，两者以规定的争议金额为界限。规定金额以内的采取默示形式，即不需要当事人明确同意适用，只要双方没有明确约定不适用简易程序即可适用；超过规定金额的采用书面同意方式，即双方当事人必须明确同意适用简易程序。

2. 案情简单。

3. 经双方当事人默示或者书面同意。

第三十五章　申请撤销仲裁裁决

重要法条及司法解释

《仲裁法》第58～61条。

《最高人民法院关于适用〈中华人民共和国仲裁法〉若干问题的解释》第15、17～24条。

命题分析

“撤销仲裁裁决”是对仲裁进行司法审查的具体形式之一，以往偶有命题。

从命题形式看，本知识点主要以选择题形式命制，有的试题采用单独命题形式，也有作为选项与其他仲裁制度搭配考查。从考查内容来看，本知识点以往试题主要围绕撤销部分仲裁裁决、撤销仲裁裁决的效力、程序等进行考查，考查点分布较为散乱，考生复习时应当全面掌握相关知识。

从命题趋势分析，本知识点在客观题中考查概率较高，既可能单独命题，也可能搭配其他仲裁制度考查。复习时应围绕申请撤销仲裁裁决的条件、理由、法律后果等重点知识点展开。

知识点精讲

一、申请撤销仲裁裁决的概念和特征

申请撤销仲裁裁决是指对符合法定应予撤销情形的仲裁裁决，经由当事人提出申请，法院组成合议庭审查核实，裁定撤销仲裁裁决的行为。

仲裁裁决一经作出，即发生法律效力，一裁终局。

撤销仲裁裁决的申请一般情形下法院不得依职权采取，但法院认定该裁决违背社会公共利益的，应当裁定予以撤销。

仲裁裁决只能由法院作出裁定予以撤销。

二、申请撤销仲裁裁决的条件和理由

（一）申请撤销仲裁裁决的条件

1. 申请主体必须是仲裁当事人（仲裁申请人和被申请人）；
2. 向仲裁委员会所在地的中级人民法院提出申请；
3. 自收到仲裁裁决书之日起6个月内提出；
4. 有证据证明仲裁裁决有法律规定的应予撤销情形。

（二）撤销仲裁裁决的程序

1. 撤销仲裁裁决必须组成合议庭进行审查，并询问当事人。

> **特别提醒**：法院对撤销仲裁裁决应当审查，而非开庭审理。

2. 必须具有法律规定的撤销仲裁裁决的事由。

（1）没有仲裁协议；

（2）裁决的事项不属于仲裁协议的范围或者仲裁委员会无权仲裁；

（3）仲裁庭的组成或者仲裁的程序违反法定程序；

（4）裁决所根据的证据是伪造的；

（5）对方当事人隐瞒了足以影响公正裁决的证据；

（6）仲裁员在仲裁该案时有索贿受贿，徇私舞弊，枉法裁决行为。

> **特别提醒**：法律适用错误，不是撤销仲裁裁决的事由。

3. 应当在受理撤销裁决申请之日起2个月内裁定撤销仲裁裁决。

三、撤销仲裁裁决的类型

1. 撤销全部仲裁裁决

法院将仲裁裁决整体性予以撤销，仲裁裁决无效。

2. 撤销部分仲裁裁决

适用条件：①部分裁决具有法定的被撤销事由；②具有被撤销事由部分的仲裁裁决与其他部分可以分开。具体而言，当事人以仲裁裁决事项超出仲裁协议范围为由申请撤销仲裁裁决，经审查属实的，法院应当撤销仲裁裁决中的超裁部分。但超裁部分与其他裁决事项不可分的，法院应当撤销仲裁裁决。

> **特别提醒**：法院认定仲裁裁决违背社会公共利益，可以依职权裁定撤销。除此之外，撤销仲裁裁决必须由当事人提出申请。

例1 甲公司因与乙公司合同纠纷申请仲裁，要求解除合同。某仲裁委员会经审理裁决解除双方合同，还裁决乙公司赔偿甲公司损失6万元。关于本案的仲裁裁决，下列哪些表述是正确的？

A. 因仲裁裁决超出了当事人请求范围，乙公司可申请撤销超出甲公司请求部分的裁决

B. 因仲裁裁决超出了当事人请求范围，乙公司可向法院提起诉讼

C. 因仲裁裁决超出了当事人请求范围，乙公司可向法院申请再审

提示：本案中仲裁裁决事项超出仲裁协议范围，除非不可分，法院应当撤销超裁部分，选项A正确；仲裁裁决事项超出仲裁协议范围，此时仲裁裁决并未撤销，当事人不能向法

院起诉，选项B错误；仲裁裁决书不属于申请再审的对象，选项C错误。

例2 某仲裁委员会对甲公司与乙公司之间的买卖合同一案作出裁决后，发现该裁决存在超裁情形，甲公司与乙公司均对裁决持有异议。关于此仲裁裁决，下列哪一选项是正确的？

A. 该仲裁委员会可以直接变更已生效的裁决，重新作出新的裁决

B. 甲公司或乙公司可以请求该仲裁委员会重新作出仲裁裁决

C. 该仲裁委员会申请法院撤销此仲裁裁决

D. 甲公司或乙公司可以请求法院撤销此仲裁裁决

提示：若无法律明确规定，仲裁机构不得随意变更已经生效的仲裁裁决，重新作出裁决，选项A错误；超裁情形不适用仲裁裁决的补正，当事人也不能请求仲裁委员会重新作出仲裁裁决，选项B错误；任何情形下仲裁委都不能申请法院撤销仲裁裁决，选项C错误；仲裁裁决事项超出仲裁协议范围，当事人有权申请法院撤销仲裁裁决，选项D正确。

四、撤销仲裁裁决的效力

1. 法院依法作出的撤销仲裁裁决的裁定，当事人不能上诉，也不得申请再审；检察院也不能抗诉。

2. 仲裁裁决被依法撤销后，当事人就该纠纷可以根据双方重新达成的仲裁协议申请仲裁，也可以向法院起诉。

五、驳回撤销仲裁裁决的申请

法院经过审查未发现仲裁裁决具有法定可撤销的理由的，应在受理撤销仲裁裁决申请之日起2个月内作出驳回申请的裁定。

对法院依法作出的驳回当事人申请的裁定，当事人无权上诉，人民检察院不可抗诉。

撤销仲裁裁决的申请被驳回后，双方当事人必须按照仲裁裁决所确定的权利义务自动履行，如不自动履行仲裁裁决，权利方当事人可以申请强制执行。

六、通知仲裁庭重新仲裁

重新仲裁的适用范围，限于《仲裁法》第58条规定中的两种情形：仲裁裁决所根据的证据是伪造的；对方当事人隐瞒了足以影响公正裁决的证据的。

当事人申请撤销国内仲裁裁决的案件属于上述情形之一的，法院才可以依照《仲裁法》第61条的规定通知仲裁庭重新仲裁，应当在通知中说明要求重新仲裁的具体理由。

对重新仲裁的通知是否采纳，由仲裁庭决定，且无须另行组成仲裁庭。

仲裁庭在法院指定的期限内开始重新仲裁的，法院应当裁定终结撤销程序；未开始重新仲裁的，法院应当裁定恢复撤销程序，进而决定是否撤销仲裁裁决。

当事人对重新仲裁裁决不服的，可以在仲裁裁决书送达之日起6个月内依据《仲裁法》第58条规定向法院申请撤销。

第三十六章　仲裁裁决的执行与不予执行

重要法条及司法解释

《仲裁法》第62～64条。

《最高人民法院关于适用〈中华人民共和国仲裁法〉若干问题的解释》第25～30条。

《民事诉讼法》第237条。

《最高人民法院关于法院办理仲裁裁决执行案件若干问题的规定》第2、22条。

命题分析

本章涉及执行和不予执行两个内容，在考试中时有考查。以往试题主要采用案例式命题方式，主要围绕不予执行制度进行考查。2018年最高人民法院发布《最高人民法院关于人民法院办理仲裁裁决执行案件若干问题的规定》，这是客观题复习需要高度关注的内容。复习时应围绕申请执行仲裁裁决的条件以及不予执行仲裁裁决的法定事由、程序、法律后果、不与执行仲裁裁决与撤销仲裁裁决的关系等重点内容进行。

知识点精讲

一、仲裁裁决的执行

仲裁裁决的执行是指法院经当事人申请，采取强制措施将仲裁裁决书中的内容付诸实现的行为和程序。

（一）申请执行仲裁裁决的条件

1. 仲裁裁决书为有效执行根据；
2. 执行当事人适格；
3. 债务人拒绝履行债务；
4. 符合执行时效的规定（2年）；
5. 受申请的执行法院有管辖权。

对仲裁裁决的执行，由被执行人住所地或者被执行的财产所在地中级人民法院执行。

如果执行标的额符合基层人民法院一审民商事案件级别管辖受理范围，或者被执行人住所地或者被执行的财产所在地在被指定的基层人民法院辖区内，经上级法院批准，中级人民法院可以指定基层人民法院管辖。

（二）执行仲裁裁决的程序

1. 申请执行

申请人向不具有管辖权的法院提出申请，法院应当告知其向有管辖权的法院提出申请，申请人仍不变更申请的，裁定不予受理。申请人对该裁定不服的，可以提起上诉。

法院立案后发现不符合受理条件的，裁定驳回申请，当事人对该裁定不服的，可以提起上诉。

2. 法院审查

对于当事人的申请，法院应当在 7 日内审查决定是否受理。

仲裁裁决或者仲裁调解书执行内容具有导致无法执行的内容的，法院可以裁定驳回执行申请。

3. 执行实施

在执行中，被执行人通过仲裁程序将法院查封、扣押、冻结的财产确权或者分割给案外人的，不影响法院执行程序的进行。案外人不服的，可以根据《民事诉讼法》第 227 条的规定提出执行异议。

二、仲裁裁决的不予执行

（一）理由

不予执行仲裁裁决是指一方当事人向法院申请执行有效的仲裁裁决后，经对方当事人申请并经法院审查核实，认定该仲裁裁决具有法定情形而裁定不执行该仲裁裁决的制度。

对于国内仲裁而言，不予执行仲裁裁决的情形包括：

（1）当事人在合同中没有仲裁条款或者事后没有达成书面仲裁协议的；

（2）裁决的事项不属于仲裁协议的范围或者仲裁机构无权仲裁的；

（3）仲裁庭的组成或者仲裁程序违反法定程序的；

（4）裁决所根据的证据是伪造的；

（5）对方当事人向仲裁机构隐瞒了足以影响公正裁决的证据的；

（6）仲裁员在仲裁该案时有贪污受贿、徇私舞弊、枉法裁决行为的。

如果法院认定执行该裁决违背社会公共利益的，应当裁定不予执行。

例 1　甲不履行仲裁裁决，乙向法院申请执行。甲拟提出不予执行的申请并提出下列证据证明仲裁裁决应不予执行。针对下列哪一选项，法院可裁定驳回甲的申请？

A. 甲、乙没有订立仲裁条款或达成仲裁协议

B. 仲裁庭组成违反法定程序

C. 裁决事项超出仲裁机构权限范围

D. 仲裁裁决没有根据经当事人质证的证据认定事实

提示：仲裁裁决没有根据经当事人质证的证据认定事实，不属于不予执行的法定情形，法院可裁定驳回甲的申请，选项 D 正确。

（二）程序

1. 向执行法院提出申请。

被申请执行人、案外人均可以向执行法院申请不予执行仲裁裁决。

被执行人、案外人对仲裁裁决执行案件申请不予执行的，负责执行的中级人民法院应当另行立案审查处理；执行案件已指定基层人民法院管辖的，应当于收到不予执行申请后3日内移送原执行法院另行立案审查处理。

2. 法院裁定中止执行，并组成合议庭进行审查。

3. 审查结果。

法院经过审查，认为仲裁裁决不符合法律规定的不予执行仲裁裁决的情形的，应当裁定驳回被申请执行人的申请，执行程序恢复进行。

执行法院对拟不予执行的案件，应当向本辖区所属高级人民法院报核；待高级人民法院审核后，方可依高级人民法院审核意见作出裁定。高级人民法院经审查拟同意执行法院认定不予执行仲裁裁决，若案件当事人住所地跨省级行政区，或者以违背社会公共利益为由不予执行的仲裁裁决，应当向最高人民法院报核，待最高人民法院审核后，方可依最高人民法院的审核意见作出裁定。

4. 特别注意事项

（1）当事人以仲裁协议无效为由申请不予执行仲裁裁决的，应当审查当事人是否存在仲裁程序中对仲裁协议的效力提出过异议；若未提出过异议，则不支持不予执行的申请。

（2）当事人请求不予执行仲裁调解书或者根据当事人之间的和解协议作出的仲裁裁决书的，法院不予支持。

（3）法院裁定不予执行仲裁裁决后，当事人对该裁定提出执行异议或者复议的，法院不予受理。当事人可以就该民事纠纷重新达成书面仲裁协议申请仲裁，也可向法院起诉。

（4）法院基于案外人申请裁定不予执行仲裁裁决或仲裁调解书，当事人不服的，可以自裁定送达之日起10日内向上一级法院申请复议；法院裁定驳回或者不予受理案外人提出的不予执行仲裁裁决、仲裁调解书申请，案外人不服的，可以自裁定送达之日起10日内向上一级法院申请复议。

例2 甲公司因与乙公司的合同纠纷向某仲裁委员会申请仲裁，甲公司的仲裁请求得到仲裁庭的支持。裁决作出后，乙公司向法院申请撤销仲裁裁决。法院在审查过程中，甲公司向法院申请强制执行仲裁裁决。关于本案，下列哪一说法是正确的？

A. 法院对撤销仲裁裁决申请的审查，不影响法院对该裁决的强制执行

B. 法院不应当受理甲公司的执行申请

C. 法院应当受理甲公司的执行申请，同时应当告知乙公司向法院申请裁定不予执行仲裁裁决

D. 法院应当受理甲公司的执行申请，受理后应当裁定中止执行

提示：《最高人民法院关于适用〈中华人民共和国仲裁法〉若干问题的解释》第25条规定，法院受理当事人撤销仲裁裁决的申请后，另一方当事人申请执行同一仲裁裁决的，受理执行申请的法院应当在受理后裁定中止执行。选项D正确。

例3 甲公司因与乙公司合同纠纷申请仲裁，要求解除合同。某仲裁委员会经审理裁决解除双方合同，还裁决乙公司赔偿甲公司损失6万元。关于本案的仲裁裁决，下列哪些

表述是正确的？

A. 因仲裁裁决超出了当事人请求范围，乙公司可申请撤销超出甲公司请求部分的裁决

B. 因仲裁裁决超出了当事人请求范围，乙公司可向法院提起诉讼

C. 因仲裁裁决超出了当事人请求范围，乙公司可向法院申请再审

D. 乙公司可申请不予执行超出甲公司请求部分的仲裁裁决

提示：《最高人民法院关于适用〈中华人民共和国仲裁法〉若干问题的解释》第 19 条规定，当事人以仲裁裁决事项超出仲裁协议范围为由申请撤销仲裁裁决，经审查属实的，法院应当撤销仲裁裁决中的超裁部分。但超裁部分与其他裁决事项不可分的，法院应当撤销仲裁裁决。选项 A 正确。只有在法院裁定不予执行仲裁裁决或撤销仲裁裁决以后，当事人才可以选择向法院提起诉讼，选项 B 错误。申请再审的对象不包括仲裁裁决，选项 C 错误。根据《最高人民法院关于适用〈中华人民共和国民事诉讼法〉的解释》第 477 条规定，对于仲裁机构裁决的事项部分超过仲裁协议范围的，对超过部分，法院应当裁定不予执行，选项 D 正确。

（三）法律后果

1. 执行仲裁裁决的程序终结。
2. 不予执行的裁定为终局裁定，不得申请再审。
3. 当事人可重新选择纠纷解决方式。

纠纷双方当事人可以重新达成仲裁协议申请仲裁，也可以向法院提起诉讼。

特别提醒：仲裁申请撤回后，仲裁协议仍有效力，应当根据原仲裁协议申请仲裁，不得向法院起诉；而仲裁裁决被撤销或者被不予执行，仲裁协议失效，当事人可选择重新达成仲裁协议后申请仲裁，也可选择向法院起诉。

不予执行仲裁裁决和撤销仲裁裁决的关系：

（1）两者的联系

①法律属性相同。均为法律所确定的法院对仲裁庭作出的仲裁裁决行使司法监督权的表现形式。

②行使权力的主体相同。审查并作出裁决的均为法院，任何其他机构无权行使该项权力。

③客体相同。均针对仲裁庭作出的有效仲裁裁决。

④法定事由相同。法定事由相同表明监督标准具有一致性。

⑤适用的法律程序有相同之处。首先，均由当事人申请而开始；其次，法院应组成合议庭进行审查；最后，审查后均通过裁定加以确定。

⑥法律后果相同。都是对仲裁裁决内容的否定。裁定作出后，当事人可以重新达成仲裁协议申请仲裁，也可以直接向有管辖权的法院起诉。

（2）两者的区别

不同点	不予执行仲裁裁决	撤销仲裁裁决
申请主体。	被申请执行仲裁裁决的一方。	仲裁案件的任何一方当事人。
管辖法院。	被执行人住所地或者被执行财产所在地的中级人民法院。	仲裁委员会所在地的中级人民法院。
申请期限。	对方当事人申请执行仲裁裁决后，执行程序执行完毕前。	收到仲裁裁决书之日起6个月内。
处理结果。	裁定驳回不予执行申请；裁定不予执行。	裁定驳回撤销仲裁裁决申请；通知仲裁庭重新仲裁；裁定撤销仲裁裁决。

特别提醒：只有撤销仲裁裁决，法院才可以通知仲裁庭重新仲裁；而不予执行仲裁裁决，法院不可以通知仲裁庭重新仲裁。

（3）两者的适用

法院受理当事人撤销仲裁裁决的申请后，另一方当事人申请执行同一仲裁裁决的，受理执行申请的法院应当在受理后裁定中止执行。

当事人向法院申请撤销仲裁裁决被驳回后，又在执行程序中以相同事由提出不予执行申请的，法院不予支持；当事人向法院申请不予执行被驳回后，又以相同事由申请撤销仲裁裁决的，法院不予支持。

总结：为避免浪费司法资源，申请撤销仲裁裁决与不予执行仲裁裁决，不可并用。

例4 关于法院对仲裁的司法监督的说法，下列哪一选项是错误的？

A. 仲裁当事人申请财产保全，应当向仲裁机构申请，由仲裁机构将该申请移交给相关法院

B. 仲裁当事人申请撤销仲裁裁决被法院驳回，此后以相同理由申请不予执行，法院不予支持

C. 仲裁当事人在仲裁程序中没有提出对仲裁协议效力的异议，此后以仲裁协议无效为由申请撤销或不予执行，法院不予支持

D. 申请撤销仲裁裁决或申请不予执行仲裁裁决程序中，法院可通知仲裁机构在一定期限内重新仲裁

提示：仲裁当事人申请财产保全，应当向仲裁机构申请，由仲裁机构将该申请移交给相关法院办理，选项A正确，不应选。《最高人民法院关于适用〈中华人民共和国仲裁法〉若干问题的解释》第26条规定："当事人向法院申请撤销仲裁裁决被驳回后，又在执行程序中以相同理由提出不予执行抗辩的，法院不予支持。"选项B正确，不应选。当事人对仲裁协议效力的异议只能在第一次开庭前提出，在此之后提出的，不影响仲裁庭对案件的审理，当事人以仲裁协议无效为由申请撤销或不予执行仲裁裁决，法院不予支持，选项C正确，不应选。在撤销仲裁裁决的程序中，法院可以通知仲裁庭重新仲裁。而在不予执行仲裁裁决的程序中，法院则不可以通知仲裁庭重新仲裁，选项D错误，应选。

桑磊法考，前命题人团队授课

2020 网络班次设置

主客观一体班

（客观题特训班+主观题特训班核心课程+客观题冲刺内参班+客观题过关即赠送主观题冲刺班）

年度法考大课　囊括主客观精髓

七个月特训　八大阶段　主客观一次过关

授课时间： 2020年3月至10月

课程安排： 含真题串讲、系统精讲、客观精华突破、主观专题突破、主观精选训练、客观内部400题精讲、客观题冲刺、主观题冲刺八大阶段。

授课资料： 纸质版内部讲义，含《客观题内部系统精讲讲义》、《客观题内部精华突破讲义》（即背诵版）、《客观题内部400题》、《客观题终极200题》、《主观题专题突破》各一套。客观题过关再赠送《终极主观题》讲义。另赠送《命题人讲真题》（8本）。

客观题特训班

五个月特训　前命题人团队授课　内部智能题库训练

授课时间： 2020年3月至8月

课程安排： 分为真题串讲、系统考点精讲、精华突破、《内部400题》精讲等四个阶段

课程特点： 前命题人团队亲自授课；内部400题由前命题人团队按照规范流程命制；高清录播视频与直播结合；专业辅导老师带班；全天14小时专业答疑服务；定期班会，优化备考心态

授课资料： 纸质版内部讲义，含《内部系统精讲讲义》、《内部精华突破讲义》（背诵版）、《内部400题》各一套。另赠送《命题人讲真题》图书一套（8本）。

客观题冲刺内参班

重要考点一网打尽　经典核心密押试题　智能内部题库助力（含内部400题+终极200题）

授课时间： 2020年8月16日至25日

课程特点： 内部预测试题全部由前命题人团队按照规范流程命制；权威预测2020年法考客观题必考点；由前命题人团队讲解，40个小时以上，透析命题思路，定位解题方法；全部采用直播方式授课，播放流畅，可回放；学员可免费使用智能内部题库。

授课资料： 《终极200题》。

客观题全程班

（客观题特训班+客观题冲刺内参班）

前命题人团队授课　全程精心专业辅导　内部600题强力支持（内部400题+终极200题）

授课时间： 2020年3月至8月

课程特点： 前命题人团队全程授课；内部600题精讲；智能内部题库系统支持；录播和直播结合，高清录播视频播放流畅（可回放）；专业辅导老师带班；全天14小时专业答疑服务；定期班会，优化备考心态

授课资料： 纸质版内部讲义，含《内部系统精讲讲义》、《内部精华突破讲义》（背诵版）、《内部400题》、《终极200题》各一套。另赠送《命题人讲真题》图书一套（8本）。

主观题特训班

五个月特训 脱胎换骨 涅槃重生

前命题人团队授课　前阅卷人团队助力　阅卷中心精心批改作业

授课时间： 2020年4月至9月

课程安排： 分为系统考点精讲、专题突破、应试训练提高三个阶段

课程特点： 前命题人团队亲自讲解；前阅卷人团队传授解题技巧；深度解析往年真题和高质量模拟题；阅卷中心组织北大、人大、法大的高分学霸研究生（司考400分以上或法考340分以上）批改作业，分阶段批改试题60道以上；组织多次模拟测试，强化答题能力；直播和录播相结合，播放流畅，配以音频，可反复回放；专业辅导老师带班；全天14小时专业答疑服务；定期班会，优化备考心态。

授课资料： 纸质版内部讲义，含《系统精讲内部讲义》（7本）、《专题突破内部讲义》（7本）、《内部AB卷》。赠送《命题人30题》和《命题人十年真题精讲》。

主观题冲刺保过班

前命题人团队专业预测　前阅卷人团队倾心指导　阅卷中心精心批改作业　不过关 全额退费

授课时间： 2020年9至10月

课程特点： 独家全新三十余道模拟题，含多学科交叉试题，全部由前命题人团队按照规范流程命制；权威预测2020年法考主观题必考点；由前命题人团队讲解，40个小时以上课程，透析命题思路、解题方法等；前阅卷人团队从阅卷角度传授答题技巧；直播和录播相结合，播放流畅，配以音频，可反复回放；阅卷团队主要由北大、人大、法大三校高分学霸研究生组成，为每位学员批改试题30道，以练促学，学练结合，提高10~30分。

授课资料： 《终极主观题》纸质版讲义一套（2本）。

备　　注： 提前报名本班，如客观题考试未过，全额退费。如主观题考试未过，在成绩公布日便可申请退费，7个工作日内办理退费手续，也可保留资格参加下一年度相同班次。

主观题全程保过班

（主观题特训班+主观题冲刺保过班）

前命题人团队授课　前阅卷人团队助力　阅卷中心精心批改作业

六个月一站式服务　不过关全额退费

授课时间： 2020年4月至10月

课程安排： 分为系统考点精讲、专题突破、应试训练提高、冲刺四个阶段

授课资料： 特训班纸质版全套内部讲义+《终极主观题》纸质版讲义。赠送《命题人30题》和《命题人十年真题精讲》。

咨询电话：400-839-3366

报名通道：扫描此二维码